海外中国研究丛书
刘东 主编

[日] 顾琳 著
王玉茹 张玮 李进霞 译

中国的经济革命
20世纪的乡村工业

A CHINESE ECONOMIC REVOLUTION
Rural Entrepreneurship in the Twentieth Century

江苏人民出版社

图书在版编目(CIP)数据

中国的经济革命：20世纪的乡村工业/[日]顾琳著.
—南京：江苏人民出版社，2009.6(2021.9重印)
(海外中国研究丛书/刘东主编)
书名原文：A Chinese Economic Revolution:
Rural Entrepreneurship in the Twentieth Century
ISBN 978-7-214-05777-8

Ⅰ.①中… Ⅱ.①顾…②王…③张…④李… Ⅲ.①农村工业经济—经济史—研究—高阳县—20世纪 Ⅳ.①F329.05

中国版本图书馆CIP数据核字(2009)第208420号

A Chinese Economic Revolution: Rural Entrepreneurship in the Twentieth Century
Copyright © 2006 by Linda Grove
Chinese simplified translation copyright © 2009 by Jiangsu People's Publishing House
Published by arrangement with Rowman & Littlefield Publishing Group
All right reserved
江苏省版权局著作权合同登记号：图字10-2009-156号

书　　　名	中国的经济革命：20世纪的乡村工业	
著　　　者	[日]顾　琳	
译　　　者	王玉茹　张　玮　李进霞	
责 任 编 辑	王　旭　金书羽	
装 帧 设 计	陈　婕	
责 任 监 制	王　娟	
出 版 发 行	江苏人民出版社	
地　　　址	南京市湖南路1号A楼，邮编：210009	
照　　　排	江苏凤凰制版有限公司	
印　　　刷	江苏凤凰通达印刷有限公司	
开　　　本	652毫米×960毫米　1/16	
印　　　张	23.75　插页4	
字　　　数	300千字	
版　　　次	2009年6月第1版	
印　　　次	2021年9月第2次印刷	
标 准 书 号	ISBN 978-7-214-05777-8	
定　　　价	78.00元	

(江苏人民出版社图书凡印装错误可向承印厂调换)

序"海外中国研究丛书"

中国曾经遗忘过世界,但世界却并未因此而遗忘中国。令人嗟讶的是,20世纪60年代以后,就在中国越来越闭锁的同时,世界各国的中国研究却得到了越来越富于成果的发展。而到了中国门户重开的今天,这种发展就把国内学界逼到了如此的窘境:我们不仅必须放眼海外去认识世界,还必须放眼海外来重新认识中国;不仅必须向国内读者迻译海外的西学,还必须向他们系统地介绍海外的中学。

这个系列不可避免地会加深我们150年以来一直怀有的危机感和失落感,因为单是它的学术水准也足以提醒我们,中国文明在现时代所面对的绝不再是某个粗蛮不文的、很快就将被自己同化的、马背上的战胜者,而是一个高度发展了的、必将对自己的根本价值取向大大触动的文明。可正因为这样,借别人的眼光去获得自知之明,又正是摆在我们面前的紧迫历史使命,因为只要不跳出自家的文化圈子去透过强烈的反差反观自身,中华文明就找不到进入其现代形态的入口。

当然,既是本着这样的目的,我们就不能只从各家学说中筛选那些我们可以或者乐于接受的东西,否则我们的"筛子"本身就可能使读者失去选择、挑剔和批判的广阔天地。我们的译介毕竟还只是初步的尝试,而我们所努力去做的,毕竟也只是和读者一起去反复思索这些奉献给大家的东西。

刘　东

目 录

译者序　1

中文版序　1

致　谢　1

上　篇

　　工业区和高阳增长模式　7

　　找回企业家的声音　15

第一章　工业区的建立　21

　　第一节　袁世凯的促进实业政策　21

　　第二节　技术的开端——铁轮织机　26

　　第三节　高阳商人和新式织布工业　29

　　第四节　招募纺织者　31

　　第五节　进口替代　33

第六节 日本的出口计划和高阳的棉花产业 35

第七节 织布工业的增长周期 37

第八节 生存的新策略 39

第九节 技术革新与复苏 43

第十节 1930—1933年高阳织布工业的危机 46

第十一节 复苏和新的繁荣(1934—1937) 47

第二章 高阳的企业家们 52

第一节 布线批发商号 54

第二节 从作坊到小规模工厂生产 78

第三节 高阳商号和中国商业史的研究 87

第三章 乡村织户 92

第一节 生产的组织形式 93

第二节 新的社会关系：团结和冲突 104

第三节 保持竞争力 110

第四章 销售网络 115

第一节 华北的棉织物市场 116

第二节 市场扩张 121

第三节 销售策略 133

第五章 共有资源 140

第一节 帝制末期的中国商会组织 143

第二节 推销高阳模式 158

第三节 商会和县政府 162

第六章 战时崩溃 *169*

第一节 战争期间的企业家资本 *172*

第二节 战争年代的纺织者们 *175*

第三节 工业区发展模式的深层思考 *179*

第七章 从市场到计划:第二个增长期 *182*

第一节 过渡的分期 *185*

第二节 新的经营策略——私营和国有企业 *189*

第三节 土地改革,作坊资本,染色和整理部门 *195*

第四节 向社会主义过渡 *199*

第五节 20 世纪 50 年代早期的扩张 *202*

第六节 最后的转变 *204*

第七节 国家计划与小规模工业模式 *209*

下 篇

企业家传统 *216*

第八章 从计划到市场:第三个增长期 *220*

第一节 经济改革政策 *221*

第二节 改革和乡村工业的增长 *222*

第三节 高阳改革的开端 *225*

第四节 发展轨迹 *228*

第五节 企业家遗产与第三次增长 *232*

第六节 当代高阳工业 *237*

第九章　现代企业中创业的精神遗产　258

第一节　股份合作制企业　260

第二节　乡村企业融资　264

第三节　企业增长模式　267

第四节　招募管理人才　272

第五节　商业合伙制的稳定性　275

第六节　劳动管理关系　279

第七节　企业、乡村和地方政府　286

第八节　私营企业和乡村　293

结　论　296

高阳模式与高度社会主义化的传统　298

改革期间的私营企业与政府　301

当代中国的工业区模式　303

参考文献　307

索　引　325

图表目录

地图

1.1 高阳工业区分布图 34
4.1 外庄网络的扩张 124
4.2 蚨丰号和汇昌号的外庄分布 128

图

引言图1 当代高阳 8
1.1 铁轮织机 27
2.1 杨木森 58
2.2 杨氏家谱与商号 71
3.1 妇女络经 96
3.2 织布工资 101
4.1 张家口市场的市场份额 132
4.2 同和商标 138

7.1　20世纪50年代初公有商行和独立织户之间的竞争　203

8.1　晾晒纱线　241

8.2　李果庄市场　244

8.3　运货到市场　245

8.4　纺织品交易中心　245

8.5　毛纺厂　254

表

1.1　产品的多样化　44

4.1　张家口的价格比较　132

5.1　高阳商业学校课程(1910年)　150

7.1　作坊和工厂的增长(1950—1954年)　202

8.1　全国纺织业中的高阳人　234

9.1　样本企业股份情况调查　262

9.2　商业合伙制的变化　277

译者序

我与顾琳教授相识于1986年,那时我还是一名南开大学经济研究所的研究生,师从刘佛丁教授攻读中国近代经济史专业的硕士学位。顾琳教授来华搜集资料,我有幸作为陪同人员之一(更确切地说应该是助手)一同前往河北省的高阳县进行乡村工业调查。从那时我开始了与顾琳教授的交往,1988年毕业留校任教之后到90年代初期将近10年的时间,每次顾琳教授到高阳调查我都是陪同前往,协助处理一些具体的事情。在她荣膺高阳荣誉县民的同时,高阳也成了我的第二个故乡,那时我们就约定这本书写出来之后由我来翻译成中文。

在陪同顾琳教授到高阳调查的几年中,我从中学到了很多从事历史研究的实证方法。在与顾琳教授的交往中,她为我打开了通向国际学术界的大门,是她给了我第一次走出国门看世界的机会;是她为我修改了第一篇用英文写作的论文……当我拿到她历经20余年完成的 A Chinese Economic Revolution: Rural Entrepreneurship in the Twentieth Century 的英文手稿,她以小见大,运用经济发展、社会学等多学科理论,从比较的视角将一个地区乡村工业发展的研究放到世界经济发展的框架中,对农村工业在现代经济增长中的作用进行分析,读来使我获益良多。翻译的过程实际上是一个学习的过程,这是顾琳教授30年的工作结晶,虽然顾琳教授对我们的翻译工作给予了很高的评价,但是也难免有错漏之处。为此,我们在翻译的过程中,将关键词的英文原文注在该词后面的括号中,以保证读者更好理解作者的原意。

正如作者在中文版序言中引用杉原薰教授的观点,作为亚洲特有的工业化道路,劳动密集型的工业化,利用相对廉价但熟练的劳动力在相对小规模的单位工作,与西方资本密集型的大工业发展模式相比,这样的发展模式的结果之一是更公平的收入分配。我们翻译顾琳教授的这本书,不仅仅是向广大读者展现高阳地区乡村工业发展的历史、现在和未来,更进一步希望通过顾琳教授的研究为我们深入研究"三农"问题,提高农村的收入水平、解决教育和卫生问题的压力,实现现代化的目标提供一个新的思路。

王玉茹

2009年春节于天津

中文版序

这本书最初是用英文,以经济发展的比较研究方法写给对中国经济史以及对当前中国的经济感兴趣的国际读者的。这是由始于30年前的一项关于华北高阳农村小工业的研究衍生出来的,那时中国的经济改革刚刚启动,第一次中美学术交流协议使美国研究人员到中国进行研究成为可能。感谢南开大学经济研究所的同事们,以及高阳的企业家、地方政府官员、工人、小工厂和作坊的工作人员、贸易商等许多个人的热心帮助——使我得以重构上个世纪农村工业发展中的企业角色。正如读者在这个中译本中看到的,这项研究是对中国近代经济史通常强调的中国近代经济发展"本土根源"的挑战,分析的路径是传统产业在20世纪初期创造了一种新的工业区,以及在战后的第一轮增长和过去的30年中如何适当地激发企业发挥传统的优势。在《中国的经济革命》中译本序言中,我想简单介绍一下我的主要论点与讨论农村工业在现代中国经济发展中的角色之间的联系。

我的讨论从农村工业在现代经济增长中的作用开始。一些学者在20世纪30年代就开始对农村工业的作用感兴趣,其中最重要的是南开大学经济研究所的学者方显廷的研究。作为中国华北工业发展研究的先驱,方显廷与他的学生、研究助手对天津周边地区的小工业作了详细的调查。作为方显廷研究课题的一部分,吴知关于高阳的研究是我的研究的起点。在这些研究的基础上,方深信农村工业是研究中国式工业发展的关键,在解决农村社会和经济危机中扮演着重要的角色。方的观点——包括合作社的发展是农村工业化的一部分——同时也是那一时期其他的知名的经济学家陈翰笙以及著名的人类学家费孝通的观点。费坚持提倡农村工业化,在20世纪80年代写了大量的关于小城镇经济发展是农村工业化的一部分的论文。

方显廷、费孝通和其他学者指出了以农村工业化为基础的各种发展模式,因为大多数的人口居住在农村是附近地方工业很好的劳动力供应,而不是像世界其他地方快速城市化的都市那样,让劳动者都进入到城市和具有风险的贫民窟。通过在农村和小城镇的地方工业,农民家庭可以将在工业的就业和家庭农业耕作结合起来,从而提供了农村稳定的社会基础。

方显廷和费孝通的观点引起了一位全球史领域的知名学者、京都大学杉原薰教授的共鸣。杉原认为有一个独特的劳动密集型的亚洲发展道路。杉原指出,劳动密集型的工业化,利用相对廉价但熟练的劳动力在相对小规模的单位工作;与西方资本密集型的大工业发展模式相比,这样的发展模式的结果之一是更公平的收入分配。这种劳动密集型工业化模式某种程度上可以缓解当前中国的"三农问题",即如何提高农村的收入水平、解决教育和卫生问题的压力。伴随着一波又一波的全球经济危机,在世界发达的金融市场引发了次贷问题,对中国而言,我们可以预见到出口导向型工业导致的就业率下降,需要农村和小城镇地区工业发展提供更多的就业机会。

最后,我要感谢王玉茹教授和她的研究生李进霞、张玮,是她们将这部书稿翻译成中文奉献给中国的读者,我期待着中国读者对这本书的反响和评论。

作者
2009年元月于日本东京

致　谢

历时 20 年始有这本书,在这个过程中,我积欠了很多对在不同研究阶段给予我支持的个人和组织的感谢。向他们致谢是我的荣耀!首先感谢与我分享经历的几代的高阳企业家。战前的企业家耐心地回答我的问题,当代的企业家则从百忙中抽出时间来给我解释技术和经营实践上的问题,给我讲述他们企业的历史,并回答所设计的调查问卷。在调查研究的每个阶段,高阳县政府和党员干部给予了大力支持,协助我研究走访,并与我交流他们眼中的家乡。此外,还要感谢来自国有纺织厂的经理和干部、高阳县乡镇企业管理局、地方志编纂办公室、一些乡镇的官员,以及县外事办的帮助。

1979—1980 学年期间,我开始着手这个课题的研究,此时经济改革政策刚刚出台。我是第一批受到中华人民共和国学术交流委员会资助的学者之一。那时,针对中国乡村的社会科学研究刚刚兴起,到那些包括华北地区的大多数乡镇在内的不对外国人开放的地区非常困难,每次我要访问天津以外的地区都需要有内陆旅游签证。南开大学经济研究所的同事不懈的工作，为我获取通行许可，并协助制定乡村研究计划。我怀着极为歉疚的心情感谢已故去的丁世洵教授，他的努力使得我的第一次行程成为可能；感谢已经故去的刘佛丁教授，为我后几次的行程提供帮助；感谢王玉茹教授和经济研究所办公室的龙敬昭女士，在我调查访问期间提供了不可估量的协助。南开大学历史学院已故去的王永祥教授，他是高阳人，在我研究的后几年，给予我很重要的帮助。天津社会科学院历史研究所张利民研究员帮助我安排了后期的一系列访问，在收集天津档案资料方面，他和他的同事也给我提供了帮助。我和张研究员以及他的同事在一起共同探讨华北经济史，我非常留恋在这种谈话中度过的美好时光。同样，我和南开经济研究所、南开历史学院的同事讨论华北经济史的过程也是相当愉悦的。感谢天津市政协乔维雄先生和他的同事为我安排了与1949年前在天津从事纺织业的商人会谈。感谢河北大学陈美健教授慷慨地与我分享高阳织布工业的访谈数据和研究笔记，并且协助我完成1995年的调查。感谢林立磐先生和杨寿亭教授与我分享当代织布工业的信息和知识。同时感谢中国社会科学院虞和平研究员，他在分析方法上给予我建议，并且为我提供了稀有期刊文章的副本。

  本书的知识结构深受共同工作的日本同事的影响。20世纪80年代草光俊雄教授介绍我加入一个研究纺织历史的日本学者团队，这么多年，我从他们身上，从研究日本、英国、印度纺织历史的学者成果中学到了很多，特别是阿部武司、谷本雅之、齐藤修、道格拉斯·法尔涅（Douglas Farnie）、戴维·杰里米（David Jeremy）、T.K.罗伊（T.K.Roy）。我对东亚纺织贸易的认识极大地得益于由杉山伸也组织的关于亚洲商业网络的一个合作研究项目。杉原薰把他掌握的亚洲商业的全球背景的知识与我分享，并且为我提供了一系列的机会使得我能报告本书的一些早期论点。清川雪彦介绍我加入关于技术转移的日本工作团队，小野昭彦邀请我参加关于亚洲女性劳动力的一个项目，这个项目引导我再思考本书研究中的性别意义。当我开展高阳的研究的同时，我也属于中日联合研究团队中的成员，这个研究团队主要是再次调查华北农村早在20世纪40年代就已是著名的满铁乡村习惯法调查的对象地区。这个项目为我提供了丰富的机会来与他人讨论20世纪华北的农村生活。我感谢这个研究小组的成员：日本的三谷孝、末次铃子、滨口允子、笠原十九司、中生胜美、小田则子、内山雅生；中国的魏宏运、张洪祥、张利民、左志远以及他们的研究生江沛、李恩民、祁建民、张思。高阳工业的历史和天津的经济发展密切相关，我从天津城市史研究团队的工作中获益颇丰，他们是：滨口允子、川岛真、贵志俊彦、渡边淳、吉泽诚一郎，同时我还获益于和天津社会科学院城市史团队的合作研究项目。

我要感谢那些在不同阶段阅读手稿并提出意见的同事。首先感谢周锡瑞(Joseph Esherick)、黄宗智(Philip Huang)、裴宜理(Elizabeth Perry)，以及那些阅读并就论文做出评论的20世纪80年代联合乡村研究项目的同事。王国斌(R. B. Wong)、王达伟(David Wank)、中井凯特(Kate Nakai)对不同的版本手稿初稿给予的评论，他们的真知灼见以及评论极大地促进了我的论文的修改。

写作这本书的这些年，我的婆母近藤爱子，我丈夫的姐妹正木みどり悉心照顾我的儿子，这样我才能在中国调查研究。任何

3

一种方式都无法表达我对于他们以及我丈夫近藤秀实、我们的儿子圭给予我的支持的感激。

这个研究课题受到中华人民共和国学术交流委员会的资助，以及上智大学的学术假期的帮助。

上 篇

上 篇

21世纪初,中国的"经济奇迹"激发了国际社会的想象力,让世人看到一个亚洲最大、最贫穷的国家摆脱贫困步入经济的持续增长。乡村工业在当代中国经济增长中扮演了一个关键的角色。在过去的20年里,乡村工业为数亿农民提供了就业机会,工业就业的收入增加了农村收入,创造了一个巨大国内市场,有助于保持经济的高增长率。同时,乡村工业生产的低成本消费品源源不断地涌入世界市场,为中国的出口驱动做出了重要的贡献。

关于中国乡村工业已有很多著述,多数研究以1978年发端的经济改革政策为研究的出发点,很少有学者提及中国传统的经营实践与当代经济增长之间的联系。①《中国的经济革命》就从这个视角关注中国的乡村工业:把当代中国乡村工业置于一个世纪发展的轨道中,探索今天的乡镇企业的经营实践和中国的传统经营实践之间的关联。本书具体通过研究高阳纺织工业区的历史——从20世纪最初10年的兴起到当代——来考察这种关联。

20世纪初的10年里,高阳工业区——位于北京以南的华北平原地区——是中国最成功的新兴乡村纺织业中心之一。我们将阐述当地的企业家团体如何意识到国家资助技术转移项目的商机,以及地方领导者如何建立和改造中国传统商业习惯、从而形成支持持续增长的创新型商号和营销网络。在这个过程中,当地的企业家们为成千上万的乡村织户提供了就业机会,这些织户

---

① William Byrd and Lin Qingsong, *China's Rural Industry: Structure, Development and Reform* (Oxford: Oxford University Press, for the World Bank), 1990; John Wong, Rong Ma, and Mu Yang, *China's Rural Entreprenuerus: Ten Case Studies* (Singapore: Times Acdemic Press, 1995); Susan Young, *Private Business and Economic Reform in China* (Armonk, NY: Sharpe, 1995); Jean Oi, *Rural China Takes Off: Institutional Foundations of Economic Reform* (Berkeley: University Of California Press, 1999).

投资于新技术、分享工业区所创造的繁荣。

　　本书将从三个不连续的增长阶段回顾高阳工业发展的历史。第一个阶段从20世纪初到1937年全面抗日战争的爆发,高阳的原料和销售市场的联系被战争所打断;第二个阶段从抗日战争结束的1945年夏季到社会主义新中国建立后1953—1954年决定实行工商业的社会主义改造,工商业的社会主义改造把纺织业置于国家垄断之下,从而结束了私营纺织企业和乡村纺织的历史;第三个阶段从1978年经济体制改革开始至今。高阳工业区是居于当今中国毛巾、毛毯、毛线以及其他纺织品领导地位的生产基地之一。

　　高阳乡村纺织业生产方式的变革是与全球经济的变化紧密联系在一起的。中国手工棉纺织业发生根本变革的动力来源于作为工业中心的英国的变化,这种变化几乎波及全球各个国家。开始于18世纪晚期的纺织机械化彻底改变了英国的棉纺织业。到19世纪中期,英国工业的高速增长很快使国内市场饱和,迫使制造商不得不转向海外寻找新的消费者,特别是亚洲。[1]起初,英国制造商直接出口棉布,但是很快开始输出机制棉纱。当洋布在中国市场上与土布激烈竞争之时,洋纱则成为土布生产的原料。面对这种发展形势,19世纪70年代清政府开始为实现国内棉织业机械化拟定计划,到19世纪末20世纪初,清政府和私人投资者开始启动棉业的重组。这次重组采取两种形式:一种是建立机械化纺织厂,另一种是发展使用机制棉纱作为原料的新型乡村织

---

[1] 见作者文章:"Rural Manufacture in China's Cotton Industry, 1890—1990",载 Douglas A. Farnie and David J. Jeremy 编:*The Fiber That Changed the World: The Cotton Industry in International Perspective, 1600—1990s* (Oxford: Oxford University Press, 2004), 431—59.

布区。

高阳和其他几个纺织工业区,包括华北的宝坻、潍县和华中的南通,创造了一种新的工业生产模式,一位中国学者称之为"两头在外(head and tail outside)",即原料的供给和销售市场均不在产区当地。①就像当代发展中国家的许多出口加工地带,新型的纺织区调动了中国农村丰富的劳动力资源转向加工进口的原料。与现代出口加工区不同的是,20世纪早期的中国新型纺织区是为国内市场生产产品,其目的是取代大量涌入中国并有可能吞噬中国经济的进口产品。

几代高阳的企业家都曾致力于建立一个兴旺发达的工业区。我们将从探寻传统中国的商业习惯开始来追寻第一代企业家的足迹。在这个传统世界中,商人往往从做学徒开始,他们起早贪黑地工作,那些想要成功的人,都必须从商业交易的基础开始学习,学习那些他所从事的行业所必要的语言、技术、会计知识、商业惯例和营销经验。许多人都梦想着积蓄足够的资金开设属于自己的企业。在高阳工业区发展的三个阶段中,相继几代的年轻人——包括处于第三个增长阶段的年轻女性——都能够实现这个高阳的梦想:"自己当老板"。高阳的故事告诉我们一种企业家精神,这种精神渗透到了当地的经济系统,促成了数以千计的小工厂和商号的诞生。我们将渐渐认识一些企业家和他们的商号,以及他们在不同时期、不同政治体制下所面对的挑战。故事的最后,我们将理解这种带动小规模工业发展并有利于中国经济改革的机制。

---

① 中国农村市场模式研究编委会,《中国农村市场模式研究》,北京:新华书店,1993年。

高阳地处河北省中部，位于前河北省会保定以东35公里，北京东南130公里，距中国北方主要港口城市天津150公里。1980年5月我第一次访问高阳时，这是一个又小又脏的城镇，仅有约1.5万人口。唯一暗示它曾经是繁荣的商业中心的线索是一些石头门面的建筑，这些建筑曾是富有的商号的所在地，其中一栋三层楼房是商会的总部。高阳就像许多华北的县镇一样，有定期的集市和一些小商店，服务于周边将近20万的乡村人口。与众不同的是高阳有几个国营纺织厂和为数不多的工人。纺织厂位于高阳的南部边缘，在那里散步使我看到了一幅永恒的华北乡村生活的景象。冬天，旷野里几乎扁平的地平线被延伸至无穷大，用阳光烘干的砖砌的房屋和它周围的墙，同荒芜的土地汇成一色，与扁平的地平线融为一体。土地和散落的村庄形成一幅巨大的风景画，唯一不协调的是一些黑色的树干和树枝，这些树长出来的叶子在夏天为村庄的小路遮荫。

尽管1978年底中国政府已经开始进行经济改革，但是在我第一次访问高阳时，我几乎看不到改革的印记。农民仍然属于生产队，并在社里的土地上集体劳作，每个村庄只允许经营一个小的村办集体作坊。大多数的村办作坊生产的是低档纺织品，主要是提供给县上的国有工厂用于打包的粗布。在一些小的村办工厂里，年轻男子仍然使用铁轮织布机织布，这些织机在70年前曾为乡村织布者带来了财富。1980年的高阳仍然处在"文化大革命"派系斗争的恢复过程中，派系斗争破坏了当地的几乎每个村庄的人与人之间的关系，乡村居民的生活仍然受"以粮为纲"的经济政策的影响，集中力量生产粮食，几乎不进行其他消费品的生产。

到处都可以看到基础设施投资的贫乏，只有高阳到保定和天津的主干道是铺过的。当夏天雨季来临,连接乡村到主干道的没有铺过的路上淤泥成河,经常造成交通阻断,而这些在干燥的季节是看不出来差别的。

15年后,高阳向外界展示了一个崭新的面貌。高速增长的纺织业为各种私人和公共设施的投资提供了资金,改造了城镇和乡村。高阳再次成为一个充满活力的商业文化中心,吸引着全国各地的工商业者。纺织业的扩展激起建筑业的繁荣,铺设的公路取代了肮脏的土路,围绕城镇中心建起了相同的辅路,工厂和企业列于辅路的两旁,银行和政府机关的大楼引人注目。过去的老建筑几乎都被拆除了,取而代之的是新的商场和贸易商行大楼。一到晚上,高阳的中心街上摆满了出售食品和饮料的大排档。配有大屏幕的卡拉OK,以及酒吧和饭店都非常热闹。几乎所有高阳的企业和贸易商行都是私营的,几乎所有的工业投资资本也都来自于当地。

工业区和高阳增长模式

本书是一个工业区成功发展的案例分析,它的更深层次的意义是在于解读中国小企业的运行机制(dynamics),以及它所代表的另一条实现现代经济增长的路径。把高阳的经验作为乡村工业增长的一种模式,本书将从两个维度进行探讨:一方面是企业家和企业个体的经营活动,另一方面是产业(industrial)组织的结构。关于企业家和商号的个体经营活动,笔者强调20世纪中国小企业组织的典型特征,以及这些特征与以往商业惯例(business practice)之间的联系。企业家们如何在传统经营实践的基础上进行组织创新?在缺乏现代银行体系的情况下,他们依靠的金融形式是什么？他们如何为他们的产品寻找市场出路？如何测定市场需求？他们如何组织自己的企业？如何招募雇员？当他们的资本财产（holdings）增加后又会发生什么？最后，高阳乡村工业的成功是否归功于工资的低廉？

图1　当代高阳。2005年高阳全景图
（照片由高阳县政府办公室提供）

从小企业得以繁荣的地区政治经济的结构特征出发，本书把高阳作为一个工业区来考察。"工业区"这个概念用来描述一大批同行业的小企业集中在一个有限的地理区域内的一种产业结构。这种产业组织形式产生了独特的商业文化：分享价值和（共同）知识的独立企业之间既竞争又合作；同时这种产业组织形式也产生了管理者与工人之间的有特色的合作模式。① 实际上，高

---

① Sebastiano Brusco,"Small Firms and the Provision of Real Services",载 Frank Pyke and Werner Sengengerger 编, *Industrial Districts and Local Economic Regeneration* (Geneva: International Institute for Labour Studies, 1992), 177—96.

阳工业区包括一个行政中心——高阳县城,几个小集镇以及分散在五个县的几百个村庄。战前的高阳县城周围都是高墙,操纵着纺织品交易的大多批发商号坐落在高墙之内;染色和加工厂位于高墙之外的靠近村庄的地方;踏着织机工作的织户们散布在工业区内100多个村庄里(参见地图1.1)。

6

我们把高阳作为一个工业区,研究的焦点应该作如下考虑:在这个工业区内运行的社会关系属于哪种类型?商号彼此之间如何发生联系?经营者如何与他们的工人相处?由此产生并服务于集体利益的组织和制度是什么类型的?政治体制的变化如何影响乡村工业实践?我们最终的发现和通常的假设——乡村工业是落后的,它不可避免地要被"现代化的"大规模生产形式所取代——是相违背的。《中国的经济革命》认为,乡村工业化是一种可以替代"城市集中的大生产"的生产方式。中国的乡村工业在20世纪的工业变革中发挥了重要的作用,它是有可能沿着自己的轨迹继续向前发展的。

萨贝尔(Charles Sabel)和蔡特林(Jonathan Zeitlin)的一篇文章中认为这样的工业区可以作为大规模生产的替代,由此引发了关于工业区的学术争论。① 这篇文章与皮奥雷(Michael J. Piore)和萨贝尔的著作《第二产业划分》(*The Second Industrial Divide*)同时问世,该书认为我们当前的经济正在采取新的产业

---

① Charles Sabel and Jonathan Zeitlin, "Historical Alternatives to Mass Production: Politics, Markets and Technology in Nineteenth-Century Industrialization", *Past and Present* 108,(August 1985) 133—76.

组织形式,这种新的形式融合了更加灵活的生产方式。①在这些开创性著作出版的几年里,关注灵活生产、积累以及它们在历史和当代社会中的深远意义的文献越来越多。②

同时,经济史学家和社会学家已经在工业区研究领域内开始向现代经济增长的首要途径是集中的大规模生产的观点挑战,商业史学家开始重新审视小商号在经济增长中的作用。正如经济史的主流观点强调大规模现代工业的兴起一样,商业史的主要分支也集中在现代一体化商业企业的出现上。著名的现代商业史学者阿尔弗雷德·钱德勒(Alfred Chandler)认为规模经济效益将最终导致大规模公司在大多数的制造业中占据主导地位。

无论是经济史学家关于现代工业增长的模型,还是商业史学家关于大型一体化公司兴起的模型,都是建立在对最初实现工业化的国家的发展模式的研究基础之上。当学者们转向考察那些后发展国家的相似问题时,他们在构建自己的概念框架时融入了二元经济理论的思想。二元经济理论认为后发展国家从已经实现工业化的国家引进(或转让)先进的技术,在引进技术基础上将经济划分为现代经济部门和传统经济部门。现代经济部门具有技术设备精良、高生产率和高工资率的特征;与之对应的传统经济部门则表现出技术落后、低生产力和低工资率的特征。二元经济模型通常认为增长将导致大规模生产单位取代落后的、小规模

---

① Michael J. Piore and Charles Sabel, *The Second Industrial Divide* (New York: Basic Books, 1984). 参见 Charles Sabel and Jonathan Zeitlin, *World of Possibilities: Flexibility and Mass Production in Western Industrialization* (Cambridge: Harvard University Press. 1997).

② David Harvey, The Condition of Postmodernity (Oxford:Basil Blackewll,1989). 该篇论文收录在 Charles Sabel and Jonathan Zettlin, *World of Possibilities* 中,以那些为欧洲经济发展工作的人为例说明这种工作的范围。

的乡村工业部门。① 尽管这些模型都是市场经济体制下取得的经验,但是社会主义中国的计划制定者们对工业的规模和范围也有同样的预期,他们也相信大规模生产是实现经济发展目标的最有效的方式,1950年后,他们开始大量地投资于大规模的国有企业。②

近年来,大型一体化企业和大规模生产的必然成功引发的问题,对于研究历史上的经济体系和当代经济发展中的政策决策都有着重要的意义。那些挑战经济史和商业史主流观点的学者认为,不是所有的产品或所有的市场都适应于大规模的标准化生产:市场在极大的范围内为各类产品提供它们的需求领域,这些产品包括限定流通的产品、独一无二的产品,以及标准化产品。同时,市场条件也是相当宽泛的,一些非常适合于标准化的生产,另一些则需要不断地变换风格。对于标准化产品生产以及服务于可预测的市场时大企业更为有效率,而小企业则通过灵活的生产方式更好地服务于其他市场。③

在中国小规模工业发展的历史中,工业区作为一种组织形式是非常关键的。本书后面的部分将探讨在高阳工业区增长的三个阶段中,影响这种产业结构选择的经济和制度因素。为便于以

---

① Suzanne Berger and Michael Piore, *Dualism and Discontinuity in Industrial Societies* (Cambridge: Harvard University Press, 1980); Charles Sabel and Jonathan Zettlin, *World of Possibilities*.
② 中国的纺织业为我们提供了一个很好的例子,在国家计划者努力推进大规模生产的同时,地方势力却在向相反的方向推进。作者的论文"Rural Manufacture in China's Cotton Industry, 1890—1990"对此有比较完整的解释。
③ Philip Scranton, "Diversity in Doversity: Flexible Production and American Industrialization, 1880—1930," *Business History Review* 65 (Spring, 1991), 27~90; and Robert Salais and Michael Storper, "The Four 'Worlds' of Contemporary Industry", *Cambridge Journal of Economics* 15 (1992), 169—93.

后的这种分析,在这里我简短地谈一下关于工业区运行方面的理论问题。

我们很多关于工业区的思想来自20世纪早期最伟大的经济学家之一阿尔弗雷德·马歇尔(Alfred Marshall)。马歇尔以其边际革命的贡献而著名,他也是最早关注作为产业组织的一种独特的组织形式——工业区——的学者之一。① 马歇尔强调工业区在创造外部经济中的作用,即对单个企业的经济外部性。他认为这种外部经济使得工业区内的小企业有可能从类似于规模经济的形式中受益,而规模经济往往被视作是大规模生产成功的关键。在工业区内,规模经济函数不是在单个企业内实现,而是在作为一个整体的工业区范围内实现。马歇尔认为,小规模工业的成功发展,需要一大批关键的生产者集中在同一区域内。在这个工业区内,个体小企业分享任何单个企业都无法支付的公共资源,如马歇尔所言:"交易的秘密已不成为秘密,就像空气一样展现在人们面前,连小孩子都能无意识地学到很多。干得好就会得到正确的评价,机器、工艺流程以及商业的基本组织方面的创新和改进,无论好坏都会迅速引起讨论;如果一个人开始实践一个新想法,那么这个想法会被其他人吸收,并且会融入自己的想法,结果这又成为更深一步思路的来源。"② 在工业区内的小企业共享一个市场,尽管任何一家企业的产出可能相当小,但是该区域

---

① Alfred Marshall, *Principles of Economics*, eighth ed. (London: Macmillan, 1920), chapter 10. Mark Blaug, *Economic Theory in Retrospect*, fourth ed. (Cambirdge: Cambridge Universtiy Press,1985),382—83。关于产地或生产区的丰富的日本文化还可参见尾高煌之助、泽井实(Konosuke Odaka, Minoru Sawai), *Small Firms, Large Concerns: The Development of Small Business in Comparative Perspective* (Oxford: Oxford University Press, 1999).

② Alfred Marshall, *Principles of Economics*, 271.

内的总产出却是巨大的，从而使工业区成为主要的制造加工业中心。

对经济的聚集感兴趣的当代经济学家们通过考察运输成本和工业集中度的关系、劳动力市场和工业集中度的关系检验了马歇尔的理论。① 大多研究使用的都是发达国家的工业数据，同时大多数的视角是把工业集群作为城市经济研究的一部分。② 高阳代表了一种不同类型的工业集群，20世纪大多时间里这种形式在日本也很普遍。在这种集群里，工业位于乡村或小城镇，吸收那些还没有完全和农业割断联系的农村劳动力。中国的新式工业区最早出现在19世纪末20世纪初，所利用的新式技术和投入多是对外贸易增长的产物。

我们必须把高阳这样的新式工业区和早期的地区专业化相区别。工业生产中的地区专业化一直是经济的一个组成部分，世界各个国家几乎都有。中国也有传统的工业区域，这些地区以生产铁器、陶器、丝绸和其他专业化产品而闻名。在这些早期的手工业中，地区专业化是在比较优势的基础上形成的，工业集中在接近原料或气候特别适合原料生产的地区。

像高阳这样的新型工业区的比较优势来自制度因素，而非所谓"天生的"地理或资源优势。在所有的制度要素中居于中心地位的是一个复杂的商业关系网络。因为加工业的原材料供应是

---

① 为了回顾一下近来有关工业区的研究工作，见 Bjorn T. Asheim, "Industial Districts: The Contributions of Marshall and Beyond," 载 Gordon L. Clark, Maryann P. Feldman, and Meric SS. Gertler 编 *The Oxford Handbook of Economic Geography* (Oxford: Oxford University Press, 1999), 413—31。

② Masahisa Fujita, Paul Krugman, and Anthony J. Verables, *The Spatial Economy: Cities, Regions and International Trade* (Cambridge, MA: MIT Press, 2000).

开放的,所以在发展的最初阶段,许多乡村区域中的任何一个地方都有可能成为新的纺织中心。然而,一旦高阳的经营者与纱线批发商、天津的钱庄以及遍布全国的市场客户们建立了密切的联系,新进入者就很难与其竞争。高阳的商人为纱线输入商提供了广阔而可靠的市场,而且鉴于高阳商帮中全体成员的利益基点之一——信用——这一特殊优势使得商号个体运作起来非常方便。因此,在调查高阳比较优势的过程中,我们不仅要分析宏观经济环境,而且要探讨商人个体以及商人团体的行为,他们的策略选择影响着自身商号的发展,同时形成工业区的一些特征。

在高阳案例中我们认识到,高阳模式并不是中国现代工业发展所独有的,但是它们所采取的特定形式在受到更大范围的经济和制度环境的强烈影响的同时,也要受到中国传统的商业习惯和高阳商人特有的决策选择的影响。在一些国家,两个典型例子是意大利和印度,其政府的政策有意识地保护小规模工业。[①] 在日本,大企业和小企业之间以网络和分包的形式形成的制度联系在小规模工业的发展中保持着重要角色。与此形成对照的是,上个世纪中国曾经采取的三种政治体制(帝制、共和、社会主义)对小规模工业几乎都没有提供过正式的保护,在以资本短缺为普遍特征的经济体系中,小规模工业得以生存主要在于它动员独立的资本资源的能力。

---

① 关于意大利,见 Berger and Piorre, *Dualism and Discontinuity in Industrial Societies*;关于印度,见世界银行研究,Ian M. D. Little, Lipak Mazumdar, John M. Page, Jr. 编:*Small Manufacturing Enterprises: A Comparative Study of India and Other Economies* (New York: Oxford University, 1987)。

上 篇

找回企业家的声音

深入地探讨上个世纪高阳小企业的发展,需要了解几代乡村企业家和工人的亲身体会和经验,这不是个简单的工作。研究中国商业史,尤其是小企业的历史,最大的挑战之一是企业资料的缺乏。在当代档案中这种资料的缺乏,并不是说企业没有进行书面记录。中国的商人几乎都具有阅读、写作和计算能力。高阳所有的大商号都有会计和相关职员,专门负责保管账簿、接收每天来自全国各地的分号的书面报告。尽管当时的书面记录是多么丰厚,现在却几乎荡然无存。① 在缺乏企业原始记录的情况下,必须通过其他的途径尽可能地重建小规模商业企业的历史。

战前调查资料 本书研究的起点是 20 世纪 30 年代南开大学经济研究所做的著名的经济调查。② 南开经济研究所致力于对学生教授经济史,但是却发现几乎没有关于中国经济的资料。为了填补这个空白,南开经济研究所展开了一系列关于天津和附近乡村的工业调查与研究。吴知——这位 1928 年毕业于南开大学的学生,毕业后进入南开经济研究所从事早期南开价格指数的整理工作,他承担了对华北最大最重要的乡村织布工业中心——高阳的调查工作。

吴知和三个助手组成的调查团队,制订了一个为期六个月的高阳工业调查计划,1933 年 2 月驻进高阳,他们与当地的一些有影响力的企业家建立了密切的工作联系。南开经济研究所在统

---

① 大多记录可能在抗日战争和随后的国内战争中被毁坏了。
② 鲍觉民:《解放前的南开大学经济研究所》,《天津文史资料选辑》第 19 辑,1982 年 3 月。

计资料汇编和数据分析上久负盛名,因此,这个年轻的团队的主要任务之一就是尽可能地搜集相关的统计资料。①

吴知关于高阳工业的调查报告——《乡村织布工业的一个研究》(A Study of the Rural Weaving Industry)1936年出版。该书重点分析了协调高阳体系(the Gaoyang system)的商人企业家们的重要作用。在报告中,吴知运用现代会计方法估算了生产成本、企业管理费用和利润率。另外,他还勾勒出了高阳工业发展的历史轮廓,并通过对几百个织布家庭样本调查试图理解织布在家庭经济中的作用。同时,他还考察了高阳织布业的生产和销售体系。

吴知的调查报告在当时这类研究中是高水平的,直到现在,仍然是研究这个领域的经济史学家们必读的书目。② 他的研究可以作为我所探讨的问题的一个资料来源,但是,对我来讲仍然有很多问题。虽然吴知提供了一个高阳工业体系发展的脉络,但是他的统计数据都来自他们自己的调查,因此在他提供了一张清晰的定格在20世纪30年代早期的织布工业的照片时,反映更早时期高阳织布工业发展趋势的数据却相当粗略。第二个主要的问题是缺乏个体商号的数据资料。为了获得主要经营者的合作,吴知当年调查时曾向和他合作的经营者承诺,外界将无法(从报告中)识别出具体的企业和经营者,因此,这项研究虽提供了一份非常宝贵的关于20世纪30年代高阳工业的画卷,但是,读者却无从知晓报告中那些企业家是谁,他们又是如何成功建立自己的企业的。

---

① 吴知1980年6月9日在北京的一次访问。
② 东亚研究所在1942年为该书作了一个译本。

因此，笔者面临着两大任务：第一，寻找时间覆盖面更广的高阳织布工业的统计资料；第二，寻找个体企业的历史资料。几年中，我发现了一些资料，大多是在日本发现的，它们所提供的数据粗略地描述了一个长期的发展趋势。在20世纪早期，高阳工业是日本纱线出口的主要地区。日本使领馆和出口商的同业公会对工业进行定期调查，以指导日本出口商的行为。日本关于高阳工业的调查报告最早的是在1911年，最晚的是1942年关于战争对高阳工业影响的调查报告。尽管重建一致的时间序列数据是不可能的，但这些报告提供了一系列的节点，可以用来确认吴知调查中的阶段划分的正确性。

口述史访谈 重建个体企业历史的工作开始于1979—1980年我在中国进行的调查访问期间。那时，我的研究据点是在位于天津市的南开大学经济研究所，它是幸存的战前对高阳工业作过调查的机构。1980年春，我第一次访问高阳，采访了在战前曾参与过纺织业的工人、由战前商号发展而来的工厂以及曾是纺织业发展密集区的几个村庄。在第一次访问中，我开始关注高阳历史中的人物，从那些曾经做过学徒、会计以及分号经理的人口中了解早期的企业家们。老纺织户谈了他们的生活，回忆了20世纪30年代的情形。我还读了50年代早期工作组的报告，它描述了集体化过程中国家与私人企业之间的斗争。这次访问使我深切地感受到理解技术问题的重要性。那些工厂经理们花费大量的时间向我讲解操作方面的技术知识，详细地演示各种不同的设备以及这些设备多年来发生了怎样的变化。

档案资料 高阳商会——代表纺织企业家利益的机构，建立于1906年。清政府规定县级商会从属于省级商会或主要的中心城市的商会。高阳商会隶属于天津商会。天津商会的档案保存完整，一万多份文件资料覆盖了从 1903 年天津商会成立到 20 世纪 50 年代早期。关于高阳商会的记录，包括报告、请愿以及其他信件都保存在天津档案馆。①

当代纺织业的研究 我对当代纺织业产生兴趣源于 1984 年南开大学的朋友写给我的一封信，信中说高阳的家庭纺织业又复活了。在 1979—1980 年间我第一次访问高阳后，我曾写过一部关于高阳家庭纺织业在 50 年代早期的工商业社会主义改造中如何趋于消亡的书稿。这个高阳乡村工业复活的消息带来了一系列新的需要解释的问题，于是在修改这部书稿之前，我需要再次访问高阳，亲眼看一下新的乡村工业采用的形式。1988 年夏天，我在高阳待了 10 天，我发现不仅乡村工业正在繁荣，而且其经营形式也与战前乡村纺织业中通行的经营习惯有着强烈的共鸣。由此，我开始了对高阳乡村工业的长期的重新审视，于 1988、1990、1995 和 1996 年 4 次访问高阳。

本书第二部分中所使用的几种数据资料就是在这些调查访问中得到的。每次访问都包括县政府官员的情况简介、与负责乡村工业的干部的长谈，以及和工厂主、原料批发商、成品销售商、工场主（workshop owners）、工人等的反复地、不断深入地访谈。为了更好地理解高阳工业在中国工业结构中的地位，我请教了天津的纺织业专家，他们非常慷慨地与我分享在技术和经济问题方面的知识经验。我的研究随着时间的延伸而拓展，与当代企业家的讨论使我对战前的高阳工业有了重新的认识。

调查材料 通过访问、访谈和非正式渠道的沟通，我积累了

---

① 天津档案馆、天津社会科学院历史研究所、天津市工商业联合会：《天津商会档案汇编》（10 卷本），天津：天津人民出版社，1989—1998 年间出版。

一系列的统计资料,使我对当代高阳工业体系的整体运行情况有了整体的把握。同时,这些调查引申出一系列关于传统乡村工业和当代乡村工业实践的相似性和差异性的假设,我通过选定一些企业进行调查验证了这种假设。

在关于高阳工业第三个增长阶段的写作中,我主要运用了两次对高阳调查的资料。第一次是完成于 1992 年春,着眼于国有工业和私营工业中的女工的调查。这次调查抽取了 160 名女工,从两个私营的毛纺厂选出 80 名,又从该县一家专门生产出口手工印染(hand-printed)织物的国有企业中选出 80 名。南开大学的研究者们帮我设计问卷、进行了这次调查,补充了大量的对 3 个工厂和工人定性的访问。

第二次调查是 1995 年 5 月,收集了随机抽取的 34 个较大的私营企业的数据。县政府官员非常合作地鼓励那些私营企业主参与调查,在这个过程中,中国的研究助手和我本人指导样本工厂的经理接受调查。

这些调查为重建 20 世纪 80 年代和 90 年代的企业发展模式提供了坚实的数据基础。我对于企业如何成长、主要企业家的职业生涯以及他们经营的文化背景的大多信息主要来自非正式的调查。随着我认识的高阳人越来越多,轻松的交往会面开始成为正式访谈的补充,我从饭桌上的谈笑风生、按照当地风俗的游戏打赌中,以及游览当地景点的过程中学到了很多的东西。这样,企业家与官员们逐渐放松起来,谈论他们的日常生活,闲聊他们的同事或朋友,讲述他们与其他企业家间的争斗,并且谈论税收问题以及如何避税,还有很多无法列举完的其他感兴趣的话题。当然并不是所有的被调查人都讲实话,只是这样的机会使我了解到当地的官员与企业家们如何看待自己的社区团体,以及 20 世纪 80 年代和 90 年代高阳发生的巨大变化。

　　本书建立在一系列广泛的材料基础上，这有助于我们描绘出高阳工业区近一个世纪发展的全景图。本书强调中国传统商业习惯与高阳第一阶段增长的关系，以及高阳自有的商业传统在第二和第三个增长阶段动态发展模式中的角色。我必须指出的是，在探讨早期乡村工业实践与当代工业增长之间的密切联系的过程中，我所写的联系是我所看到的，而不是当代地方官员或企业家们所认为的。当今大多高阳的企业家们把工商业文化视为给定的，他们以很自然的方式组织和经营他们的企业，这种组织形式我曾认为存在需要解决的问题。企业家们以一个特定的方式组织他们的企业，因为他们相信那是解决所面临的特定难题的最佳途径。很少有人知道他们所采用的形式与他们的父亲或祖父在几个年代以前所采取的形式是相似的。大多当地企业家对高阳纺织业传统仅有一些模糊的印象，除了那些战前曾参与过的老人们，他们对早期经营的历史没有什么兴趣和概念。高阳企业家们并没有有意地按照传统的方式组织自己的企业，然而他们的做法却复制了许多早期的形式，从而展示了更多的深藏于中国经济实践中的商业和工业传统的延续。

第一章　工业区的建立

在推动近代高阳织布工业勃兴的过程中,有三个因素发挥了重要的作用,其中两个是工业发展叙述中大家熟知的角色:政府和私人企业家。政府在高阳织布业勃兴中的影响始于袁世凯执掌直隶省①,在直隶省内推行政府的实业振兴计划;私人企业家则出现在小城镇商人抓住实业促进计划所产生的机会的经营活动中。第三个对高阳纺织业勃兴有贡献的因素是日本以放宽信贷条件(easy credit terms)供给原材料的出口推进计划。正是这三个因素的偶合及相互作用,使乡村工业在 1908—1910 年间取得突破性地增长,进而使高阳成为其他社区争相效仿的榜样。

第一节　袁世凯的促进实业政策

1901 年袁世凯被任命为直隶总督兼北洋大臣,当时华北地区正遭逢一场较重的经济危机。危机的导火索是义和团运动,这一运动自 1898—1900 年席卷中国的华北地区,后借助外国势力

---

① "直隶"是指直接由国家管辖的省,1928 年更名为河北省。现在的河北省边界与清朝时的直隶边界稍有不同。

得以平息。然而,在 20 世纪的早期,直隶省遇到的更深层次的经济问题是日益增长的人口对土地的压力,这个问题随着农村纺织业(纺织是小农家庭的现金收入来源)的衰落而更加恶化。直隶省的核心地带是中国华北大平原的一部分,一个扁平的黄土地带,从太行山一直延伸到大海。这个地区干燥,水旱灾害交替,20 世纪早期的农村人口大约有两千万。平原地区的土壤很适宜棉花的生长,因此 18 世纪早期在东北和西北的边疆地区农妇们就已经生产棉织物自用或出售,到 19 世纪晚期,棉纺织品收入是补充农家收入的重要来源。①

1861 年天津作为条约口岸开放后②,引起了一系列经济、社会和政治的变化,农村纺织业的衰落是这些变化的后果之一。19 世纪 40 年代第一批条约口岸开埠后,中国中部和南部的土布业随即遇到了洋布的竞争,19 世纪 90 年代当洋货开始充斥华北市场时,华北的危机清晰可见。

在清代的最后 10 年,政府在直隶执行的实业促进政策意图应对这场危机的两个方面:乡村工业产品在国内市场有效地与洋货竞争;吸收乡村剩余劳动力,创造就业机会,提高乡村的生活水平。用现代发展经济学的术语讲,目标是进口替代和劳动力吸收。

在天津作为通商口岸开放后的第二年,外国日用品大量输入中国华北市场,袁世凯的幕僚们决定兴办实业以生产进口替代

---

① 1905 年由直隶工艺局指导的乡村纺织业调查。天津市档案馆、天津社会科学院历史研究所、天津市工商业联合会等编:《天津商会档案汇编》第 1 卷第 1 部分,第 1970—1972 页。

② 条约口岸就是开放的允许外国人居住和经商的城市,它是在与外国势力签订的条约中规定开放的。鸦片战争后中国开放了五个通商口岸,其他几个是在以后一系列的条约中开放的。第二次鸦片战争后,天津于 1861 年开放。

品。周学熙是袁世凯的主要幕僚之一,他受命创办服务于振兴民族工业的新式组织——直隶工艺局。[①] 周曾描述当时的情形:"调查出入口货共值九千余万两,而输出货值仅达五分之一,且入口皆制成熟货,出口皆生货。能自制者惟草帽辫耳。工艺不兴,利源外溢,涓涓漏卮,曷有纪极。"[②]天津对外贸易的统计数字表明,每年进口的布约700万疋,价值2000万海关两。[③]

袁世凯的乡村织布工业计划是效仿日本那个时期成功的进口替代计划。[④] 周学熙赴日本考察纺织区回国后,决定设立学校和实习工厂,学习、使用日本的技术。织布工业的核心新技术是铁轮织机,这是一种改进的手工织机,除了动力源不同外,工作起来很像动力织机,这种织机生产出来的布类似于进口的国外动力织机生产的布。1904年工艺局开办实习工厂,从直隶省各县招收艺徒200余名,由工艺局下属部门教授织布、染色及整理技术,这些掌握国外先进的织布技术的艺徒们回到各自的家乡使用和推广这些新的纺织技术。

周学熙聘任藤井恒久作为自己的首席外国顾问。藤井恒久是日本实业振兴中的首领人物,他毕业于高等工业学校,是明治时期东京帝国大学工学院的前辈。藤井恒久曾担任大阪府立商品陈列所(Osaka Commodity Exhibition Center)的主任,这是日本一个最成功的地区工业振兴组织,成立于1890年。日用品展

[①] 朱春富:《周学熙与北洋事业》,《天津文史资料选辑》第4辑,1979年10月,第146—162页;许京兴:《天津近代工业的早期概况》,《天津文史资料选辑》第1辑,1978年12月,第124—161页。
[②] 周尔润:《直隶工业志初编·章牍类》,1:1a,天津:直隶工艺局印刷处,1907年。
[③] 《直隶工业志初编·章牍类》,下,3:a—b。
[④] 孙雪梅:《清末民初中国人的日本观——以直隶省为中心》,天津:天津人民出版社,2001年。

览中心在发现和发展新产品、新技术,以及为当地企业家提供信息和技术指导方面发挥了积极的作用。① 尽管他的月薪高达400两(湘平银——译者注),但他也为袁世凯的新企业带来了多年的知识经验,我们可以从随后几年的发展中看出他在政策方面的才能。② 在藤井恒久的指导下,1906年和1907年组织的实业展览,吸引了5万多名参观者。③

直隶全省的豪绅和地方官们在敦促中为建立使用新式技术工厂的活动中发挥着积极的作用:"将来由一乡推之一县,由一县推之全省,人人闻风兴起,实力讲求可使地无弃利,国无游民,贫者固不至终贫,富者亦永保其富。"倡导者们组成团队从天津到各县宣讲,组织地方力量支持工业活动,利用油印的广告进行宣传,同时在集市日举办各种公开的演讲活动。④

地方上对实业振兴活动的反响也很强烈,许多县都创办各自的织布工厂,1904—1910年间,直隶全省90个县都设立有织布工厂。⑤ 1910年日本观察家参观在南京举办的南洋博览会时曾说"织布工业的隆隆声"横扫中国⑥,直隶这些工厂就是其中的一

---

① 大阪府立商品陈列所创立30周年纪念协赞会编:《回顾三十年》,大阪,1920年。今津健司:《从工业化的结果看劝业政策的作用——农商务省的工商专业技师的培养》,载南亮进、清川雪彦编《日本的工业化与技术发展》,东京:东洋经济新报社,1987年,第237—259页。
② 晚清中国组织雇用的日本人的工资,参见近代日中关系研究会编集《近代日中关系史料》第2集;南里知树编:《中国政府雇用的日本人·日本人顾问名表与解说》,东京:龙溪书舍,1976年。
③ 《直隶工业志初编·章牍类》,上,26a—27b。
④ 《直隶工业志初编·报告类》,下卷,4a—7a。《直隶工业志初编·丛录类》,上卷,3a—b。
⑤ 彭泽益编:《中国近代手工业史资料》第2卷,北京:三联书店,1962年,第528—532页。
⑥ 南洋劝业会日本出品协会编:《南洋博览会各省出品调查》,东京:1912年,第1373页。

部分。

袁世凯的直隶实业振兴计划是晚清政府广泛的技术转移实验中的一个。长期以来,技术转移被认为是后发展国家的最主要的经济发展策略之一。技术转移策略建立在引进和消化发达国家的机器和技术的基础之上。技术转移政策的实施远比人们初看起来要复杂得多,它包含的不仅仅是设备的引进。机器的发明和改进是与特定的社会组织模式相适应的,当它被移植到不同的社会经济环境下,在技术能够"本土化"并产生经济效益前,社会条件的调适以及相应的创新是必不可少的。在许多案例中,消化新技术需要劳动组织模式的结构变化,并建立新型的工商业组织。

在晚清政府实施新政的背景下,需要着重指出的是,政府虽然是实业振兴政策中的关键角色,但是其作用却非常有限。新技术能够在地区工业中的成功应用、创造利润需要地方居民的努力。就像我们在织布业案例中看到的,尽管直隶所有的乡村都可以获得新的技术,但是能够产生商业利润的仅限于少数地区。

新式织布技术要求劳动中的社会组织变革。铁轮织机需要较大的投资,而且这些投资只有在机器不停地运转中才能实现价值。这导致手工织布从作为贴补农业的家庭副业向家庭主业转变,进而农业退居次要位置。伴随纺织专业化而来的是家庭劳动力组织的变化,传统的手工棉织主要是妇女的工作,而在新的家庭作坊中,男人成为织工,妇女和儿童则从事卷线和其他辅助性工作。[①]

铁轮织机的高生产率也迫使商业组织发生了明显的变化。单位劳动时间的高产出,以及劳动力的密集投入增加了对棉纱的

---

① 参见顾琳(Linda Grove)《20世纪早期中国的机械化与妇女工作》(Mechanization and Women's Work in Early Twentieth Century China),载柳田节子先生古稀纪年《中国的传统社会与家族》,东京:汲古书院,1993年,第95—120页。

需求。这种织机织布所投入的原料几乎无一例外的是机纱,机纱来源于国内少量的几家现代棉纺织厂和国外。这种变化为商人提供了一个新的角色——中间人,商人对于原料供给的控制和销售市场的掌握导致了"商人雇主制"(从商人的角度看,一般称作商人雇主制,从生产过程看,也就是撒机制度,即包买商制度。——译者注)的发展。①

组织上的进一步变化是出现在少数专业化工业区中的生产集中。在铁轮织机引进之前,一些州县的农户已经开始面向市场生产商品布,但是纺织的专业化以及商业组织的变革导致生产的地理集中,集中于那些成功解决了发展所需的原料供给和销售服务的工业区。新型工业区的商人们最早看到了新技术带来的商机,他们与通商口岸的原料批发商建立信用关系网络,这种关系网络支撑着产业的增长。这样的工业区成为精密加工和整理工厂的中心,结果进一步增加了由较早建立的信用关系所带来的初始优势。

第二节 技术的开端——铁轮织机

在直隶,当振兴实业计划作为社会和制度纲要成为晚清新政的重要元素时,振兴计划若要立竿见影,选择适合中国国情的新技术是至关重要的。② 以手摇织机为主要生产工具的传统织布

---

① 在商人包买制下,商人向织户提供原料,织户在自己家中纺织,商人收到成品后支付给织户"工资"。在日本,铁轮织机的使用,使商业组织与商人雇主制度的发展产生了相似的变化。
② 清川雪彦:《技术差别与引进的实施过程:以纤维产业的经验为中心》,载大川一司、南亮进编《近代日本的经济发展:关于〈长期经济统计〉的分析》,东京:东洋经济新报社,1975年。

第一章 工业区的建立

图 1.1 铁轮织机

业中心自明朝时期开始兴盛,一直使用的是简单的木机,生产窄面白布。① 这种织机一天最多生产约 10 米布。1903 年,袁世凯派往日本考察的专家带回一种据说适合于小规模工厂使用的铁轮织机。② 该织机是日本于 1887 年左右发明,在 5—10 年内就取代了日本许多纺织区的老式手摇织机。铁轮织机使用一个木架支撑铁轮,铁轮由纺织者用脚踏驱动使它上下运动。铁轮操纵着飞梭,杠杆的运动带动紧凑的打纬,卷轴带动放经和卷布。织工的主要任务就是使用脚力驱动织机,防止经线破裂,以及更换用完的机梭。这种机器比老式的织机快得多,每分钟可打纬 120 下,而老式木制的飞梭织机每分钟仅打纬 60 下。由于铁轮织机

---

① 陈维稷:《中国纺织科学技术史——古代部分》,北京:科学出版社,1984 年。
② 《直隶工业志初编·报告类》,下卷,16a—17a。一篇关于天津铁轮织机的报告,见《关于天津地区的织布机》,载《天津日本人商业会议所年报》,1916 年,第 1—6 号,第 61—66 页。

几乎所有的活动都是机械的,所以生产出来的布平滑得多,操作的技术要求不高,但每天能生产的布匹相当于老式织机三倍。①

致力于发展经济学的专家们在所谓"现代(技术)"的选择过程中,号召一种居于中间的、适合的技术,这种技术要比那个时代的工艺技术稍微落后一些。② 袁世凯政府的专家们结合中国的国情考虑了采用新技术的成本效益以及适应性问题。在他们访问日本和歌山的一个小型纺织工厂之后,计算了它的生产成本、纺织工的工资以及工厂主的利润,然后在提交的报告中说:"其织机灵捷,出布多而成本轻,故能独擅其利。虽欧美气机厂穷极工巧,亦不能夺。"③

铁轮织机在日本仅仅流行了相当短的一段时间,19世纪90年代晚期普及,到20世纪20年代几乎完全被电力织机所取代,但是它在中国的生命却持续了相当长的时期。④ 1903年中国首次引铁轮织机,到20世纪60年代初,在高阳这样的纺织中心仍在使用。这种织机基于一系列的原因而被广泛使用,包括相比传统手拉机更高的效率,操作简单——意味着即使未经培训的织工也能很快掌握它的操作方法并生产出合格的布匹。至少它的成本要比电力织机低,这点很重要。高阳一台铁轮织机的平均成本

---

① 石井正:《丰田佐吉与纺织技术的发展》,载《发明》第76卷,1979年1—6月号,第40页。
② Nicolas Jequier, ed. *Appropriate Technology—Problems and Promises* (Paris: Development Centre of the Organisation for Economic Co-operation and Development, 1976); Austin Robinson, ed., *Appropriate Technologies for Third World Development* (London: Macmillan, 1979); Arghiri Emmanuel, *Appropriate or Underdeveloped Technology?* (Chichester: Wiley, 1982).
③ 周尔润:《直隶工业志初编·报告类》,下卷,16b。
④ 清川雪彦:《日本织物业动力织机化的进展步伐》,载《经济研究》第35卷,第2号,1984年4月。

是30—40元,这对一个贫穷的农户来说是一笔大数目,然而希望迅速推广纺织业的商人们开始赊售这些织机给潜在的织工,织工织布的收入在一年内即可完全偿还贷款。①

铁轮织机的普及对中国机器制造业也有重要的影响。② 战前中国工厂使用的动力织机都是进口的,天津三条石的铸铁作坊很快开始模仿铁轮织机的机械装置,铁轮织机及其部件的制造成为天津铸铁业的重要组成部分。两家日本贸易商行与三条石的工厂建立业务关系,由三条石工厂生产织机及其部件,冠以日本的品牌来出售。③ 高阳的纺织业者是新织机的重要客户,高阳地区批发商之一杨木森为鼓励三条石的织机生产,投资于郭天祥工厂。④ 另一个商号的账目显示了1908—1910年间业务的扩展,仅1910年就制造了1500多台织机。到20世纪30年代中期,高阳工业区拥有大约2700台铁轮织机,其中大多为天津制造。

第三节　高阳商人和新式织布工业

袁世凯推动的乡村工业运动在高阳得到了迅速的反应。与直隶许多其他县一样,纺织业作为农业的副业在高阳已有相当长的历史,而且洋布的冲击急剧地减少了当地的收入。没有19世纪90年代同期相关的土布生产的统计,但稍后的一个估计认为,

---

① 来自1980年5月采访高阳地区的老纺织者获得的口述资料。
② 清川雪彦:《中国纤维机械工业的发展与在华纺的意义》,载《经济研究》第34卷,第1号,1983年1月。
③ 佐佐木长次郎和他的妻子是产业研究所的教师,后来创办了一个经营织机的公司。见大日本纺织联合会月报,1915年4月25日。
④ 南开大学历史系编:《天津市三条石早期工业资料调查》(1958年油印件),7—14;Gail Hershatter, The Workers of Tianjin, 1900—1949 (Stanford: Stanford University Press, 1987).

高阳织户每年大约销售土布35万匹。① 1905年,面向市场的土布生产降到10万匹。② 产量下降接近2/3,使当地的商人们感到了危机,促使他们采取措施来应对。1906年,在张兴汉、韩伟卿、杨木森及李秉熙等人带领下高阳商人成立了高阳商会,当时高阳县城仅有5000人,加入这一新式组织的男人都是小商号的业主或掌柜。

商人们决心恢复棉纺织业。1908年,韩伟卿参观了天津的实习工厂,并游历了华北其他正在开发本地实业的地区。随后,他从(直隶)工艺局借入几台铁轮织机,进口了机纱,把这些机器和原料赊给当地的织户。③ 商会成员也建立了两个实习工厂。后来成为高阳地区唯一最成功的企业家杨木森,投资1万元在其家乡南边坞村建立了一个实习工厂,位于高阳与安新县的交界处;另外两名商人李梦魁和石春和联合投资1万元,在临近清苑县的大庄村建立了另一个工厂。④ 这些开端恰好促成了高阳织布业的迅速起飞。1909年当地有1万台织机,1910年达到1.5万台;高阳纺织业者在1909年生产出95万匹布,1910年生产148万匹。在这一时期,并不是所有的织机都是铁轮的。据一个日本考察团估计,1910年有20%的织机是铁轮的,剩余大多数仍是木制的飞梭织机。铁轮织机和木机相比,虽然铁轮织机在单位时间内可以生产两倍的布,但是在生产洋式的宽幅布上二者没有

---

① 厉风:《五十年来商业资本在河北乡村棉织手工业中之发展进程》,《中国农村》第1卷,第3号,1934年12月,第61—76页。
② 天津市档案馆、天津社会科学院历史研究所、天津市工商业联合会编:《天津商会档案汇编》,第1卷,第970—972页。
③《通商汇报》,1911年8月5日。
④ 天津市档案馆、天津社会科学院历史研究所、天津市工商业联合会编:《天津商会档案汇编》卷一,第219—221页。

差别,这种布是高阳地区生产的主要产品。20世纪20年代中期,几乎所有的纺织者都转向使用铁轮织机,一些人还增加了提花机设备,生产花色布。1910年,高阳县已有十多家布线批发商,商户们正在建立新的贸易关系网。①

第四节 招募纺织者

为了实现目标,商人需要说服农民投资购买织机并学习新的技术。从农民纺织者的角度看,经济利益是最主要的驱动因素。② 耕地的短缺使得大批的农村劳动力不能实现充分就业,他们准备尝试任何能为他们带来稳定的副业收入的机会。

黄宗智认为中国华北小农经济呈现一种内卷化趋势,20世纪早期的高阳农业则呈现了一幅经典的内卷化影像。③ 到20世纪早期,不断增长的人口超越了耕地的承受力。尽管耕地贫瘠,自然灾害连绵,河北平原的中部仍然密集地居住着农户们,为了生存挣扎在没有保障的土地上。高阳地区农业生产有赖于气候,雨量集中在作物成长高峰期的两个月内,过多或过少都将威胁农民的生存,而当地的水旱灾害又十分频繁。④

---

① 《通商汇报》,1911年8月5日。
② 据吴知报告,清末一个纺织者织卖货一年可以赚到200吊钱,而一个农村雇工一年包吃包住只能挣到20吊。吴知:《高阳之土布工业》,载方显廷编《中国经济研究》,上海:商务印书馆,1938年2月。清末民初,中国流通着多种形式的货币,"吊"指的是铜钱单位。传统上货币被铸成统一的形式,1000个铜钱串在一起等于1英两白银。1900年初,政府开始铸造新式的铜钱,面值有1元、5元和10元。它可与银币兑换,银币是以1元为单位铸造的。
③ 黄宗智:《华北的农民经济与社会变迁》,斯坦福:斯坦福大学出版社,1985年。
④ 水利水电科学研究院水利史研究所编:《清代海河滦河洪涝档案史料》,北京:中华书局,1981年。

农民面临的问题除了土质差及自然灾害外,还有耕地普遍稀缺,土地分配不平等。这一地区 80% 的农户没有充足的耕地使其能够单纯从事农业而生存。① 1933 年对纺织区的一次调查显示,户均 5.52 人口的家庭,仅有 14.95 亩的耕地。一个更加详细地对分布在五县织布区的 382 户织布家庭的研究提供了有关耕地分配和农户生活水平更加清晰的影像:如果农户的收入全部来自分配的耕地所得,那么绝大多数的农户生活水平处于生存线以下。这个调查显示了户均人口 6.64 人的织户家庭拥有 17.88 亩耕地,这种规模的家庭要想以农业为生,至少需要 32 亩耕地。64% 的农户耕地占有量低于 16 亩,或者说仅是生存所需要耕地的一半。②

与耕地在大地主手中的集中相比,耕地的全面稀缺和土壤的碱性是导致农民贫穷的更为重要的因素。大约 90% 的乡村耕地分配相当平等,仅有 10% 的乡村,大量的耕地掌握在地主手中。③

大多贫穷的农民居住在三四间很小的土坯房里,房屋容纳着全体家庭成员,而且一到冬季房屋也成为猪、鸡和其他家畜的庇护所。当地县志的编撰者指出,大多农家的住处都弥漫着难闻的气味,这是拥挤的居住环境造成的。④ 绝大多数农家赖以生存的

---

① 马若孟:《中国的农民经济》,坎布里奇:哈佛大学出版社,1970 年。由卜凯编纂的数据显示在 1870—1930 年间农户的规模下降了 20%—30%。单凭农业维持生计,计算土地的亩数很必要。我使用的标准是每个人最低 5 亩的水平。李金铮在进行定县调查研究时也使用的是五亩的标准,定县位于河北省中部靠近高阳。见他的论文《试析二三十年代定县农民耕地之不足》,《河北大学学报》1991 年第 2 期,第 79—85 页。
② 吴知:《乡村织布工业的一个研究》,上海:商务印书馆,1936 年,108—109 页。
③ 《冀中导报》(1947 年 2 月 19 日)。
④ 《高阳县志》(1932),147。

食物就是一成不变的稀粥、面条以及用自种的粟或玉米面蒸的馒头。农家从最贫穷的阶层上升到中等水平时,粮食的总消费量上升了,但是食物的品种却只有轻微的改进;中等农家一般比贫农多消费 1/3—1/2 的粮食,同时可以增加一些蔬菜和糖。肉、鱼和白面馒头只有一些较富有的农家在春节时才能食用。①

20 世纪早期,许多农家发现依靠农业难以维持即使是最低的消费水平,他们纷纷寻求替代性的劳动来补充收入。这种情形在华北平原很常见,由此产生了几种副业形式:农业长工和短工、向城市和新开放的东北地区的季节性流动以及广泛传播的手工业。每种形式的副业都为重压下的农户带来了一定的现金收入,从而可以购买粮食和其他生活必需品。

织布工业吸收了大批的乡村剩余劳动力,为成千上万的农户创造了现金收入。20 世纪 20 年代,高阳地区 80%—90% 的农户都参与了纺织业,农户的收入主要来自纺织,而农业则居于从属地位。织布工业的迅速扩张扭转了河北中部农民外流的普遍趋势,20 世纪 20 年代,高阳地区成为附近各县的农民流动的目的地,男人们都涌入这里寻找就业机会。②

第五节 进口替代

早期高阳的成功是建立在仿制进口的布匹并以低于进口货的价格售卖的基础之上。主要产品有轻量、中等和重量级粗布、

---

① 《高阳县志》,146;中央农业部计划司:《两年来的中国农村经济调查汇编》,上海:中华书局,1952 年,第 96—100 页。
② 梁熙会:《工商发展与人口之关系》,《大公报》,1937 年 3 月 31 日。

中国的经济革命

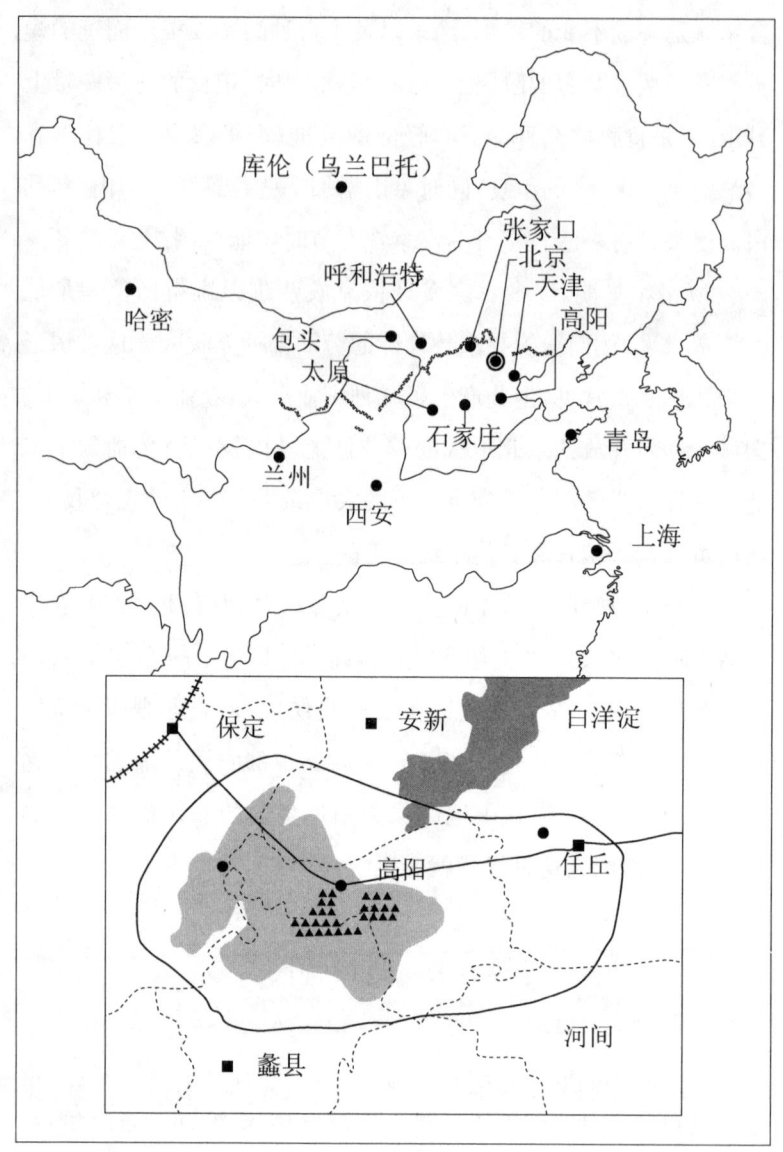

地图 1.1 高阳工业区分布图

说明：图中，实线表示高阳纺织区的范围，阴影部分表示纺织普及的区域，黑点表示提花机纺织点。

细布、斜纹布及传统的土布。① 一些布是未经漂白的白布，一些布在出售前要经过染整。一般地，白布与日本货竞争，而经过染整的布匹则与英国货竞争。

从天津海关统计中可以看出高阳生产进口替代布匹的成功。1911年日本的一项调查指出：1906、1907年天津进口的英国粗布稳定在11万匹，然而1908年下降了50%，至1911年停滞在年进口5万匹的水平上。日本报告把英国布匹在中国市场的丧失归因于高阳布的增加。英国布匹遭遇到的最沉重打击是低档品。在低档粗布市场上，高阳布比英国货便宜20%。德国和意大利染色技术的引进进一步加强了高阳的竞争优势，这种技术1910年就已经被染色工厂使用。在日本白布与高阳同类产品的竞争中，价格差异相对小一些下降到10%左右。高阳所产的天竺布分占了日本在中国的市场份额，这种布一开始是从印度进口，类似于细布。日本人观察到，天津进口天竺布的数量从1906年的13.624万匹下降到1910年的2万匹。②

第六节　日本的出口计划和高阳的棉花产业

从一开始，高阳的贸易就陷入了全球经济的错综复杂关系之

---

① 细布和粗布都是平纹布。粗布是由相对一些的纱线纺织的，一般是20支以下的棉纱，而细布是由20—26支的棉纱织成的（棉纱的支数代表了质量的优劣，支数越高，纱线越好）。天竺布也是一种平纹布，模仿印度棉布织造，一般用16—24支棉纱。斜纹布是平纹布的变形。织平纹布时，经线和纬线是一比一交替，而斜纹布则是一道经线打两次纬，这样就会产生斜纹的效果。所谓"土布"就是用低支的、家纺棉纱和木制织机织成的一种窄面布。关于这些布的描述、绘图和样品介绍，见渡边喜作《棉纱布的基础知识》（东京：极东商事株式会社，1950年）。
② 《通商汇报》，1911年8月5日。菊池贵晴：《财政危机与辛亥革命的发生》，载东京大学东洋史学研究室亚洲研究会、中国近代史研究会编《中国近代化的社会结构：辛亥革命的历史位置》，东京：教育书籍，1960年。

中。铁轮织机从日本进口,中国的织工也是首先由日本教员培训使用铁轮织机。① 更进一步,高阳布计划替代洋布,可是织布所使用的纱线几乎都源于进口。1910年日本棉纱制造商拥有高阳市场的70%,日本供给原料的信贷在织布业的迅速发展中发挥着重要的作用。高阳工业的兴起与日本的出口计划相一致(该出口计划包括组建一个出口卡特尔)。为了更好地理解促使日本为中国商人提供放宽信贷的原因,我们需要简单地来考察一下19世纪末日本棉业的结构及其增长情况。

日本市场与中国市场一样,在第一个条约口岸开放后进口的棉产品就充斥于其中,贸易的不平衡也促使日本国内的企业家们建立了现代的棉纺织工厂。第一个棉纺厂于1866年在鹿儿岛建立。最初发展的步伐非常缓慢,19世纪90年代才获得迅速的增长,1898年的总纺锭生产力超过了百万的标准。② 1894—1895年中日甲午战争后建厂的高潮导致生产能力过剩,1897—1898年出现明显的萧条。政府的干预阻止了棉业的破产,同时产业领导者——日本棉纺业同业公会的成员们建立了推进出口的卡特尔。卡特尔分配出口配额给公会成员,即使亏损也要完成这个配额。中国被定为主要的出口市场。在政府的支持以及横滨正金银行的贷款支持下,棉纱的出口贸易得以恢复。1897年,日本出

---

① 这些事情是在Douglas Reynolds称为中日关系的"黄金年代"时开展的。见Douglas Reynolds论文"A Golden Decade Forgotten: Japan-China Relations, 1898—1907", *Transactions of the Asiatic Society of Japan*, fourth series, vol. 2, 1987; Douglas Reynolds, *China, 1898—1912: The Xinzheng Revolution and Japan*, Cambridge: Harvard University Press, 1993.
② 1890年,日本纺织的总产量是27.7万;至1899年接近120万,1910年超过200万。W. A. Graham Clark, *Cotton Goods in Japan and Their Competition in the Manchurian Market*, Washington: Government Printing Office, 1914, P. 40.

口了棉纱总产量的 25%,其中 94% 输入了中国市场。① 到了 20 世纪,40% 以上的日产棉纱投入出口市场,主要的市场是中国。

一家重要的日本贸易公司——三井洋行在天津建立了分支机构,直接以赊销的方式向城里的纱线庄销售日本的棉纱。② 这种信用方式扩大到天津的纱线批发商,使得他们能够以赊销的方式卖给他们的客户,包括高阳的企业家们。③ 这使得高阳的企业家们有能力以有限的资本去发展他们的生产体系。

第七节 织布工业的增长周期

铁轮织机的引进使高阳织布工业急剧扩张,但是到 1910 年秋却出现了大幅的跌落,到 1911 年日本考察团访问该地时也没有恢复的迹象。1910 年衰落的直接原因是上海几家钱庄倒闭所引起的信用恐慌。④ 钱庄放贷用于国际橡胶市场的投机导致钱庄的破产。当投机橡胶的泡沫破裂时,就需要大量的贷款支持,钱庄之间的嵌套借入引起了连锁反应,其后果是不断扩大的循环。1910 年的金融恐慌中,由于一些上海的外国银行给钱庄提供的"拆款"扩大且无担保,所以不仅上海的钱庄卷入其中,就连外国银行都被卷入这场恐慌。橡胶投机长期贷款的损失使 7 家钱庄破产;继而外资银行要求收回已放给钱庄的拆款,扩大了钱

---

① 高村直助:《近代日本棉业与中国》,东京:东京大学出版会,1982 年,第 50—51 页。以及 Christopher Howe, *The Origins of Japanese Trade Supremacy: Development and Technology in Asia from 1540 to the Pacific War*, London: Hurst, 1996 年。
② 东京三井文库图书馆藏天津 1900 年档案资料。
③ 在早期,一般的信用条件是货物运出后三至四个月内付款。
④ 菊池贵晴:《财政危机与辛亥革命的发生》,参见 William Rowe, *Hankow*, Stanford: Stanford University Press, 1984。

庄破产的范围。随着恐慌的蔓延，其他城市的钱庄也受到了波及。

  由于天津的纱线批发商给购买商提供放宽的信贷条款，高阳的布线商可以以赊购的方式获得棉纱，因此高阳卷入了这场蔓延的恐慌中。天津纱线批发商提供的信用依次由两个来源支持：进口棉纱的外国贸易商行提供的信贷、天津银钱号的信贷。接着，高阳商人要靠这些天津银钱号提供的短期贷款来支付那些需要在成品销售出去资金回笼之前支付给纱线批发商的费用。上海金融市场的动荡所导致的这场恐慌使得天津银钱号信用紧缩。由于高阳的经销商资金本来就有限，因此此时他们没有足够的资金把贸易维持在先前的水平。危机的直接后果是布业生产的萎缩：高阳布线商撤回了他们在各地区市场中心的代理，年产出量下降到危机前一年15%的水平。①

  事实证明，1910—1911年的金融危机是暂时的挫折。尽管不清楚高阳织布业具体什么时候从萧条中开始恢复，但是可以肯定的是1914年进入另一个繁荣期，一直延续到1920年。第一次繁荣期紧随严重的危机，这成为一种模式重复上演。截至1937年抗日战争爆发之前，高阳工业呈现一系列的繁荣阶段，一般持续4—5年时间，每次繁荣之后就是一场危机。虽然每次危机爆发的原因不同，但是隐藏于其中的信用紧缩这一结构弱点却总是存在的。高阳商号，与亚洲其他许多小型商号一样，无论过去还是现在，它的经营都受限于相对有限的资金。既然商号的经营倚重于贷款，那么经济中的信用收缩很快就会反应在营业额的缩水上。换言之，信用的放松就可以很快使他们的业务得到恢复。

---

① 《通商汇报》1911年8月5日。

虽然这种信用收放的模式看起来是一种循环的模式,但是其他因素也产生影响,并且这些力量会导致长期的变化。每次危机成为引致革新的刺激因素,每个恢复阶段都会看到导致生产扩张的技术、产品、市场策略等方面的革新,有新技术的引进。产生于这种"危机—回应"模式的灵活的专业化策略使得高阳工业转向高附加值的多样化产品的生产。

虽然没有关于1914—1920年这一繁荣期高阳布业总产量的精确统计,但是据一位中国专家估计,1914年高阳的商人团体盈利达300万元;杨木森所拥有的最大的布线批发庄当年盈利13万元,而它的投资额仅为2万元。产业如此兴隆以致当地的商人们谈论增加投资建立自己的棉纺厂为本地的织工提供棉纱。①到处都可以看到复苏的景象,或许最强烈的信号是县城布线批发商数目的增加和市场范围的扩大。1912—1920年间,高阳地区至少新开了18家批发商号。②

第八节　生存的新策略

1913—1919年期间,最重要的商业创新是直销体系的建立。20世纪初期,高阳商号开始在重要的区域市场中心建立直销代理处。被视作高阳创新的直销代理处有两个主要的功能:一是向地区批发商推销高阳土布,二是收集市场需求信息,以便及时生产迎合当地需求和品味的新产品。

第一次世界大战期间欧洲棉织物从中国市场上的撤退极大

---

① 《直隶实业杂志》4卷,2号,1915年2月1日,第15页。
② 吴知:《乡村织布工业的一个研究》,第40页。

地促进了1912年或1913年开始复苏的高阳织布工业,使其在"一战"期间繁荣起来。这一时期整个中国的民族工业由于暂时摆脱了外国的竞争压力而得以扩展。来自英国的纺织品进口大幅下跌,使高阳织布业的产品得以进入以前难以进入的市场。

这一时期技术上的革新也使得高阳布得到改进。最重要的技术进步出现在染色和整理工艺上。在较早时期,一些高阳的小染坊就开始从传统的植物染色向现代的化学染色转变。一位德国技师受雇教授当地的染色工如何更有效地使用化学染色,加速了这个新技术的学习过程。①

当本色的细布和粗布在高阳贸易中仍然占据主流时,织工们已开始实验生产新的织物。清末几乎所有的高阳布都使用低支棉纱,占市场份额最大的是16支和20支纱。② 20世纪初年,织工开始转向更细的高支纱,尤其是20支和32支纱的使用更多,可以用它们生产出更精密的织物。1915—1916年,日本制造商引进"电光纱",这种纱在生产过程中可以烧掉绒毛去除零散的纤维。这种纱一度增加了日本产品的竞争优势,当时中国国内棉纺厂生产的低支棉纱正在与其竞争,这种低支棉纱生产的布被称为"爱国布",主要用来制作中国人的传统服饰——长袍。

当时引进的其他新产品包括条纹布和格子布,均使用染色后的棉纱织出来;还有更精美的织物,包括各种各样的使用高支棉纱生产的纱罗织物;此外就是20世纪最初10年的末期,各种小图案织物的出现,这些织物使用标准的铁轮织机结合一个小提花机设备而织成。所有这些革新都对市场的扩张做出了贡献,但是

---

① 《直隶实业杂志》4卷,2号,1915年2月1日,第15页。
② 渡边喜作:《棉纱布的基础知识》,东京,极东商事株式会社,1950年。

许多革新也需要高超的技术水平。① 少数革新,尤其是用附加的提花机设备生产的带图案的织物,在20世纪20年代得到了广阔的发展,后来逐渐成为高阳土布生产的主流。

在此期间,也可以看见撒机子体系的发展,在这种体系中,织户在一个非正式契约制度下为布线商工作。1908年织布工业兴盛的初始阶段,大部分的织户从批发商处购买棉纱,然后再把织成品卖给批发商。到1910年,商人们建立了一种非正式契约制度,在这种制度下,织户用织成品与批发商换取棉纱,并且从批发商那里取得报酬,这种报酬代表织户的计件工资。这种制度可以使资金短缺的织户维持从一个市场周期到下一个市场周期的生产而不中断。我把这种制度作为一种非正式契约制度是因为在织户和商人之间没有任何书面的契约,而且其中任何一方都可以随时中断这种关系。

"一战"期间的工业繁荣持续到1921年结束,接下来的四年中国的工业普遍停滞。这次衰退虽不如1911年那样显著,它却导致了一些显著的结构调整。衰退的主要原因之一是第一次世界大战后外国竞争者的复归。第一次世界大战期间,欧洲的商行很少与中国进行交易,但是战争一结束,他们很快就回到了中国市场,中国民族工业的"黄金时代"结束了。在纺织行业方面,一个主要的衰退的表现是棉纱价格的波动,日益加剧的竞争促使价格下跌。20年代天津和青岛都建立了新的纺纱厂,上海原有的工厂也在扩张,伴随着外国竞争者的复归,棉纱的

---

① 吴知:《乡村织布工业的一个研究》,第221—222页。

价格开始跌落。① 布线批发商发现,随着竞争的加剧迫使织成品价格的下跌速度快于原料价格下降的速度,他们陷入了每单位产品利润率下跌的境况。

高阳的主要产品,廉价的本色细布和粗布在衰退中受到重创。高阳织布工业面临的竞争不仅有源于重返中国市场的外国进口品的竞争,还有来自新兴的国内生产中心的竞争。山东潍县就是这样一个最强有力的竞争对手。潍县的织布区仿照高阳模式建立,一些高阳的企业家还投资于这个山东新兴的纺织中心。潍县位于青岛至济南的铁路沿线,交通条件比高阳便利,从而运输成本相当低。② 潍县与其他纺织区模仿生产高阳的成功产品,由于白布的生产要求的技术水平最低,那么首先是在白布市场对高阳产品形成挑战。正如高阳一开始是从生产廉价的平纹布起步的,希望复制成功的新兴织布区也以相同的方式开始他们的创业,他们选择了技术水平要求最低和资本投入最少的产品。

高阳制造商对这些挑战的反应是转而生产高附加值的织品,在染色和整理程序上投入更多的技术和资本。高阳的决策似乎是当时唯一合乎逻辑的选择,但这个选择远非必然。20世纪20年代以前,位于天津正北方向的宝坻纺织区采取了和高阳极为相似的策略,取得了类似的成功。然而,在20世纪20年代的衰退中,宝坻制造商继续生产廉价的白布。20世纪20年代末期,宝坻逐渐失去了竞争力,宝坻的织布工业也进入持久的衰退。1928

---

① 例如,一包16支棉纱的价格在天津市场从1919年的268.40元下降到1920年的240.92元,1921年的210.28元,1922年的204.19元。吴知:《从一般工厂制度的严谨观察高阳织布工业》,载《政治经济学报》,1934年10月,第68页。
② 满铁北支经济调查所编:《潍县土布业调查报告书》,大连:满铁调查部,1942年。

年,高阳和宝坻织布区的棉布产量都在300万匹左右,但是高阳的总产值达3060万元,而宝坻的总产值仅有752.5万元。① 价值的差异在于高阳生产的是具有高附加值的织物,诸如用染色后的纱织成的条纹布、格子布和各种花色布。

第九节 技术革新与复苏

色织条纹布和格子布的引进是一系列产品革新的开端,这些革新推动高阳的生产者采取一种新的生产方式,这种生产方式能更有效地利用自身灵活的生产体系和直销网络(见表1.1)。高阳的商人不是在必须要依靠低成本以取得竞争胜利的最低端市场上与那些新的对手竞争,而是选择在中高档市场竞争,生产多样化的中高档的织物迎合消费者。这种策略转变因为新技术的应用而成为可能,并且在销售代理体系支持下展开。新技术可以生产新型的织物,销售代理体系为它们收集地方市场上的需求信息。两项最重要的技术革新是生产花色织物的提花织机的引进和人造丝在生产丝织物仿制品中的应用。

提花织机于1800年由法国人首先发明,1914年由高阳人苏秉衡第一次引进到高阳,苏秉衡是后来成立的家族企业(family-run firm)——同和(在第二章中讨论)的合伙创始人之一。苏秉衡在天津的直隶工艺局做学徒工时,掌握了提花织机的纺织技术。当他学徒期满返回高阳时,他带回了他曾用来生产花色布的

---

① 方显廷、毕相辉:《由宝坻手织工业观察工业制度之演变》,载《政治经济学报》第4卷,第2号,1936年1月,第261—329页。方显廷和毕相辉的研究的与阿部分析的日本相似的差异策略,参见阿部武司《日本产地棉织业的展开》,东京:东京大学出版会,1989年。

提花织机。由于这种布的市场需求相当有限,因此在高阳生产者开始推广使用人造丝之前这种提花机没有得到广泛的应用。这种人造纤维在 20 世纪初年引进,然而最初只能生产出用棉纱做

表 1.1　产品的多样化

时　期	白棉布	花色棉布	麻丝布	棉麻织品
清　末	粗布	蓝缸靠粗布		
民元(1912)	粗布	各色染布		
	细布			
民四—民六 (1915—1917)	粗布	爱国布		
	细布	电光布		
		电光格		
		霞缎		
民六—民八 (1917—1919)	粗布	小提花布		
	细布	条纹布		
		格子布		
		爱国布		
民八—民十 (1919—1921)	粗布	条格布		罗纹布
	细布			
民八—民十九 (1926—1930)	细布	条格布	明华葛	国华绨
			麻缎	电丝葛
民十九—民二十二 (1931—1933)	细布	条格布	春绸	国华绨
		呢布	纺绸	电丝葛
		宽面床罩布	锦地绉	雁翎绸
			亮绸	
民二十二 (1933)			明华葛	
			麻缎	

资料来源:吴知:《乡村织布业的一个研究》,第 224 页。

经线、人造丝做纬线的混合织物。1926年,当一家天津的作坊发现一种能增强人造丝韧性的处理方法后,使得这种人造纤维既可以作为经线使用,也可以作为纬线使用,从而使纯人造丝织物的生产成为可能。这个天津的发明者竭尽所能保护自己在人造丝上浆方面的垄断技术,但是,几个高阳人到他的作坊工作,掌握了这项相当容易的技术,并且把这个商业机密带回到高阳。

纯人造丝织物的生产使高阳织业进入一次较长的繁荣期,人造纤维是第一种打入世界市场的合成纤维,中国人称为人造丝,它看起来很像丝,可以染成各种花色,但售价要低于真丝。几年的时间,高阳的人造丝织物产量上升到每年60万匹。这些轻巧的织物在中国南部尤为畅销,高阳的商号在四川、湖南、湖北等地设立代理处,而且将货物输运到东南亚市场。① 新的人造丝织物为织户带来了丰厚的利润,最吸引人的织品是提花机织的花色织物,这需要较高的投资,但是每匹布的利润也较高。在繁荣的高峰期,每匹可盈利4—6元,这取决于织物的质量和花样设计的难度。

人造丝织物的生产刺激了新的附属行业的增长,最为重要的是染整业。染坊和整理作坊都在高阳县城外邻近的村庄里。几家大的布线批发商行建立了机械化的染整工厂,这种从绝对的商业领域向生产领域运动的投资标志着高阳资本发展的一个重要的过渡阶段(见第二章)。除了染整工厂和作坊外,还有一些小企业也建立起来,它们利用提花机织布,翻新了花样图案和摩片。

---

① 《天津丽丽工厂调查》,载《平津工业调查》,北京市立高级职业学校,1937年,第113—116页。

第十节　1930—1933年高阳织布工业的危机

经历了1926—1930年的繁荣,1930年开始高阳织布工业出现严重的衰退,到1932年,一半以上的织机已停止工作。30年代早期的这次衰退有很多原因,包括日本侵略中国东北的影响、全球经济危机的波及以及10年内战的累积效应等。由于农产品价格下跌,农业收入减少,许多农家没有了现金收入,转而从事口粮的生产。很自然的后果是可支配收入的下降,从而减少了对工业品的需求。乡村的普遍萧条也减少了对纺织品的需求,农户们理性地把购买新布料的时间推迟了几年,他们穿着补了又补的旧衣服。

需求的长期普遍下降随着日本侵略中国东北造成的主要地区市场的丧失而加剧。1919年高阳商人曾投入很多力量培育东北市场,并在哈尔滨、沈阳、辽阳、奉天、吉林和长春等城市都建立了分销庄(outlet stores)。因为东北的人口增长迅速,而且几乎没有本土的纺织品出产,所以这些地区市场被视作高阳未来的希望。① 日本于1931年占领东北并建立了伪满洲国后,其伪政府宣布所有与中国的贸易都以外贸来对待,征收关税。为鼓励日本在满洲的贸易和投资,他们把棉纺织品的关税定在申报价的50%。高额的关税使高阳的纺织品丧失了价格优势,同样,国内

---

① 彭泽益:《中国近代手工业史资料》,第3卷,第1045—1047页;吴知:《乡村织布工业的一个研究》,第259—289页。

其他的生产者也无一例外地被排斥在满洲市场以外。①

被排除在东北市场之外，使得抗日成为高阳商人直接关注的问题。1931年12月，高阳商会加入爱国主义运动中，宣布联合抵制日货。这使得许多高阳商人积压了大量的日本纱线，因为他们无法立即出售。以前常用的日产32支棉纱的价格在1932年初急速下降，小批发商和织户们都转向使用国产的棉纱。②虽然日纱价格骤跌，但是中国纱线的跌幅很小。当储存的国产纱线用完后，商人们不愿再投资去购买新的高价纱线，于是在新的一年的3月国产纱线在高阳市场消失了。③

纱线价格下跌的同时，商人们也陷入危机，他们发现自己又陷入了20年代初的衰退状况中，制成品价格的下跌快于原料价格的下跌，使他们陷入价格的困境。当地信用以及银行制度的缺失，使得高阳商人陷入没有商业贷款来源支持他们摆脱衰退状况的境地，结果许多小规模的经营者不得不退出该行业。④

第十一节 复苏和新的繁荣(1934—1937)

吴知著名的关于织布工业的调查是在1933年进行的，当时

---

① 《工商半月刊》5卷，3号，1933年2月1日，第2—5页，以及12号，1933年6月15日，第126页。1929年，13.51%的中国纺织品在东北市场销售；这些市场的丧失是中国纺织业面临的一个较大的难题。方显廷《中国棉纺织业之危机》，载《大公报·经济周刊》8,1933年4月19日。一项关于南通—上海地区土布的相同变化的讨论，见徐新吾《江南土布史》，上海：上海社会科学出版社，1992年，第295—297页。
② 吴知：《高阳之土布工业》，第688页。
③ 《棉纱棉布批发商的历史情况》，天津政协保存手稿，1980年6月。
④ 1929年，进口大约8万包棉纱，但是1932年下降到2.5万包。人造丝纺织也遭受了同样的损失，其进口量由1929年的2万箱下降到1932年的4千箱。

高阳正处在衰退的最低谷。其后的学术报告均称30年代早期的衰退代表了高阳织布工业的结束。然而,当我访问过去的商人和织户时,他们中的大多数对30年代早期的困境只有模糊的印象,但是他们清晰地记得其后一直到1937年夏天抗日战争爆发之前的繁荣景象。他们认为抗日战争之前的这几年是高阳发展史上最繁荣的时期,织户们为了满足市场需求而无休止地工作。

战前高阳工业的复苏是当时整个中国经济长期改进中的一个部分,尤其是对纺织业有影响的因素的复苏。① 技术革新与市场变化的结合使高阳商人在失去重要的东北市场后重新找回了竞争优势。1934年后,细布和粗布在高阳生产中的地位逐渐下降,这些产品在1932年时曾占贸易量的55%,至1934年已下降到总产量的20%。② 从1933—1934年开始,主要的产品是各种类型的人造丝和人造丝混合织物以及花色布,包括印花布、条纹布、格子布、棉制精纺织物、棉毯、床单和桌布等。鉴于这种产品线,高阳制造商主要针对的是专业化的产品市场。

毫无疑问,高阳织布工业的复苏受到日本帝国主义对华动向的强烈而复杂的影响。最初,高阳的利益与日本商人的利益相互交织。铁轮织机从日本引进,日本制造商为高阳商人提供原料。随后,日本侵入中国东北关闭了高阳商人在当地的销售市场,使高阳陷入30年代的那场衰退中。高阳与日本的关系于30年代

---

① Ramon Myers, "The World Depression and the Chinese Economy 1930—1936", in ed. Ian Brown, *The Economies of Africa and Asia in the Inter-War Depression*, London: Rutledge, 1989, PP. 253—278; Wang Yuru, "Economic Development in China between the Two World Wars, 1920—1936", in ed. Timothy Wright, *The Chinese Economy in the Early Twentieth Century: Recent Chinese Studies*, New York: St Martin's Press, 1992, 58—77.

② 吴知:《乡村织布工业的一个研究》,第11—12页。高阳县人民政府财政经济办公室:《高阳县1954年手工业调查工作总结》,油印件,1954年。

中期的复苏也很重要。

二三十年代，高阳地区为日本的人造丝创造了一个重要的市场，日本的人造丝业于 20 年代转向出口导向型增长策略。日本制造商最初集中于制成品的出口，20 年代中期以后人造丝的出口日益重要。由于日产人造丝及其人造丝制成品大肆入侵世界市场，她的贸易伙伴国的反应是提高关税以保护本国的工业。在不平等条约下中国的进口关税税率是值百抽五。关税自主是国民政府的首要目标之一，在 20 年代末中国政府与外国势力谈判，中国政府开始提高关税以增加政府的财政收入，同时保护民族工业。关税于 1928 年首次提高，1930 年再次提高。1930 年人造丝制品和人造丝的关税都在 45％。其后，人造丝制品的进口急剧下降。然而，人造丝不仅是高阳地区的主要原料，而且是长江三角洲地区的重要原料，那里原来的丝织都也从单纯以真丝为原料的生产转向了人造丝和人造丝混合织物的生产。①

高关税并没有挡住人造丝的进口，但是确实降低了利润。然而，既然人造丝的卖点就是比真丝的价格低，那么提高制成品的价格已经难以弥补由关税引致的增加的成本。1934 年经由冀东特区走私的廉价人造丝的出现给高阳的生产者带来了直接的好处。

冀东特区是位于天津北部渤海湾沿岸的一个三角地带，是根据 1933 年中日签订的休战协定——《塘沽协定》设立的，该协定结束了日本军事入侵中国长城以南地区的行动。根据这个协定建立了一个非军事区，由中国警力管辖，建立了由亲日的中国武

---

① 久保亨：《南京政府的关税政策及其历史意义》，载《土地制度史学》，86 卷，第 68—77 页，1980 年 1 月。

官管理的政府行政机构，这个特区实质上由日本人控制着。中国的常规军事力量在停战协定后撤走了，海关的官员们也都撤离。这种情形导致1934—1935年的走私贸易活动非常猖獗，其中人造丝走私是重要的项目。从日本进口的人造丝，首先运送到伪满洲国的港口，然后再用小船分装，运送到河北东部沿海的各个港口，再由卡车装运到天津。人造丝的走私价格是每百磅83.84元，而天津合法进口的人造丝价格为每百磅98元。①

由于走私活动频繁，天津的日本进口商因失去了不少的业务而强烈抗议。1934年，冀东特区政府为所谓的"特别贸易"建立了一种新的关税体系。新的关税只适用于日货的进口，人造丝的关税不及南京政府规定的关税的1/7。在抗日战争即将爆发前的那段时期，高阳商人仍在从购买冀东特区的低价人造丝中获利。②

尽管事实上高阳在人造丝织物和棉织物中非常依赖从日本进口的原料，但是高阳布在30年代中期抵制日货的民族运动中取得了巨大的增长。当高阳不断地打出它的"国产"特色时，毫无疑问，尤其是在这段时期，作为抵制日货的结果之一是高阳布的需求量大大增加。高阳商人强调他们商品的"本土"出身，在推向市场的新产品中，有种棉制精纺衣料，用以阻击日产精纺，俗称"抗日呢"。③ 韩相辉——高阳一家大型布线批发商号——大亨

---

① 中村隆英：《近代日本的华北经济工作——从塘沽协定到卢沟桥事件》，载《近代日本和东亚》，东京：山川出版社，1980年，第173页。
② 鉴于贸易的性质，无法找到当时高阳人造丝纱线消费量的官方统计。一项日本关于冀东特别贸易的报告估计高阳每月大概要输入30万磅人造丝。参见《满铁调查月报》第2期，1936年，第194页。
③ 高阳县人民政府财政经济办公室：《高阳县1954年手工业调查工作总结》，油印件，1954年。

驻天津办事处主任,回忆起当时他们商号的布供不应求的情形,1936年和1937年,他们不得不从天津购买粗布和细布;布匹无论是在高阳还是在天津染色,都要贴上高阳的商标后销往国内市场。当时,高阳布和日产布的质量几乎相当,但是利润率却不同;一匹日产布可盈利0.4—0.5元,而同等质量的一匹高阳布则可盈利1.0元。韩相辉认为这种差异是由于抵制日货运动所造成的对高阳布的高需求。①

  1937年抗战爆发前,高阳工业区正在全力以赴地运营,以满足大量的市场需求。日本的侵略切断了高阳的原料来源以及与国内市场的联系,大多布线庄业主和掌柜也都逃亡了,工业在几个月内崩溃。长年的中日战争中,日本也曾几度试图恢复纺织业,但几乎都失败了。在本书下面的四个章节中,我们将看到高阳工业在战前的各种面貌,了解引领织布工业的大商行,以及乡村工业化为当地带来的社会变化。

---

① 1980年5月28日的访问。

第二章　高阳的企业家们

袁世凯的技术转移运动为乡村工业创造了增长的空间。一批具有创业远见的小城镇商人利用这个机会创建了一个中国最有名的乡村工业区。第一代企业家把新技术与新的组织形式结合在一起创立了新的企业，建立了一个工业区。第一代企业为后来的投资者和管理者开办企业树立了榜样。尽管后者并不是熊彼特关于企业家传统学说中的创新者，但他们大胆投资开创新的企业，是资源的关键组织者。① 先辈的成功产生一种企业家文化，它影响着工业区三个增长阶段中数以千计的小企业。高阳人说，当地的企业家精神就在于每个人都梦想着成为自己企业的老板，有记录显示，几千名个人都曾投资建立独立的作坊或商号。

近年来，一种非常流行的说法是把中国的企业家文化看作是孔子的儒家文化影响的产物，在整个中国社会都很普遍。一些学者颠覆了马克斯·韦伯的著名论断，认为中国文化并不是发展资本主义的障碍，而是一种发展的加速器。究竟孔子的儒家文化中的哪些部分发挥了这些作用并不清楚，但是在中国文化中一种新的动态资本主义的出现看起来已经是这种联系的

---

① 见余赴礼(Tony Fu-lai Yu)《香港的企业家与经济发展》(*Entrepreneurship and Economic Development in HongKong*, London：Routedge)，伦敦：劳特利奇，1997年。

充分证明。

我并不认为企业家传统在同一个文化区域内是相同的,宏观层次的信仰与文化传统之间的联系似乎不是最直接的。华北一些地区有着根深蒂固的企业家传统,而没有迹象显示在距离它们不远并且分享所谓的"共同文化"的其他地区有同样的企业家精神。① 我的观点是,高阳的企业家精神——以及当地其他体系的相似的企业家传统——并不是一些定义模糊的文化特征结合的产物,而是当地商业和工业体系历史发展的结果。这符合熊彼特所说的企业家形象的个体开拓者,同时探索了在当时的市场和经济状况下进行技术和经营革新的可能性;后来的企业家们,受到先辈们的鼓舞,继续壮大他们所树立的模范形象。

本章考察第一代高阳企业家的活动,利用几家商号的历史为代表勾勒出其发展的模式,描述高阳工业在第一个增长阶段中技术、营销和组织革新的相互作用。由于工业的发展,支撑增长的商业和制造业体系发展成为一种更加复杂的制度。在抗日战争前夕,高阳县有 533 家工厂和商号,其中 350 家可划归为大型和中型规模的商号。这 500 多家企业包含有 100 多家布线庄、17 家机械化染整工厂、50 多家纺织印染厂以及数以百计的小贸易商行和作坊。②

高阳最成功的商号可分为两大类:第一类是以布线批发起家的,第二类是从织布或者染色的作坊成长起来的。这是织布工业

---

① 我与日本和中国的同行在进行 20 世纪 40 年代满铁乡村调查的考察研究项目时,在 5 年的乡村调查中,成功的企业几乎没有。见三谷孝编《中国农村的变革与家族·村落·国家——河北农村调查的记录》第 2 卷,东京,汲古书院,2000 年。
② 在吴知完成他对高阳的研究后,南开大学社会学家陈序经和他的学生们研究了乡村工业的发展影响当地社区的方式。其中陈的一位学生梁熙会发表了研究结论,《工商发展与人口之关系》,见《大公报·经济周刊》1937 年 3 月 31 日。

中投资的两种代表形式。当代的观察家们可能认为大型的布线庄是高阳工业中最重要的角色,因为它们不仅有引以为豪的巨额投资,还有悠久的历史。作为高阳主要的商业组织,高阳商会的领导者一般都是从这些大型的批发商号的东家和掌柜中推选出来的。而第二类商号,即以织布和染色作坊起家的,都是相对的新手。这类商号最早成立于1917年,它们的东家和掌柜很少成为商会的领导。然而,第二类的商号类似于小规模的工业企业,它们领导了高阳工业的第二次增长,并且这类企业在中国20世纪80年代开始的经济改革中也发挥了关键的作用。

1937年,这两类企业中的最大的商号已经开始具备一些相似性:大型的布线庄大多增加了机械化的染整工厂,同时许多染色和织布工厂也拥有了自己的销售网络。尽管有这些表象上的相似性,但是这两类商号的发展模式以及成功的渠道却是不一样的。下面我们将首先讨论布线庄,然后讨论那些由作坊生产发展起来的商号。

第一节 布线批发商号

布线庄主要从以下几个方面参与纺织业:进口棉纱卖给独立的织户或放料给有契约关系的织户;从织户处收买成品后染色和整理,并设法运销至国内其他市场。布线庄除了在高阳有总店外,一般都在外地设有一定数量的分支机构,称为"外庄"。位于天津的外庄一般负责购买原料并通过条约口岸的银钱号融通资金。其他的外庄分设在国内主要的市场上,负责向地区批发商销售织品,同时收集信息和销售订单。

加入和退出布线业务是很常见的事情。吴知在1933年发现有60家布线庄,这个数字代表了抗战前最萧条时期的经营状况。1935年的工业调查记录有100多家布线庄,而1935年是抗日战争前最后一次繁荣的开始。早期的调查,以1911年日本的调查为起点,都列出了较为突出的批发商号的名单。比较这些不同的清单就会发现,只有很少几家大商号一开始就比较活跃,其他早期扮演过突出角色的商号消失了,取而代之的是一些新的商号。由于大多布线批发商很少有固定资本投资,因此进出这种行业就比较容易一些。

批发商业中最大的资本是人力资本,蕴藏在有关生产工艺、产品和市场方面积累的知识,以及东家和掌柜控制之下建立的人际关系网络中。这些人力资本能够而且经常是重新配置的。一些业务伙伴关系维持了几十年,而另一些则没有几年就破裂了。由于对拥有必需经验和关系网络的东家和被聘用的掌柜的需求很高,所以商号间人力资本的流动性也很大。加入该行较早、直到20世纪30年代仍在拓展的大商号,在当地市场以及集体性组织中建立起了主导性的角色,竭力仿效主导者的众多小商号跟随这些大商号。

批发商号的资本形成

46

经济史学者一般认为中国早期的工业化努力是失败的,失败的主要原因是传统经济的结构问题。中国缺乏发展现代工业的必要的制度,最重要的是,缺乏一个现代的金融体系。阿尔伯特·费维凯(Albert Feuerwerker)以令人信服的方式表达了这种观点:

> 晚清时中国发展现代制造工业的总体前景是有限的,它

缺乏一种促使非条约口岸的储蓄投资于工业的制度——特别是现代的金融体系……但中国早期的工业发展并不是由于资本的绝对短缺造成的。1912年,农商部登记的制造业企业总投资为5480.40万元,同年农商部统计的银钱号和当铺的总投资为16485.40万元。本来有限的经济资源,又被封存在传统的容器内,这个容器只有通过彻底的政治变革才能打开。①

费维凯并不是这个观点的唯一主张者。维克托·利普特(Victor Lippit)和卡尔·里斯金(Carl Riskin)分别估计了1937年前中国潜在的经济剩余,结论都认为中国发展缓慢的一个主要原因是政府或私人部门的制度无力驱动经济中已有的剩余。②许多关于早期的私营和公私合营企业的研究指出,缺乏资金是经营失败的首要原因。许多早期的现代企业都经历了招募股东的困境,有的企业不得不在文件签署前就开始生产。③ 现代的金融制度刚刚开始形成,许多金融机构不愿意给工业提供贷款。④ 因此,我们的发现是令人惊奇的,像高阳这样贫穷落后的地区竟然能为工业提供充足的资金而发展成为一个大的乡村工业区。让我们由此转向资本积累问题的讨论,考察乡村织布工业的资金来源。

批发商业所需要的资本主要有两个来源:本地形成的资本、

---

① Albert Feuerwerker,"Economic Trends in the Late Ch'ing Empire,1870—1911" in ed., John K. Fairband and Kwang-ching Liu, *The Cambridge History of China*, vol. 11, Cambridge: Cambridge University Press,1980,39—40.
② Victor Lippit,"The Development of Underdevelopment in China," *Mdern China* 4, no. 3, 1978, 251—328; Carl Riskin,"Surpllus and Stagnation in Modern China," in ed. Dwight H. Perkins, *China's Modern Economy in Historical Perspective*, Stanford: Stanford University Press,1975, 49—84.
③ 铃木智夫:《洋务运动研究》,东京:汲古书院,1992年。
④ 典当业的高回报使工业投资很难取得资金支持。

高阳工业开始发展后进入高阳市场的其他地区的资本。批发商号主要从两条途径获取资本：商业资本，即从其他形式的贸易中产生的利润转化为投资；经营资本（mangerial capital），指由纺织企业的雇员创造和积累的、用于投资独立的企业的资本。

来自商业企业利润的商业资本是织布工业最重要的投资来源。几乎所有早期的企业家都是从商业获取资本的，主要是洋货贸易和粮食贸易积累的资金。在织布工业兴起之前，高阳是一个居民不到5000人的小镇，那时镇上最有实力的商人是8家经营粮食和货币兑换业务的商号老板。织布工业的繁荣使几乎所有的粮食批发和银钱号都转向投资于布线批发业务。资本积累和再投资的过程可以从个体商号的发展史中详细地了解到。让我们从高阳最大、最成功的商号——蚨丰号开始谈起。

杨木森和蚨丰号

1902年，杨木森（1846—1939）投资3000吊钱在高阳建立了蚨丰商号。① 杨木森是安新与高阳县交界处的南边坞村村民杨帅从的大儿子。杨帅从19岁开始走街串巷卖布、线和洋杂货。老杨从保定一家专营洋货的商号——庆丰义赊取货物，挑着货担在附近的村镇兜售。后来的他的小生意越做越好，就买了一辆手推车，可以销售更多品种的货物。杨帅从和他的伙伴王老锡在做生意的过程中建立了良好的信誉，当庆丰义需要一个新的掌柜时，就聘请了他们。杨家第一次和高阳建立联系是在1881年，庆

---

① 商号的历史数据是在采访时由熟悉企业家的人以及过去的职员口述的，我也尽可能地把这些访问数据与当代的书面报告和档案资料进行过比较，利润的估计只有大致的迹象。河北大学陈美健教授还让我看了她的采访记录，见她的著作《高阳织布业简史》（即《河北文史资料》第19卷），1987年。

中国的经济革命

图2.1 杨木森：高阳最大的商号
　　　——蚨丰的老板

　　这张照片刊登在《全国商会联合会会报》上，照片上的杨木森佩戴着袁世凯政府奖励给他的慈善勋章。

丰义决定在高阳开设一家分号，杨帅从出资5000吊钱，任命大儿子杨木森出任高阳庆丰义分号的掌柜。

　　庆丰义高阳分号发展良好，杨木森从他的工资和花红中逐渐积蓄了一些资本。1902年他拿出3000吊钱在高阳开办了属于自己的商号——蚨丰号，同样经营洋货业务。当时华北地区洋货贸易主要经营的是纱线进口，这样经营就很容易从进口贸易转向国内制成品贸易。

　　1906—1907年间布线业务成为蚨丰经营的核心业务，但是在1912年前它也经营其他杂货。① 杨木森一开始既是东家又当掌柜。蚨丰以前的雇员回忆说，杨木森是一个言语不多，但具有深厚的纺织贸易经验和非凡判断力的人。这个男人不仅白手起家，通过商业经营而致富，后来成为高阳商会的领导者。

---

① 蚨丰的高阳总部确实是截至1912年，但是它的一些外庄却仍在做这种杂货交易。关于易货贸易的细节，笔者在《华北的对外贸易与国内市场网络的形成，1860—1930》一文中有详细的介绍，此文见杉山伸也、顾琳（Linda Grove）编《近代亚洲的流通网络》，东京：创文社，2001年，第96—115页。

到20世纪初,蚨丰确立了在高阳布线批发商号中的主导地位,这个位置一直维持到1937年抗日战争爆发前。据一位曾在蚨丰做过会计的人估计,杨木森家族在战前拥有的商业资本达200万元。①

汇昌号的资本主义管理

第一次世界大战期间经常被描述为中国资本主义发展的黄金年代,这段时间中国的民族资本暂时摆脱了欧洲资本的竞争而得以繁荣。高阳工业在此期间也获得了一次兴盛,蚨丰作为批发业的领袖企业,取得了丰厚的利润。在1918年会计年度结算时,7位蚨丰的高级职员要求得到更高的利润分成,作为他们为改进商号经营取得的所得,他们认为蚨丰的高额利润是他们努力的直接结果。当杨木森拒绝其要求后,他们辞去了蚨丰的职务,7个人合伙建立了自己的商号——汇昌号。

汇昌号成立于1919年,七个人合伙,每人出资3000元。蚨丰号学徒出身的高阳人常翊华担任掌柜,另一个蚨丰出来的人做二掌柜(二掌柜在商号中没有银股,只根据工作贡献,即人股,享受较低比例的利润分成)。汇昌号成立时正值高阳工业的兴盛期中,因此它很快就发展壮大。到1923年,商号成立仅4年,其资本已从最初的2.1万元增至20余万元。于是汇昌在高阳东大街东头买了30亩地,盖了一所引人注目的砖石结构的房子,作为其总部。至1937年抗日战争爆发前夕,汇昌是高阳的第二大商号,拥有资财近100万元。

---

① 杨家的很多细节是在访问时了解到的,不同时期利润的估计也是从几条不同的渠道得来的,包括吴知《乡村织布工业的一个研究》,上海:商务印书馆,1936年。有关杨家银号的资料可参见满铁调查部《天津的银号》,1942年,第222、275页。

汇昌代表了高阳地区资本积累的一般形式：经营资本（managerial capital）。许多批发商号采用以花红（即红利）作为薪水的一个组成部分的制度，这些红利是在高级职员们享受固定的利润分成后另外支付的。大多商号采用这种激励措施，把红利发放给像大掌柜这样的高级职员，红利的多少依职员的级别而不同。在发展的兴盛期，大多势头良好的商号把年利润的100%甚至更多的钱作为投资的资本。即使只享受1%—5%的利润分成的高级职员，也能在几年内拥有足够的资金建立自己的小型批发商号。

对较小的布线庄来说，经营资本是最主要的资本来源。由于通过红利积累资金的掌柜同时拥有必要的技术、经验和关系，这些原为大商号雇员的个人或合伙团体，脱离原来的商号而建立一个独立的自有商号是相当普遍的现象。

外来的投资者

中国商人常常旅居外地，在远离家乡的城市或村镇居留很长时间。在许多市场上，垄断主要行业的旅居商人在数量往往超过本地的商人。例如，天津的商业长期被徽州人控制，他们在盐业中居于主导地位。天津开埠后，从广州和宁波来的商帮成为金融业和商业中的主角。在地区层次上，小商帮却在该地区的商业中扮演着重要的角色。晚清时高阳工业的第一次兴盛，吸引了这些外地投资者的注意力。20世纪20年代，周边地区的资本开始流入高阳。

在吴知调查的60家布线庄中，有两大外地商帮。一批来自河北南部的南宫—冀州地带，另一批来自河北中南的涿鹿县。当旅居商人们在高阳建立自己的商号时，他们一般从自己家乡人中聘请掌柜和高级职员。在非本地资本投资的商号里，属于高阳本地人的职员不到10%，其他大多职员是与投资者来自同一地方的人。

大多外来投资者的家乡具有良好的商业传统。冀州—南宫和涿鹿县都是相当贫穷的以农业为主的地区，当地方志注释说，本地投资机会的缺乏使许多本地人投资于商业。以冀州为例，当地人在清中期就开始移民到北京，从事五金、银钱号、旧书、布和毛毯等经营。天津作为条约口岸开放后，冀州企业家开始向天津移动，在天津建立了许多钱庄。20世纪30年代早期，他们被称为地区的金融帮，和有名的广东帮、宁波帮和山西帮并列。①

批发商号的组织形式

批发商号有多种规模：最大的商号，像蚨丰和汇昌都拥有200人以上的职员；最小的商号可能只有老板、掌柜和几个帮手。批发商号的组织形式基本类似蚨丰这样由一个独立的个人或家庭所有的商号，或类似汇昌这样合伙所有的商号之间呈现平均分布的态势。② 这两种类型的商号，所有权和经营权通常是分离的。在蚨丰确实如此，其创立者杨木森在最初时期发挥了一个关键的企业家的作用。当1918年7个高级职员辞职、商号进行重组时，杨木森将日常的管理工作交给所雇用的经理。吴知在1933年调查60家商号时发现，只有其中的7家是"自东自掌"，其他53家都采取领东的形式。

高阳批发商号的许多特征类似于菲利普·斯科兰顿（Philip Scranton）所说的在美国费城中小企业中存在的"业主资本主

---

① 参见满铁调查部《天津的银号》，详见直隶区冀州银行。
② 吴知发现60家批发商号中，有25家是合伙制。见吴知《乡村织布工业的一个研究》，第43页。

义"。费城的企业像高阳的企业一样,面对多样化市场从事专业产品的生产。它们在密切联系生产与销售、采用适于灵活生产方式的技术等策略上也很相似。但是在费城的企业中,所有权和经营权一般是统一的,至少在企业的初创阶段,所有权和经营权都集中在建立企业并引领企业实现早期增长的老板手中。①

为了理解高阳批发商号的所有权和经营权分离的原因,我们需要考虑几个方面的因素。许多较晚进入该行业的投资者缺乏经营一个批发商号所必需的商业经验,他们很自然地要聘请具备这些经验的专业人士来管理。可是,在创业的第一代企业家中两权分离的原因可能与商号发展的模式相关。随着商号的壮大,往往要投资开设外庄或投资于相关的商号,结果业主通常就会从商号日常管理中退出,转而把商号的经营活动交由掌柜。

专业的掌柜常常从那些在纺织企业做过学徒或职员、拥有一定业务经验的人中挑选出来。② 作为接受正规训练的第一阶段,学徒年限一般是三年。在学徒期,学徒要掌握专业知识,包括贸易、一般的会计技能和接待客户的礼仪等。想做学徒的年轻人需要由认识掌柜的人推荐,在做学徒之前,这个人需要具有基本的读写和计算能力,书写要能让人接受。大多高阳的批发商号至少收一至两个学徒,较大的商号收 10 个以上的学徒。学徒期结束后,这个人可能继续受雇于原来的商号,也可能跳槽到其他的商号任职。③

---

① Philip Scranton, *Proprietary Capitalism: The Textile Manufacture ant Philadelphia*, 1800—1885, Philadelphia: Temple University Press, 1983.
② 我采访的所有商人都说他们接受的训练与他们后来所从事的是同类业务。
③ 吴知,第 46 页。过去的学徒回忆说,学徒期间非常辛苦:早上要第一个起床,晚上要最后一个人睡。大多掌柜希望学徒们不停地工作,为商号的正式员工们打杂,有一点空闲时间还要练习珠算和书法。没有正式的课堂,新来的学徒必须观察和记忆老员工的做法。

在商号内，掌柜往往拥有日常经营的全面支配权，多数掌柜依据与投资者签订的契约工作。聘任掌柜时，投资者有两个关于薪金的基本选择权：一半以上的高阳商号以固定的薪金聘请掌柜，如果商号经营状况极佳，可能会辅以分红。大多掌柜的薪金在每年 100—200 元之间，最多的薪金一年有 350 元。① 除了现金支付外，商号一般为掌柜提供住房、食物和一定额度的报销费用，该报销费用中涵盖了业务招待费用。另一项选择是给予掌柜一定比例的股份（称为人股），这个股份多少以掌柜在经验和技能方面的贡献为依据，掌柜没有固定的薪水，而是享受一定比例的利润分成——如果他仅提供劳动可享受到 5%—8% 的分成，如果他不仅工作而且在商号投资，则可享受到 10% 的利润分成。他最终拿多少薪水，只有到年终结算时才能知道。在此之前，掌柜和高级职员们可以从商号无息借款，相当于预支其未来的收入。

大多掌柜的工作协议时间是三年，也可以再谈判商定。尽管在现实中越来越少，至少在理论上，商号一般只给三年的协议期，投资者将一定数目的资金委托给掌柜在协议期内经营。早期，大多商号在租赁来的总部办公，而且把资金大量投入流通中，这样三年协议期一结束，合作关系很容易就解散了。后来，当更多繁盛的商号建造醒目的建筑来作为自己的总部，并投资开创销售体系，发展自己的品牌时，合作关系的解散就很少见了。

大多掌柜都要每年结算一次账目，三年协议期结束再全面地结算一次。在很多情况下，投资者与掌柜每年会晤一次，一般在

---

① 这些数据来自吴知 1932 年对 60 家批发商号的调查，见吴知《乡村织布工业的一个研究》。

农历春节的初六,此时,商号的经营报告已经提交,且账簿已经过审查。会晤时,投资者可以提出对商号发展方向以及人事方面的建议。由于记账方式非常复杂,记录经营各个方面的账本很多,只有掌柜和会计全面地了解商号的经营好坏。① 很常见的情形是,掌柜为了达到自己的目的而操纵年度的财务报告。比如,如果一个掌柜想拿出更多的利润用于扩大经营,又担心投资者不同意,他就可能人为地低报利润。

在高阳的商号总部内,掌柜一般管理 10—100 人的职员队伍,这些职员来自各地。较大的商号会划分为几个部门,由二掌柜负责特定范围的业务。这些分支部门包括一个记账处,由一组会计人员负责跟踪记录发放给织户的纱线数量,记录成品数量、外庄的销货定单以及价格、薪金和存货数量。第二个分支部门包括一些负责从市场上购买、从织户处收集成品的高级职员。由于一些织户是织定货(根据和商号的合同生产的产品),而另一些是织卖货(自己根据市场需求进行的自主生产),所以收购织成品的方式也就不同。不管是哪种收购方式,负责这项工作的职员都是商号中经验最老练的。从织户那里收集织成品的时间在每 10 天一个市场周期中的仅仅两三天。② 在收购日,成百上千的织户带着他们的产品来交易,负责收购的职员必须快速判断商品的质量和合适的价格。商号的第三个分支部门是负责组织栈房并记录布、线的存货情况,这些职员还负责送货到染整厂加工,以及准备

---

① 中国科学院经济研究所:《北京瑞蚨祥》,北京:三联书店,1959 年,第 53 页,其中描述了 18 种不同的账本。
② 阴历时间以 10 天或一周为周期。三个 10 天的周期就是一个月。集市日如果以 10 天为周期,就是 X 日与 X+10 日为集市日;如果 3、7 日为集市日,那么每月的 3 日、7 日、13 日、17 日、23 日、27 日就是集市日。

将货物运送到全国各地外庄所需要的单据。

由于传统的中国商号不仅是一个工作的地方,而且也是职员的第二个家,职员通常在商号的房屋内生活,因此每一个商号有几个厨师负责全体职员的伙食。大多其他家庭杂务劳动由学徒来做;学徒劳动的时间最长,级别最低的工作由新招募的职员做。

每个商号在外庄也雇有大批的职员,比如蚨丰的外庄就有100多名职员。蚨丰号最大的外庄是在西安的外庄,有14名职员,其次是张家口、太原和榆次的外庄,各有10名职员。小的外庄一般有2—3名职员。最重要的外庄是天津的外庄,负责购买原料及通过天津的银钱号融通资金,一般由二掌柜负责。二掌柜与大掌柜一样,通常也是订立三年的合同,享受一定比例的利润分成。若把在高阳本地以及外庄的职员合计,一家大商号的雇员可达200多人。

批发商号的发展模式

大多早期的商号是按一般的商业企业形式建立的,当高阳作为一个织布工业区的地位确立时,1913—1919期间早期这些商号开始转向专营布线业务。最早的商号从事简单的交换活动:从天津批发商处购买棉纱,运销给高阳的织户,购买成品布并且销售成品布给外地来高阳做生意的批发商们。尽管各种不同的业务间有内在的联系,但是大多活动是以市场为中介独立进行的。不久,先行的商号就开始精心安排它们的组织结构,参与新的业务,采取更加复杂的组织形式。批发商号的发展模式遵循两个轨迹:第一个是垂直一体化策略,第二个是复制原商号的经营模式建立新的独立的商号。让我们首先考察批发商号的垂直一体化过程。

从历史上看,垂直一体化有三个步骤。第一步是商号分布区域的变化,特别是直接面对地区批发商的销售机构,即外庄的建立。建立外庄需要较大的投资、更多的职员以及更加精细的商号内部沟通体制。外庄的拓展不仅使得市场销售更为积极,而且使得关于地区市场的需求信息流更为密集,这些信息构成商号生产计划的一部分,可以说外庄的建立提高了商号的经营效率。

第二步是发展撒机子生产体系,把从前独立的织户控制在批发商手中(根据契约关系形成的此类织户称为"织茬子"的织户——译者注)。织茬子的织户根据商号的订单生产,使用商号提供的原料,但是在自己家中使用自己的织机完成工作。这种契约式织布方式能够确保商号在市场繁荣时,因供给短缺抬高市场价格时有可靠的供货来源,而且它也使得商号能够调整生产以满足市场对特定型号和花样的织物的需求。契约式织布制度于1913—1919年代中期发展起来,它是对市场变化的回应,此时的市场需求由廉价的平纹布转向质优价高的特定产品。对于批发商号来说,这种制度需要更多的投资,因为商号要向织户提供原料,而不是由他们自行购买原料。

一个批发商号花费在一个"织茬子"织户身上的成本是多少呢?据厉风的估计,20世纪30年代早期,一个批发商号对一台定机的投资约是560元,包括织机开工前所要耗费的原料成本、预备过程中的耗费,以及积压未销货物的成本。厉风认为从纱线进口到成品销售完毕获得收益,至少需要3个月的周期。[①] 高阳的批发商中大多数是小商号,它们控制的织户不到100户,但是

[①] 厉风:《五十年来商业资本在河北乡村棉织手工业中之发展进程》,《中国农村》1, no.3(1934年12月),第61—76页。

像蚨丰这样的大商号,则拥有 1000 台约定的织机。①

高阳的撒机子体系是与从生产平纹布向色织布和花色布的转移联系在一起的。它代表了从商业向生产领域的逆向一体化过程的第一步。然而,当批发商号与织户签订协议后,它的投资仍然集中在被称为广义的流通资本上——原料、加工中的产品以及成品。契约式织布制度采用后不久,一些大的商号采取了更进一步的行动,投资于生产过程,建立染色和轧光厂。这代表了第一次较大的固定资产投资,这些固定投资不能被用于其他用途。这种最早的固定资产投资出现在手工操作的工厂,到 20 世纪 20 年代中期,染色整理工厂开始引入机械化的设备。

上述步骤使我们看到了一个成熟的批发商号,从原料供给、织布、染色、整理到最终销售控制的形成。为了更加清晰地了解这种一体化体系的建立,让我们观察一下蚨丰后期的发展。

蚨丰:增长的模式

蚨丰号设立于 1902 年,1912 年设立了第一批外庄,天津的外庄负责买进棉纱,北平、南宫和辛集的外庄主要负责销售货物。这些外庄的经营很好,于是 1915 年蚨丰又在张家口、库伦(今蒙古国的乌兰巴托)、包头、太谷和洛阳建立了外庄。正如我们所看到的,蚨丰的第一批外庄都分布在华北地区市场,到 1915 年左右,蚨丰就发展到西北以及蒙古地区的边境市场。此时蚨丰的职员已达 50 多人,资本增加到 20 万元。由于蚨丰经营势头良好,杨木森决定拿出一部分利润在高阳建立一个更大的总部。

---

① 吴知:《乡村织布工业的一个研究》,第 79 页图表 25。前蚨丰职员报告说,商号在 1932 和 1933 年的萧条期拥有 500 个撒机子织户,1935 年增加到将近 1000 个。

1917年蚨丰开设了一家分号:蚨丰染色和轧光厂,作为蚨丰的直属机构。它雇佣了20名工人,外加掌柜和二掌柜各一名。工厂起初负责加工总号撒机子收上来的货物。到20年代中期,轧光和染色都采用了机械化的设备。30年代早期,工厂稳步发展,加工能力从1932年的5万匹增加到1934年的8万匹。抗战前夕,保持在年加工10万匹的水平上,职工达200人。①

1918年底,杨木森与几位高级职员的分歧导致他们退出蚨丰,蚨丰进行重组。杨任命自己为总经理,他的三弟杨宝森做助手,并聘请丁云阁做掌柜,负责日常的经营管理。后来丁云阁在蚨丰的发展以及高阳商会中都发挥了重要的作用。

蚨丰号和它的直属工厂在20世纪二三十年代一直在增长。20年代末,又在上海、汉口、西安、兰州、平凉和成都设立了外庄。这次打入南方市场是与人造丝和花色织物的流行相一致的。由此,抗日战争前夕的蚨丰已发展为拥有总部和外庄共200名职员、染整工厂200名职员的大商号。

然而,蚨丰并没有满足于完成生产和销售垂直一体化。1925年初,杨木森开始把利润投资于一系列相关的商号,被称作联号。② 第一个联号就是设立于1925年的大亨布线庄。杨任命一个独立掌柜指导大亨的业务经营。那么大亨很快复制了蚨丰的垂直一体化过程,建立销售外庄,雇用"织茬子"织户,并于1935年建立自己的加工工厂——大亨工厂,一个拥有60名职工的机械化染色和轧光厂。30年代中期,大亨是高阳的主要商号之一,总号有20名职员,全国各地的外庄有80名职员。

---

① 《冀察调查统计丛刊》,1卷6期,第49—60页。
② 对这个称呼似乎没有一个标准的翻译。

1931年,杨木森拿出1万元给他的大儿子杨明尘,建立了元丰号布线庄。1933年,杨宝森(杨木森的小弟及得力助手)的大儿子在其家乡南边坞村建立了久丰布线庄。久丰不仅经营布线业务,还建立了一个拥有30台提花织机的纺织厂,久丰在保定、高阳、石家庄和汉口都设有外庄。

1933年底,杨木森的两个小儿子用24万元资金建立了大丰号。他们聘请了一个专业的掌柜——吴冠伦。吴冠伦试图垄断高阳的棉纱市场,结果失败了。这次失败加上他试图在高阳开设银号的失败,使大丰号投资者终止了和他的合约,又聘请了一位新掌柜,这个新掌柜以前在蚨丰的分号担任掌柜。在新掌柜持续稳定的经营下,大丰号作为布线庄迅速发展起来,1936年其职员达到64人,年利润上升至20万元。

除了在纺织业务上的投资,杨木森还为其家族成员提供资金在天津建立了蚨荣洋行(1928年成立,1930年终结)。这个洋行归杨木森的二儿子所有,投资为30万元。洋行总部设在法租界,蚨荣洋行以现代企业闻名,它仅雇用大学生做职员,并在纽约、大阪和新加坡设有分支机构,主营棉纱和人造丝、洋杂货的进口以及土货的出口。蚨荣是苏联特定货物的独家代理商,也正因此由于与苏联的业务卷入了1929年张学良与苏联的武装冲突中。由于蚨荣的盈利一直不理想,于是1930年结束了营业,其资金改投于1931年在天津建立的蚨亨银号上。

蚨丰最后一家联号是元丰面粉厂,是1934年作为元丰布线庄的分支机构建立的。老板是杨木森的长孙杨建明,他的父亲杨明尘(元丰布线庄的东家)为其提供了3万元资金。

以上关于杨氏家族企业联号的简单列举,可能使读者以为蚨丰的发展模式与其分家有关。就像我们将要看到的,这个现象解释起来并不简单。在讨论家族与经营逻辑的关系之前,我们应当注意,这种水平扩张的模式——建立彼此间互相有竞争关系的商号——并不是杨氏家族所特有的。由蚨丰以前的职员合伙建立的汇昌号走了一条与蚨丰相似的发展道路。汇昌建立了两家布线批发联号:汇康号和大同号。汇康号由汇昌号拨付资本4万元于1932年建立。抗日战争前夕,汇康号已经发展成为一家中等规模的批发商号,拥有30名职员和6个外庄。大同号与汇康号的规模和经营模式相似。杨木森及其家族所建立的联号与蚨丰老号有直接的竞争关系,而汇昌的联号一般把外庄设立在汇昌没有设外庄的城市,它们看起来更具有合作意识。

蚨丰和汇昌的发展模式被所有高阳的大商号模仿着,一旦某家商号达到一定的规模,投资者并不去扩大原商号的经营,而是投资建立相关的联号。没有专门的逻辑可以解释这个现象,以杨氏企业集团为例,它的一些联号是为其家族成员提供一个独立经营的机会。然而,建立新的商号的时间顺序并不一定与分家的时间相一致。(见图2.2)

让我们首先看一下与该家族分家相关的事实。杨木森的父亲杨帅从于1929年去世,杨木森作为长子继承家族遗产的经营管理。杨木森拿出一部分资金用于慈善事业,包括建造医院和凿井以备旱灾时用,然后他把部分遗产分配给杨家下一代的年轻人,在他的长子杨明尘建立元丰号不久,他的三儿子和四儿子就建立了大丰号,他的侄子建立了久丰号,这些商号大多是在1933年建立的,当时高阳正处于一场较大的萧条之中,这并不是正常建立新商号的好时机。在同一年内由家族不同成员分别建立几家不同的商号的事实说明,杨帅从死后留下的遗产是导致这些投资分配的原动力。

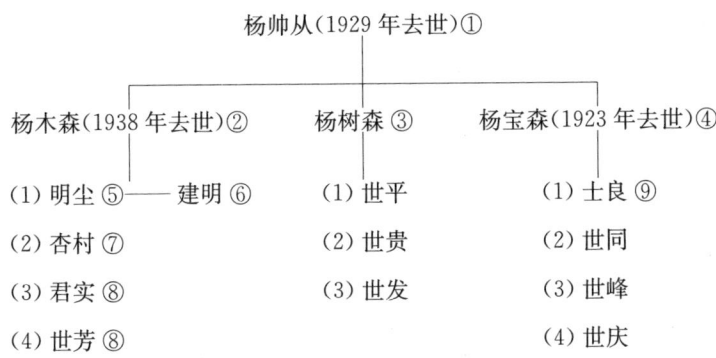

图 2.2　杨氏家谱与商号

说明：① 杨帅从：庆丰义（保定批发商号）掌柜
　　　② 杨木森：蚨丰号的创立者
　　　③ 杨树森：管理南边坞的家族土地
　　　④ 杨宝森：1918 年蚨丰的大掌柜，1923 年去世
　　　⑤ 杨明尘：1933 年元丰布线庄的建立者
　　　⑥ 杨建明：元丰面粉厂的建立者
　　　⑦ 杨杏村：1928 年蚨荣洋行（天津）的建立者
　　　⑧ 杨君实、杨世芳：1933 年大丰号的创立者
　　　⑨ 杨士良：1933 年久丰号的建立者

并不是所有杨家建立的新商号都可以用分家来解释。比如蚨丰的第一家较大的联号——大丰号建立于 1925 年，当时家族构成并没有变化，投资是以杨木森自己的名义进行的。高阳地区的经营在 1924 年异常的好，蚨丰报告的盈利达 30 万元。1924—1925 年，不仅蚨丰号，其他的批发商号也都建立了联号。1928 年是杨氏家族的另一个丰收年，他们用盈利资金建立了蚨荣洋行，这个洋行的建立同样是与家族的成员分布不相关的。

通常我们认为，一个投资者将资金分散投资于不同的地方是一种降低风险的策略，这个风险规避的解释并不完全符合高阳地区的投资模式。尽管其他商号经营良好时某家商号破产的事大家都知道，但是多数经营失败是发生在普遍的长期萧条期中。如果投资者想要多样化经营以避免损失,他没有必要将资金投入几乎完全相同的行业中。

另外两个因素似乎更有解释力。第一个是关于商号最优规模的计算,中国式的商业经营需要掌柜能时刻掌握经营的每个环节。分号掌柜要每日通过信件或电话向总部汇报经营情况,每周报送一次经营总结和当地的市场情况。总号的职员受到严密监督,掌柜时刻关注着各类账目。大多商业企业的管理更多地依赖于掌柜的德行和能力,而很少依赖于正规的书面制度。虽然一些大的中国企业都有了书面的规章制度,但是高阳的商号却几乎没有。在管理方式依赖于高级职员的日常监督和直接指导的情况下,最佳的商号规模就比一个具有行政组织架构特征的企业相对小一些。高阳的商号几乎没有超过传统的商业经营方式而采用现代经营方式的,汇昌在这方面比其他商号超前一些:汇昌招收的学徒是通过考核录用而不是由熟人推荐的;掌柜每晚指导学生接受正规的训练。商号职员统一穿制服而不是长袍。然而,由于许多掌柜和投资者都是学徒出身,当他们采用一些新的方式管理自己的商号时,大多商号的管理仍然保持着历史悠久的方式,这些传统限制了商号的规模。

第二个解释与通过钱庄、银号的融资习惯相关。日本学者根岸佶(关于战前中国商业方面的专家)认为联号更容易获取信用。当银号为某商号提供贷款时,贷款的多少仅间接地与申请贷款的商号的资本相关。贷款的基础是信用,而对信用的评估涉及两个方面:商号资本存量以及贷款者所投资的商号。如果联号中的A商号申请贷款,银号会考虑所有联号的总资产情况确定贷款的额度。如果联号的另一家又去同一银号申请贷款,它们又会重复一次这个评估过程。那么,投资者如果想得到尽可能多的贷款,就可以通过建立一系列的联号来实现,而不是将资金全部注入唯一的一个商号。① 贷款是商号成功的关键因素,这种考虑在企业家关于拆分资本在同一行业中设立竞争性商号的决策中有着重要的影响。

商号的融资

高阳批发商持有的资金是有限的,却可以在经营的高峰期实现年经营400万匹布、价值3500万元的业务量。成功的关键是能够获得和有效地利用各种渠道的借款。② 表2.1所示是吴知调查的60家批发商号平均每家的资产负债情况。③ 数据显示了商号获取贷款的两种方式:第一种是在购买原料时获取的(赊买原料),第二种是使用商号吸收的定期存款。购买原料时获取的贷款几乎都是从高阳以外的商号获取的,而商号吸收的存款则主要来自高阳地区内部。让我们首先了解一下高阳从外部获取借款的情况,然后再看高阳内部的借款情况。

高阳是天津纱线批发商的主要销售市场之一,天津的纱线批发商是连接洋货进口商和乡村纱线消费者的第一个中介。外国洋行先将纱线赊销给天津的纱线批发商,天津的纱线批发商再把货物销售给高阳和其他工业区的批发商。④ 赊销的来源和条件在不同的时期有所不同,它是随着中国经济的长期转变而变化的。1921年前,高阳商人依靠天津的中间商提供赊销。1921年后,中国国内棉纺织厂的发展,增加了棉纱的供给量,同时也拉低

---

① 根岸佶:《商事相关的例行调查报告书:合股的研究》,东京,东亚研究所,1943年,参见第512—516页。
② 吴承明:《中国民族资本的特点》,载《经济研究》1956年第6期,第111—137页。
③ 表格显示了批发经营建立时的资本投资额。
④ 丁世洵:《天津棉纱批发商和事略》,载《南开学报》,1981年第4/5期合刊,第47—54页。

了棉纱的价格。由于天津的中间商的利润下降,他们大多不再愿意提供赊销业务,由此购买原料时借款的来源变得多样化。一些商号转而向本地钱庄、银号进行短期贷款,而另一些商号则继续与批发商人培养关系以扩大信用额度。一位大亨天津外庄过去的掌柜——韩相辉回忆起他的商号是通过中间批发商购买纱线而不是直接向纱线生产厂家购买,因为批发商更愿意提供赊销。韩相辉回忆说,当他需要购买纱线时,他会与批发商协议数量和价格,批发商的代理处会将货物运送到高阳。由于这些高阳的大商号和天津的商业伙伴之间已经建立了充分的信任关系,因此他们很少采用正规的买卖合约。双方都采用中国传统的记账方式,只简单地将交易量记录在他所掌管的账本上,一方为借另一方为贷。通常账款在买进纱线后一个月结清。①

尽管欠账一般在一个月内结清,但是通常的银期结算是将一个财政年度划分为三期,每一期末处理必要的账务。天津批发商所提供的赊销是没有利息的,只有在他们资金紧缺要求外债偿还时,高阳外庄的掌柜才不得不向当地银号申请贷款以还清欠款。

就像我们可以勾勒出纱线由通商口岸到生产过程中的进程一样,我们也可以跟踪赊销借款的进程。前面我们已经集中地讨论了这一进程的第二个阶段,即赊销由天津批发商向高阳的业务伙伴传递的过程。大多情况下,天津批发商自己购买货物时也是以赊买的方式,从包括国内的棉纺织厂、外国洋行以及本地银号的制造商或其代理处获取。

如果我们将注意力离开赊销的发源地——通商口岸,试着跟

---

① 关于天津的棉纱贸易,见西川喜《棉工业与棉纱棉布》,上海,日本堂书房,1924年,第366—385页。

踪其进入生产过程的路径,可以看到这些赊欠被高阳的批发商打包分配下去,使商号得以扩展生产。从天津赊买的纱线被卖给织户或直接交给(织定机的)织户,或者赊卖给小的批发商号和织布、染色作坊。随着赊款的深入,远离它的起点,还款的期限也越来越短。高阳商人一般至少有几个月的时间偿还天津批发商的欠款,但他们对自己的债务人要求的还款期限要短一些。当赊销从进入市场网络的起点开始,到最远的赊销环节,都是由销售代理处提供给他们的客户的信用——地区市场的布批发商和零售商。到最后一个环节,还款期限很少有超过30天的。

在生产和交易过程的每个阶段,赊销不断地从一个参与人向下一个参与人传递着,传递通过记账方式,一般在交易方的账簿上记录借方和贷方来完成。尽管赊销款应在规定的期限内偿还,但到期日却是灵活的。在高阳市场内,赊销款在大小商号、染色作坊和织布作坊间反复地传递着,现金或金融机构如本地银号很少介入其中。在交易中流通着一种"拨条",当一家商号突然急需现金时,它不得不翻查自己的账本,然后派遣一名职员,称为跑街,根据他所持有的拨条出去收账。任何一家商号都可以用它持有的第三方的拨条偿还自己的欠款,那么跑街的要想拿到现金,常常需要追踪整个借贷体系,回溯到这笔赊款关系的源头。没有正式制度约束拨条的清算,但是正常情况下,一年内有三到四次大的账务调整,以适应一家大商号的现金需求。

当地拨条制度可能与一个复杂的商业体系相关,在这一体系下,原始债务发生在原料购买过程中,偿还时使用的是销货的利润。外庄的销售收入通过当地银号汇至天津的银号,天津外庄的掌柜就可以使用这些汇款偿还(购买原料的)欠款。拨条在天津可以用作购买纱线时的贷款担保,尽管大批发商号很少使用这样的担保。当拨条被用作信用担保时，它们在天津可以以 3％的贴现率贴现。①

当批发商号发现自己的放款延伸过长、无法偿还欠款时会发生什么呢？尽管批发商很难拒绝偿还天津债权人的债务，在当地市场范围内，债权人似乎也不能做出什么行动。当商号的掌柜缺少资金还债时，他会首先请求投资者提供额外的资金帮助。如果投资者拒绝了，掌柜就会遵循当地的习俗，邀请债权人吃饭，解释商号陷入困境的原因，并宣布商号退出经营。吃完饭就意味着商号破产，通常称这顿饭为"吃伙锅"。尽管从法律上说高阳的商号并不是公司制，但是投资者只对他们的投资额承担责任。一家破产商号的掌柜和职员向其他投资者寻求金融支持、组建新的商号是非常普遍的。②

商号吸收存款

第二种获取借款的主要方式是商号吸收存款。东家或掌柜的朋友可以把钱存在商号，同时约定利息率（一般要高于其他金融机构的存款利率③）和固定的存款期限。掌柜可以把这些存款当作投资者投入的资本一样使用。但是，与投资者不同的是，这些存款者享受不到商号的利润分成。④

最常见的存款来源是当地的富人和商号的高级职员。商号

---

① 费孝通：《中国乡村工业》，南开经济研究工业丛书，天津：南开经济研究所，1933年，第44—45页。
② 这个破产的实例既不符合共和国的法律，也不符合传统商业实践中投资者对债务负有有限责任的惯例。
③ 缺乏正规的金融制度可能会鼓励这种现象。在30年代中期，蚨丰在高阳建立了一家银号。
④ 存款人把商号看作是另一种银行。从另一个角度看，这些资金可以看作私人向商号提供的贷款。

的高级职员一般每个会计年度可得到分红,把钱以固定的利率存入商号是一种简便的可以得到稳定回报的理财方式。

人们或许会问,这些储蓄为什么不直接加在商号的实收资本上?要回答这个问题,我们必须解释一下合伙关系如何分配利润的问题。中国传统的经营合伙关系要平衡投资者和商号高级职员之间的利益关系,而这是通过仔细考虑确定利润分配方式实现的。经过深思熟虑的利润分配方案的任何变化都会破坏合伙人之间以及投资者与职员间的平衡的利益关系,而以固定利率吸收存款则近似于增加资本,却可以使商号不改变这些对商号利润具有索取权的群体的平衡关系。在高阳的许多商号里,定期存款是一项重要的资金来源,它在业务繁盛期是趋于增长的。①

一家批发商号的成功在于掌柜善于操作这些不同来路的借款以支持商号的发展。精心培植的人际关系网络能够平滑借款的难度,并有助于掌柜扩大商号的经营。商人诚实可靠的声誉的建立对于借款的获得是最基本的。

上述商业习惯,是20世纪初的中国商人经常采用的,绝不是高阳地区的商号独有的。布线庄仅仅是调整传统的中国商业习惯适用到新的领域。在调整的过程中,高阳企业家创造了全面一体化的商号:利用契约式织布控制生产、投资于机械化染色和织布、建立外庄以参与商品销售等。在建立批发商号时,掌柜已掌握了中国传统商业经营的全部技能,可以改变或调整经营方式,以适应布线业务中的特定需求。另外一大批人,包括高阳的投资者、作坊和小工厂的老板们,则使用其他的经营策略。下面,让我们关注一下小规模工业企业的组织情况。

---

① 根岸佶:《商事相关的例行调查报告书:合股的研究》,东京,东亚研究所,1943年。

第二节　从作坊到小规模工厂生产

工业区的第二类主要角色是从小作坊发展起来的商号。20世纪30年代末,有几十家小工厂由原来的作坊发展起来。对于这些企业来说,新技术的掌握是成功的关键。在该部分,我们将观察三家这样的企业,说明其发展的机制。尽管三家企业的经历各有不同,但是他们有一个共同之处就是在生产中均采用先进的技术。

布线庄吸收的高级职员一般是从商号学徒出身的人中挑选,并且仍然采用传统的组织形式经营,而作坊起家的企业则一般由技术培训学校的毕业生创建。这些企业的技术价值很高,企业发展成熟后,许多开始参与撒机子织布,有些还建立了分销网络。乍一看这些企业似乎与批发商号很相像,但是,这些企业的气质与建立在传统商业文化基础上的大型批发商号截然不同。作坊起家的企业承担着革新技术的义务,这也导致了它们与批发商号在抗日战争期间不同的命运。抗日战争初期大多批发商号都开始衰落,而许多作坊出身的商号却坚持到20世纪50年代。

苏氏家族与同和号

苏绍泉(1860—1924),创办同和号的苏氏兄弟的父亲,是晚清末年的穷秀才。① 苏家长年挣扎在社会底层,努力想进入当地

---

① 同和的数据来自我的访问以及陈美健教授对苏秉琦(1909—1997,苏氏兄弟中最小的一个)的访问。当他的三个哥哥经营着同和时,苏秉奇还在上学,他后来成为一名中国最杰出的考古学家,是四兄弟中唯一活到20世纪80年代的人。苏白:《苏秉琦先生纪念集》,北京:科学出版社,2000年。

有身份的阶层。苏家一位先人曾做过小官,一位祖父曾是小镇商人。苏绍泉只取得了秀才功名,即通过了科举考试的第一关,随后,他的余生在教书中度过,成为一名令人尊敬的私塾先生。他一辈子都在种田,同时非常关心祖国的命运,他认为工业化是救国之路,他鼓励自己的儿子们为创办实业而学习知识。

苏秉衡是苏绍泉的大儿子,1890年出生,在高阳和保定接受早期教育,然后在袁世凯创立的直隶工艺局做学徒生。在工艺局时,他进入织布科,掌握了提花织布的技术,学会了中国老式的提花织机以及铁轮提花织机的使用方法。毕业后,苏秉衡在天津的一个织布作坊工作了不长的时间。1914年,他购买了一台铁轮提花织机回到高阳,在自己家中织布。他是高阳地区第一个使用提花机设备织提花布的人。不久,周围的人都开始模仿他的做法。苏秉衡用织布的利润又购买了几台提花织机。到1918年,他的家庭作坊拥有7台织机和10名雇员。

织提花布的成功依赖于织布技术,同时也依赖于织物图案的样式是否有吸引力。苏绍泉的二儿子苏秉杰(1897年出生),曾在天津高等工业学校的染织科学习,1918年取得了纺织设计专业的学位。① 秉杰回到家中与哥哥一起工作,1919年他们的作坊生产出一千多匹提花布。那时,兄弟俩决定扩大经营,把作坊扩大为工厂。由于秉杰和秉衡都是只在技术方面受过专业的训练,他们招回三弟加入工厂,担任工厂的掌柜。

苏秉璋(1901年出生)当同和工厂的掌柜时还不到20岁,他的两个哥哥学习技术知识的同时,他学习的是商业管理的知识。

---

① 高级技术学校成立于1902年,它的名字几经更改,直到现在仍然是大学水平的技术培训机构。1947年公布的男性学生和毕业生名单中,有30多名高阳人。见《河北省立工学院校友录》,1947。

从由高阳商会资助的高阳商业学校毕业后,他成为裕丰泰批发庄的学徒。在正式的学习和做学徒期间,他掌握了纺织业经营的商业知识。秉璋与他的两个哥哥一样,受其父实业救国思想的影响。苏氏兄弟建立的新工厂由苏绍泉命名为同和①,寓意是老板和工人们要同心协力地工作。

同和工厂成立时投资为8000元,拥有40台提花织机和简单的染整设备,雇工60人。苏氏兄弟创业时非常幸运,当人造丝出现在市场时工厂刚成立,于是他们开始生产专业化的人造丝花色织物。新的人造丝麻织物非常流行,同和随之兴盛起来,利润被用于扩大投资。② 到1934年,同和原来的厂房已经不能容纳其扩大的生产,于是又在原厂附近买地建了一间综合工厂。同和买进一批新的提花织机,织机总量增加到80台。这时,苏氏兄弟决定试验一下电动织机,他们买来1台发电机和7台最新型的丰田电动织机。他们还买了一辆卡车用于装运货物。到1937年,同和拥有固定资产达25万元,流动资产达10万元,拥有工厂及营业部员工共400人。

在当时人们认为同和是高阳最先进的企业的同时,它也是一个混合经营的企业。在它建立了染整加工厂后,这个加工厂的加工能力很快超过了织布工厂的生产量。30年代早期,同和也开始撒机子织布,大多撒机子织户是工厂所在地北沙窝村的村民。同和也建立了一个分销系统,在许昌、南阳、汉口、徐州、潍县、西安和洛阳都开有外庄。由于工厂的位置位于离高阳有几公里的乡村,同和就在高阳城内设了一个营业部,与工厂通过电话联系。

---

① "同"字在中国又可写作"仝",即上面一个"人"字,下面一个工人的"工"字。
② 苏秉琦坚持说他的家庭完全不同于杨家。杨家在富有后生活像地主一样,但苏氏兄弟一直过着简朴的生活,与工人一起吃粗粮,把利润全部用于扩大商号的经营。

作为同和的掌柜,苏秉璋以开明的企业家而著称。他对新的想法非常感兴趣,也愿意为这些创意投资。同和非常愿意招收有先进技能的工人,并且给他们很高的工资待遇以吸引这样的人才为工厂工作。苏秉璋与高阳商会赞助的技术学校保持着密切的联系,他随时关注那些有前途的老师和毕业生。他聘请一位学校的老师兼职工作,这个老师为他写了一本面向工人的指南。另一方面,他还说服田哲培做同和的技术顾问。田哲培是高阳人,毕业于天津高等技术学校,而且在日本的技术学校留过学。

同和的组织形式与其竞争者相比更加先进一些,它始终努力走在技术革新的前沿。苏氏兄弟是高阳第一批试用电动织机的人。1934年,当一种新型的化学染料上市时,他们也率先邀请德国技师作顾问,指导他们如何使用化学染料。他们也是管理方面的革新派,1934年,苏秉璋受李石曾的邀请参观江南地区,考察了一批由李石曾和他的同事发起的实业项目。这次考察之后,苏秉璋和李福田(技术学校的一位老师,曾跟随苏秉璋工作)合写了一本小册子,描述了这次考察的内容,同时提出了改革高阳工业的建议。①

这次考察吸取了一些经验教训被应用于同和内部的管理之中。回到高阳后,苏秉璋把固定工资制度改革为有激励机制的计件工资加奖金制度。他还从每个工人的工资中抽出5%作为年终奖励的基金。同和的工作环境也得到了改善,建立起一个食堂改善工人的伙食,同时聘请一位园艺工种植新鲜的蔬菜。同和的工作时间本来就比其他工厂短,同和刚成立时,工人一天工作12—13小时,到20世纪30年代中期,大多工人一天只工作9个

---

① 苏秉璋、李福田:《江南实业参观记》,这个小册子(共73页)是1936年自费出版的。

小时,晚上的业余时间常常搞一些内部组织的娱乐活动,包括体育运动项目。尽管在当代人看来这些工人的福利并不高,但在30年代的高阳,同和的工人待遇比当地其他企业的员工待遇好得多。

同和起步时是高阳第一家生产提花织物的工厂,并且很快地把握了二三十年代市场流行提花人造丝麻物的商机。但是,同和在花色纺织上的先动优势只维持了很短一段时间,苏秉衡很大方地与当地其他同行分享提花纺织的经验,不久,提花纺织者明显增加起来。同和依靠引进由苏秉杰设计的新式织物图案以及随时关注织布、染色和整理方面的新技术而保持了行业的领先地位。

李恩波和恩记染色印花坊

恩记染色印花坊的创始人李恩波,与苏秉杰一样曾在天津高等工业学校学习,1918年毕业于染科。李恩波来自一个贫穷的乡村家庭,靠他叔叔的赏识和资助才能上学。小学毕业后,他考入了天津高等工业学校。毕业后在天津工作了几年,1923年回到高阳。他叔叔出资3000吊钱让李恩波开办一家小型的染色作坊——天振生染坊。由于他的作坊是高阳唯一能够染人造丝麻布的染坊,因此在20年代早期获得了较好的发展。天振生开业的第一年就赚了2万元,李恩波把这些利润全部又用于再投资。到1927年,李恩波的总资产已达3.4万元,他决定进一步扩大生产。他购买了机械化的染色和轧光设备,另外增加了染缸,工人由10个增加到40个。效果立竿见影,到1928年底,他的资产增至10万元。李恩波一直希望扩大经营,1930年在高阳东关购买了100亩地,建立了配置最先进机器设备的新工厂。为了祝贺新厂的建立,他把工厂重新命名为恩记。抗日战争前夕,恩记是高阳地区四大染色轧光厂之一。

最初几年,恩记按照高阳布线庄的合同要求代为其染色轧光。然而,1934年,李恩波建立了自己的撒机子网络,最多时拥有150台织机。李恩波还建立起自己的销售网络,于1935年开设了两家外庄:一家在西安,另一家在北京。西安的外庄很不成功,不到一年就撤了。而北京的外庄却能够盈利,一直坚持到抗日战争爆发时。

恩记成功的关键是采用新技术并能够利用先动优势。李恩波关于化学染色技术的知识深厚,他经常从事新加工方法的研究,并且敢于冒险尝试新的技术。他能成功地利用他的技术来实现恩记对人造丝麻布染色业务暂时的垄断。当他第一个开始染人造丝麻布时,他的作坊核定的染价是每匹布2元。随着其他工厂模仿他的染色技术,染价越来越低,降到每匹0.7元。这时,李恩波开始寻求新的技术。他拜访了上海一位学友,在那里发现印花织物很流行。他在上海学习了几个月的印花技术,回到高阳后,恩记成为高阳第一家印花工厂。又一次超越对手实现的技术跳跃使恩记大获其利,李恩波又把这些盈利投资到恩记工厂,改进机器设备。

在技术方面,李恩波甘冒风险,但他对工人却很苛刻。恩记每天的工作一般从早上四点钟开始,一直到晚上七八点结束。尽管它的成功确实保障了工人工作的稳定,但是恩记的工人没有任何福利。李恩波的家庭背景不同于同和苏氏兄弟,与他们积极的管理风格也大不相同,但是,恩记与同和一样,以自己使用高质量的德国染料和先进的技术生产出高档的、可与天津任何一家织染厂的产品相匹敌的产品而自豪。

李氏家族与合记

合记染色工厂的前身是一家从事商业的商号,但是与同和和恩记一样,它依赖于掌握新技术的而成功。合记工厂建立于1919年,由李仲良、李叔良(1883—1954)兄弟及另外两个朋友杨爱卿、孙月奇合伙组建。李氏兄弟靠做颜料批发而起家,是合记工厂前身的重要人物。1913年,一家显著的德国颜料批发商行的代表来高阳推销德国的化学颜料,李氏兄弟成为德国洋行在高阳的唯一代理商。李仲良还在高阳建立了一家使用德国颜料的小染坊(即合记染坊——译者注)。①

1915年,由于欧洲战事的加深,德国颜料的供给来源被切断,李氏兄弟所存的德国颜料价格大涨。由于当时中国还没有自己的化学颜料工业,因此颜料只能依靠进口。当战争还会持续下去这一形势明朗后,需求者纷购库存颜料。仅仅几个月的时间,库存颜料的价值从原来的3000—4000元上升至20万元以上。这些意外之财为合记染色工厂的建立提供了资金。1919年,合记染坊在高阳南关买地建立一家工厂。1923年,合记工厂的合伙人决定实行机械化,这在高阳首开先河。合记从德国购买染色和轧光设备;德国技师来厂指导组装这些设备。到1937年,合记已有200名工人,成为高阳地区最成功的染色工厂之一。

合记与李恩波的恩记、苏家的同和一样,都是作为专注于生产的企业而起步——合记集中于染色和轧光——然后又扩大他

---

① 要用 I. B. Farben 中文名称的信息说明这个德国企业还存在某些困难,因为它作为一个集团是在第一次世界大战以后才被发现的,在《大日本纺织联合会月报》中提到使用来自 Farvenfabriken friedr Bayer & Co. Elberbeld 的染料。《月报》1915年4月25日,第7页。

们的活动,本身开始兼营撒机收布。在抗日战争前夕,合记已撒机近300张,不仅为布线庄加工染整布料,同时也自行收购布匹加工后出售。

1926年,合记的一个合伙人——李叔良投资建立了合记碱厂,为染色工业生产碱产品。当时,高阳地区有一百多家染坊,它们都使用碱料。在此之前,所有的工厂都从永利碱厂进货,这个碱厂是由北京政府财政部1915年建立的,政府给予它特别税收优惠以及垄断工厂周围百里范围的碱的销售权。① 合记碱厂1926年建厂时列出的投资仅有1万元,第二年他的资本增加到3.3万元,1934年进一步扩大生产,列出的资本增加为20万元。李叔良是合记碱厂的总经理,他的合伙人包括枣强的王采臣、任邱的郝德钦以及高阳的常幕儒、董新湘、邓生三和冯德明等。② 李叔良的新工厂设立在海边盐碱地附近的汉沽。不久,合记生产的红象牌碱产品开始向永利挑战。永利将合记告上法庭,理由是它拥有在天津地区销售碱产品的专利权。这个案子引起了南京政府的注意。李石曾,南京国民政府元老,与李叔良是同乡同族,在他的帮助下,合记赢了这场官司。永利在败诉后决定打价格战,降低碱的价格,从每桶9元降到5.6元。李叔良再次得到李石曾的帮助,李石曾劝说实业银行贷款支持合记,使得合记没有被价格战打垮,且一直生存下去。③

尽管合记的合伙人中没有一个是技术学校毕业的,但是他们努力招收那些具有先进技能的雇员。所有合记染厂的部门主管

---

① 满铁天津事务所调查课:《支那的酸碱和尿素工业》,1936年。
② 冯德明是高阳批发商号的一名掌柜。
③ 关于合记制碱公司的细节请参见满铁天津事务所调查课:《支那的酸碱与尿素工业》,1936年,第54—56页。

都是技术学校毕业的人才。合记还竭力邀请德国技师到工厂指导新染料的使用和染色过程。因此,尽管合记的投资者起初是做布匹和颜料生意的,但是它的发展模式可以与同和、恩记归为一类,即它的成长也是建立在新技术的采用之上。

当我们思考中国现代工业的发展时,我们往往认为城市工业所采用的技术一定比乡村工业使用的技术更先进。这种想法自然是来自于二元经济发展理论,这个理论已成为研究后进国家经济史的框架。高阳纺织和染色企业的历史向这些公式提出了挑战。尽管并不是所有的织布、染色、轧光和印花企业与上述企业一样先进,但是在 20 世纪 20 和 30 年代,高阳在和天津同业的竞争中声誉卓著。在 20 年代中期,天津成为大型纺织厂的集中地,然而,染色和织布行业仍然由小商号占主导地位。① 天津生产提花布的企业抱怨高阳诸如同和这样的商号占据种种优势:不仅生产成本低,而且不负担任何工厂税(factory taxes),而这种税,天津的企业不论规模大小都要缴纳。②

高阳染色企业不仅拥有生产成本低的优势,而且享有技术方面的优势。天津的小企业很少雇用掌握各种技术的技师,而这在高阳却很常见。正是这种技术优势使得 30 年代的高阳布声名鹊起。随着高阳生产的产品向高端市场靠近,染色、轧光和整理技术变得尤为重要,正是由于同和、恩记、合记以及大批的竞争性企业和效仿类企业的存在,推动了高阳工业的发展。

---

① 关于天津的花色纺织,见《天津工商业》,第 1 卷,天津特别市社会局,1930 年,第 63—83 页。
②《天津工商业》,第 1 卷,天津特别市社会局,1930 年,第 63 页。

第三节　高阳商号和中国商业史的研究

关于传统中国商业经营的争论大多集中在家族企业以及这种组织形式是否阻碍了经济的发展上。①毫无疑问，在高阳企业家的商号在当地经济发展中发挥了关键的作用。高阳的企业是否根本不同于那些被认为不可能走向资本主义的传统家族企业呢？或者中国现有的关于小型家族企业的理论是否误解了它们发展的潜力呢？

主张家族企业潜力有限的人，主要是依据阿尔弗雷德·钱德勒关于西方商业史的研究。在他的系列著作中，比较了欧美的商业企业和经营实践。钱德勒认为，从长期来看，受家族控制的企业继续增长的可能性不大。从钱德勒的角度看，企业成功的秘诀是充分发挥规模经济和范围经济所创造的成本优势。发挥这些优势的关键是生产设备、市场和流通网络、专业的经营能力的培养三方面的投资。②欧美学者早期关于中国商业史的著作沿用了钱德勒的模型，指出中国传统商业企业的弱点。

---

① Wellington K. K. Chan, "The Organization Structure of the Traditional Chinese Firm and Its Modern Reform", *Business History Review* 46, Summer 1982, 218—235; Siu-lan Wong, "The Chinese Family Firm: A Model", *The British Journal of Sociology* 36, no. 1, 1985, 58—72; Susan Greenhalgh, "Families and Networks in Taiwan's Economic Development", in ed. Edwin A. Winckler and Susan Greenhalgh, *Contending Approaches to the Political Economy of Taiwan*, Armonk, New York: Sharpe, 1988; Gary Hamilton and Cao Cheng-Shu, "The Institutional Foundations of Chinese Business: The Family Firm in Taiwan", *Comparative Social Research* 12, 1990, 135—51; and Gary Hamilton, ed., *Business Networks and Economic Development in East and Southeast Asia*, Hongkong: Centre of Asian Studies, Unversity of Hongkong, 1991.

② Alfred C. Chandler, Jr., Scale and Scope: *The Dynamics of Industrial Capitalism*, Cambridge: Harvard University Press, 1990.

传统中国企业的主要缺陷被认为存在于两大方面：首先是所谓的"继任难题"。固执己见的创业者不愿意将权利移交给他的继承者。即使有的愿意移交权利的,家族式企业也会限制高层管理的竞争人数。到第三或第四代时,企业的增长就会受阻,内部关于管理地位继承人的争夺导致企业的分割,最终走向瓦解。第二个阻碍家族企业扩张的主要因素是财务政策的保守。家族式企业不愿意向外界寻求援助,也不愿意牺牲短期利益以谋求长远的发展。

翁秀兰(Siu-lan Wong)把中国家族企业的特征描述为一个四阶段的发展周期。在深入研究香港家族式企业的基础上,他认为家族企业发展的第一和第二个阶段的特征是有活力的增长,而停滞和潜在的瓦解就发生在企业成熟后,领导者更替到第二或第三代的时候。翁把这种周期与家族自身的发展联系起来,推翻了流行的把家族企业的失败归因于复杂的权利和财产的索取上的理论。翁断言,企业的成功提供了可由集体有效管理的资产,从而为家族的延伸提供了可能。然而,他也认为家族企业发展到第二或第三代就会陷入困境。由于家族的年轻成员增多,企业内地位的竞争和关于利润分配是否公平的纠纷敲响了企业的丧钟,当权者渐渐沦为守财奴,而不是革新者。出现这种状况时,企业的发展已经受到阻碍。

如果我们应用翁的四阶段周期模型去分析高阳的企业,将会发现它们的发展模式与这个模型非常符合。例如,翁的模型认为在第二阶段是快速的资本积累和再投资推动企业的增长,这个模式在高阳企业中非常普遍。杨氏蚨丰企业集团的发展模式非常符合第三阶段的特征,就是企业的分割,企业内部不同的成员负责企业分割的不同部分。然而,由于抗日战争的爆发切断了高阳企业的正常发展,我们无从知道1937年仍然富有活力、正在扩张的高阳企业将会发展到什么程度。

应用家族企业理论分析高阳企业的一个主要的困惑是,合伙企业的合伙人之间没有任何家族关系,但是合伙企业却在高阳占有突出的地位。翁秀兰以他研究的香港企业为基础,认为合伙经营必定是不稳定的。他认为大多情况下,合伙人中的某一个会逐渐占据支配地位,最终把这种合伙关系转变为类似家族企业的模式。合伙关系在高阳非常普通,几乎一半的批发商号都是合伙建立的。其中有名的一家合伙企业——汇昌号,发展成为高阳市场上最大的商号之一,而且一直维持着合伙关系。在高阳的合伙经营发展仅三年时,没有任何迹象显示它比家族企业更有可能走向失败。而且,正如我们将在以后的章节中看到的,在企业增长的第二和第三阶段,经营伙伴关系在高阳工业区是一种领先的管理方式。同样重要的是,我们要记得重要的管理决策权通常掌握在专业人员手中,而不是掌握在家族的成员或合伙人手中。结果,高阳的企业很少经历翁所研究的香港家族企业以及其他学者研究的中国管理实践中存在的继任难题。

家族企业理论帮助解释了高阳企业的部分特征,但并不是全部。商业史学家大多关注的是个体企业或企业集团,很少关注地区经济体系的发展。这主要是由于传统的商业史一般把大型工业企业作为它的主题。在一些中国历史学家关注战前中国大型商业企业的同时[①],许多当代的关于商业史理论的探讨是受香港、台湾以及东南亚华侨成功发展资本主义的启发。在香港和台

73

[①] 高家龙(Sherman Cochran), *Big Business in China: Sino-Foreign Rivalry in the Cigarette Industry*, 1890—1930, Cambridge: Harvard University Press, 1980.

湾,中小型企业(往往是家族拥有的)发挥了重要的作用。这种现象使关注这类问题的学者们把注意力从个体企业转向塑造企业增长模式的大的商业环境的研究。

韩格理(Gary Hamilton)曾认为制度环境是中国发展资本主义的关键因素。在他的一篇文章中追溯了中国商业制度发展的历史,汉密尔顿认为中国商业环境的特征是有一个复杂的市场经济和一个相当弱质的政府,这个政府很少关心去建立一个合理的制度框架来治理经济。结果,最后出现的制度框架是由那些当事人的自我约束组织来建立和担保的。由此产生的商业协会和同乡联合会在中国商业中发挥着重要的作用,汉密尔顿指出在这种环境下产生的商业经济战略是一种"地区共同掌权"战略,它是人际关系网络的基础,这种人际关系网一直到现在都是中国商业实践中的特色。[①] 地区共同掌权和人际关系战略将为数众多的中小企业的利益和义务联系起来,创造了一种独特的商业环境。

战前的高阳企业,很像当代台湾高度竞争的小企业,是一个重要的证明小企业(往往是家族拥有的)能够促进地区经济增长的实例。这并不是否认高阳许多企业的不稳定性、合伙关系的制约性、自由进出合法化的商业文化、可以轻易获取借款的经营方式,创造了当地市场的高度竞争性。在这个竞争性市场里,个体企业(商号)不断地兴盛和衰亡,像蚨丰、汇昌和同和这样的大商号,经过扩张成为综合性的成熟企业,其他企业(商号)则专注于

---

① 韩格理(Gary Hamilton), *Business Networks and Economic Development in East and Southeast Asia*, 48—65；又见 Gary Hamilton and Nicole Woolsey Biggart, "Market, Culture and Authority: A Comparative Analysis of Management and Organization in the Far East," *American Journal of Sociology* 94, 1988, S55—S93.

生产中的某一环节:加工、销售或分配过程。一些合伙关系维持了很长时间,而另一些则只存在了几年。个体企业的兴衰没有改变工业区长期的增长趋势。在一些企业(商号)选择退出行业的同时,会有另外一些企业加入进来。生存着的企业数量是在不断变化的,繁荣期增加、衰退期减少,但是,总的工业结构在20世纪20年代中期成熟后没有发生什么变化。

第三章　乡村织户

在高阳企业家的商号建立的同时，产生了一个巨大的乡村织户队伍，他们在自己家中或在村庄的作坊内每年生产出几百万匹棉布和人造丝麻布。这些织户的生产活动又由其他一些小的生产单位所支撑，包括漂染用于生产斜纹布和格子布的纱线染色作坊、为人造丝织物上浆的作坊、在提花机模板上打孔的工匠、生产织机配件的五金店、生产木制织机框架的木匠等等。这些数以千计的小生产单位的活动，通过各种方式的安排进行，这些安排包括撒机子、转包、收费加工以及中介交易等。

高阳体系的一个重要特征——也是它成功的关键——是投资的责任分散在众多小生产者身上。织户要投资购买织机，染色者要投资购买颜料和染槽，提花模板打孔者要购买打孔器，每个个人的资本需求量不大，这使得成千上万的贫穷乡村人可以在这一体系中找到一个适合自己的位置。

本章将讨论四个与乡村织布业相关的主要问题：生产如何组织？织布如何改善家庭的经济状况？这种新的组织形式有什么社会意义？面对近代国内外工业的激烈竞争，乡村工业是如何生存下去的？

第一节 生产的组织形式

独立的英国木机织工在他的农屋里工作,家人环绕在他的左右,纺织者在星期日或自己决定的假日里就停止纺织,这是一幅理想的景象,而我们对于乡村纺织的印象也定格于这一理想的图画。虽然我们可以在高阳发现相似的织布农户——在这个家庭里,父亲织布,妻子和孩子做准备工作——但是他们有一系列不同风格的组织形式,包括:使用雇工、建立小织布工场、建立大型织布工厂,合作经营。织布的组织形式可以大致分为四类:家庭工匠、家庭作坊、家庭工厂、合作经营。

1933 年,在高阳织布区五个县 100 多个村庄里散布着 3 万多台铁轮织机。每台织机除了需要 1 个织工外,还需要 3 个人做准备工作,这意味着大约 12 万人参与了织布生产。吴知在整个织布区抽取了 384 户加以深入地研究①,根据他的研究,70%—80%的被调查者采取家庭工匠或家庭作坊的经营形式。"家庭工匠"型是织布的几乎所有工作环节都是由家庭成员完成的生产单位。织户一般只拥有 1 台织机,由男人织布,妇女和儿童络经络纬、上浆、整经。② 家庭作坊是由家庭工匠发展而来的,单个织户把利润再投资,购买更多的织机并雇用帮工和家庭成员共同劳动。(在吴知的研究中,并未把家庭作坊单独列出来,而是涵盖在家庭工匠这一类型中。——译者注)

庭院是家庭工匠和家庭作坊的工作场所。大多乡村家庭生

---

① 吴知:《乡村织布工业的一个研究》第三章,上海:商务印书馆,1936 年。
② 一个大家庭可能拥有 2—3 台织机,但仍只使用家庭内部劳动力。

活在用墙围成的院子里,院子北部建有单层的住房,织机就摆放在院子中央附近的棚子内。天气好时,络经、络纬和上浆的工作就在院子里做;天气恶劣时,妇女和儿童就在住房内的土炕上做这些工作。铁轮织机不需要特殊的设施,而提花织机为了适应提花机架的高度,需要摆放在有坑的地方。

一些家庭作坊发展成为拥有 3—10 台,甚至更多织机的小型织布工厂,一些就建在自家的院子内,还有一些则在自家房屋附近的土地上建一些厂棚。较大的织布工厂集中在提花织布区,离高阳县城不远,这样织户(factory manager)就可以方便地与赊销棉纱的布线庄和染线厂联系业务。小王果庄的家庭工厂较多,村里 70%—80% 的织工都在这些家庭工厂中工作。① 小王果庄村民是率先开始使用铁轮织机的,到 1916 年,村里大多织工都在使用多臂机生产简单的提花织物。当提花纺织在 1913—1919 年代末出现时,小王果庄织户率先参与了这种专业化的生产。织提花布的收入相对较高,它使得小王果庄由一个陷入贫穷的乡村转变为一个全新的生机勃勃的乡村,村民们用他们增加的收入扩大作坊生产,建造新的住房。当其他相对不甚繁荣的村落的村民用手推车或挑担输送货物时,小王果庄的村民使用的是自行车。抗日战争前夕,村里拥有一百多辆自行车,都是从日本进口的。

家庭工匠、家庭作坊和家庭工厂是战前最普遍的织布组织形。然而,还有一小批织户采取了合作的形式。虽然合作经营这种形式从参与人数和总产量上看都无足轻重,但是它们是战后一种重要的组织形式的先驱。20 世纪 30 年代初期,有三种基本的

---

① 吴知的调查显示,两个人造丝麻织物最发达的村庄:小王果庄和南圈头村,70%—80% 的织户为小工厂工作。

合作组织形式：合作作坊、销售合作以及机房合作。第一种形式，织户集资购买织机，从染线作坊赊购棉纱，利润和损失在合作者中均摊；在销售合作中，织户独立织布，但是联合在一起销售织成品，以求获得更好的价格；第三种形式是机房合作，由一组缺乏织布空间的织户共同建立，他们在一个共同的场所织布，但是各自独立工作，独立核算。

家庭作坊中的性别分工

准备工作和织布耗费的时间几乎是相当的，这些任务按性别和年龄在家庭成员中分派。男人织布，妇女和儿童负责络经、络纬、整经。家庭中的一个男人作为作坊的主匠（当家人），负责与批发商联系业务，包括购买纱线和销售织成品。① 如果作坊只有一台织机，主匠一般也就是那个主要的织布者；如果作坊有两台以上的织机，那么主匠一般不是主要的织布者。

这标志着传统手工织布业的性别分工模式的重现。在铁轮织机引入之前，男人常常负责销售谈判工作，纺织生产在高阳——就像在中国大多地区一样——一直是妇女的工作。② 乡村妇女在不作农活时纺纱，当纺出一定数量的棉纱，她们就搭起织机开始织布。乡村家庭的所有成员都穿着用自家织的棉布做的衣服，多余的布再拿出去销售。19世纪中期，许多华北乡村的妇女也在生产市场需求的特定织物，她们创造的收入大大改善了

---

① 对老板的称呼是"当家的"，与掌握家庭财政权的人的称呼一样。用"当家的"，而不用类似工厂主人的"老板"称呼，表明小作坊仍被认为是家庭的扩展。（在吴知的调查中，使用的是"主匠"。——译者注）
② Francesa Bray, *Technology and Gender: Fabrics of Power in Late Imperial China*, Berkeley: University of California Press, 1997.

中国的经济革命

图 3.1　妇女络经

说明:这些是 1980 年在村庄集体工厂工作的女工,她们正在用手把棉纱卷到锭子上,以备纺织时使用。就像 20 世纪二三十年代一样,80 年代时络经仍是分派给妇女所承担的准备工作中最重要的一项。(照片由作者拍摄)

家庭的经济状况。

这种从以妇女为中心的纺织体系向以男人为中心的纺织体系(在这个体系中,男人成为织机操作的关键技术性角色)的转变,是由铁轮织机以及机纱的采用直接导致的。① 在高阳,乡村织户自行购买铁轮织机,为了获得充分的投资回报,只要市场有需求,织机就会不停地运转。在最忙的季节,这意味着织户要从凌晨一直

---

① 见笔者论文《二十世纪初中国的机械化和妇女工作》,载《柳田节子先生古稀纪年:中国的传统社会与家族》,东京:汲古书院,1993 年,第 95—120 页。

工作到深夜。由于妇女还承担着其他的任务,包括做饭和照顾孩子,若要她们不停地工作这么长的时间是很困难的。而且,一旦织布成为家庭收入的主要来源,依照父权制家庭制度的逻辑,很自然地男性成员将控制这一新的家庭经济事业。当附近定县的织户被问到为什么妇女不操作铁轮织机时,他们的回答是妇女的体力不足或织机对于妇女来说操作太复杂了。①

尽管从女性为主的家内纺织体系转变为男性组织的家庭作坊体系在所有华北地区新兴的纺织中心都很普遍,但是,这种与铁轮织机密切联系的性别分工模式与日本和20世纪二三十年代的中国长江三角洲地区的作坊的性别分工模式截然不同。在这些地区,妇女是铁轮织机的主要操作者。造成这种反差的关键是购买铁轮织机的投资者不同,在日本和中国江南,织机是作坊购买的,而从事织布的妇女则只是赚取工资的劳动力。

在高阳,男人织布的性别分工模式甚至到20世纪50年代完成工商业的社会主义改造之后还存在。在由乡大队组建的小织布作坊里,男人织布、女人络经、整经。尽管晚清时,这种性别分工的转变曾被认为是由新技术采用所造成的,新的解释逐渐转变,认为这种性别分工是由于男女在体力和对机械状态上的自然差别所造成。一旦这种新的理解建立起来就很难替代。

雇工和织布作坊

黄宗智在他关于华北小农经济的研究中,把华北小农划分为两大阶层:一小部分"经营式农场主",他们雇用劳动者耕作他们所

---

① 张世文:《定县农村工业调查》,定县:中华平民教育促进会,1936年,第80页。在定县,妇女用木制织机纺织,使用铁轮织机的都是男性。

有的大农场;另一阶层是大量的小型家庭农场,这类家庭农场无法解雇多余的家庭成员。乡村工业的发展是20世纪初期中国华北农村解决剩余劳动的典型途径。乡村织布允许农户能更加密集地利用自家的劳动力资源,使所有的家庭成员都能参与到创造收入的工作中。在发展的第一阶段,大多织户主要依靠自家的劳动力,重新组织工作使所有的家庭成员都直接参与到织布生产中。

就像我们所看到的,许多家庭把织布获得的利润再投资,购买更多的织机。一些家庭拥有足够的劳动力操作两台甚至更多的织机;但是更为普遍的是,拥有一台织机以上的家庭雇用劳动者来帮工。雇用工人的小家庭作坊与黄宗智所说的经营农场主有些相似之处。家庭作坊雇工有几种方式:男织工可能以一年为雇佣期,提供吃住和固定的年薪。这种方式类似于农村雇用长工,只是工资要高于农业中的长工。还有一种情形是,男织工是临时雇用的,工资以织布量多少计算。乡村作坊也雇有妇女和儿童,做一些络经纬的准备工作,他们一般是按日获得报酬。黄宗智曾说,经营农场中雇佣工人的工作时间要长于农场家人的工作时间,在纺织雇工中也是如此。当雇工的工资是以织布量计算时,他为了自己的利益也会尽可能地工作长一些时间,以争取更多的收入。

雇佣织工来源的地理范围很广,大部分来自附近的县,但有一些来自很远的省份。几乎所有的雇佣织工都是正值当年的男性,年龄在16—36岁之间,其中一半是在织布区有工作经验的,另一半中,其中的25%以前做过农场雇工,另25%是在其他乡村工业区工作过或在作坊做过学徒的人。①

---

① 吴知:《乡村织布工业的一个研究》,第129页。

大多织户只雇用一名织工,吴知的调查报告中最大的家庭作坊中拥有雇工 12 名。雇用织工最早出现在 1915—1916 年的繁荣期,当时许多家庭开始再投资购买更多的织机。1925 年,织平纹布的雇工一年可收入 60—80 元,免费提供食宿。20 世纪 30 年代初期的萧条使得工资急剧下降,织布雇工每年的收入降到 40—60 元,大多维持在 40 元左右。

尽管比给农业工人提供的工资要高,但是织户仍然可以获得相当的利润。一个作坊雇用一个一年期的织工,通常每年支付给他的报酬仅占雇工创造的价值的 40%。

织户与市场

在以下关于市场在乡村织布业中的作用的讨论中,将使用三种不同的市场概念。第一种"市场"指定期销售的一种时间节奏,它对织户的工作安排有重要的影响;第二种"市场"可以描述为一个有形的场所,城镇中的某条街道,商人的总号集中在这里,从事销售或发放纱线,同时购买或收集布匹的活动;第三个层次,是使用"市场"这个名词来使得织户与生产环节之间的关系质量概念化,考虑织户是否独立的问题,以及参与当地经济的人们如何看待他们的问题。三种"市场"含义对于理解高阳工业区都是必不可少的。乡村织布不仅要调整适应农业季节变化的节奏,更要适应市场的节奏。以 10 天为一个周期的定期销售制度,为织户的工作制订了时间框架。10 天中的第 3、4、8、9 日为织户与购买布匹、销售纱线及其他原料的商号代表们接触的日子。在集市日,城镇狭窄的街道上挤满了背着成捆的布匹待售的织户,卖白布的集中在第 4 和第 9 天的市场日出售,卖斜纹布、格子布和人造丝织物的集中在第 3 和第 8 天出售。这样,大多织布作坊以 5 天为周期来安排自己的生产：由主匠策划生产，使在每个集市日前都能准备好相应的要出售的织物。

织户在集市日到达市场上要做哪些事情，依赖于他们的生产是独立的还是有合约的。织卖货的机户在市场上购买纱线并销售织物，他们可以自由选择光顾哪家商号，以及是否接受该商号提供的价格。而"织定机"户，他们的纱线是商号供给的，他们有义务将织物送至该商号，作为回报他们收到的是一笔手工费和下一期纺织要用的纱线。

织卖货的织户一般每匹布要比织定机的织户收入多一些，因此，织定机常被认为是一种更具剥削性的生产方式。尽管后来的批评者认为织定机是一种剥削性的生产方式，但是高阳的织户和作坊似乎并不这么认为。织定机的织户有义务将使用预支纱线织成的布全部上交给约定的商人，一旦任务完成，织户就有可能独立地织布。同样，原来织卖货的织户也可以选择某一段时间为某一商号按照合约生产。

织卖货的主要优势是利润较高；它的主要劣势是需要较大的流动资金，因为织户要购买充足的纱线供给两到三台织机的生产，包括处在加工过程中的织成品和处于上浆、络经等准备阶段的纱线。① 由于布的市场价格和手工费不断的变化，织卖货的作坊如果有充足的资金可以维持生产使得他可以伺机等待价格有利时再出售布匹，那么他就能赚取更多的利润。如图 3.2，根据 1923 年春天的"手工费"记录，图示反映了三个月内手工费

---

① 布是以"匹"来丈量的，但是织的时候是以"织机"为单位的。以平纹布为例，一织机可织 6 匹布。一织机人造丝可织出 10 匹 100 米的布。

第三章 乡村织户

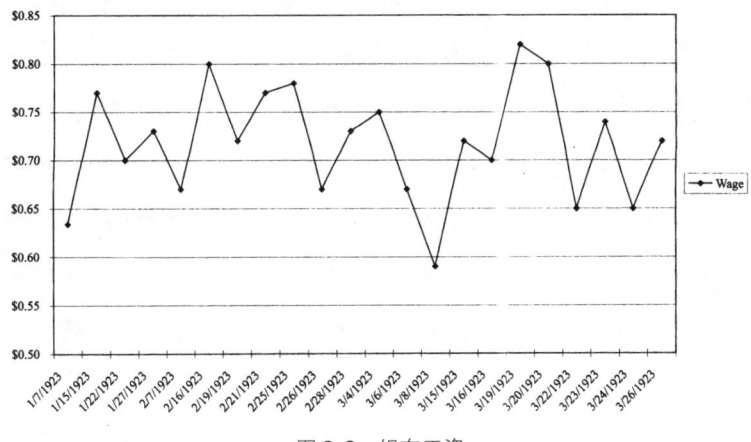

图 3.2 织布工资

资料来源：厉风：《五十年来商业在河北乡村棉织手工业中之发展进程》，《中国农村》1 卷 3 期，1934 年 12 月，第 69 页。

率的波动情况。①

对于织定机的织户来说，一部分流动资本是由提供纱线和收购其织成品的批发商承担的。"织定机"的织户或作坊提供织机，并支付织机的维护成本，同时要给雇工提供饮食，另外要承担诸如给棉纱上浆、给织机上油的各种杂费。一般来说，离高阳县城近的村庄里的织户在织卖货方面更有优势，因为他们更容易获取市场信息。外围村庄的织户更可能"织定机"，织户居住地离县城越远，商号支付给他们的手工费越低。在外围村庄的织定机的织户，一般通过中间商人进行业务来往，每匹布的手工费率要比近距离村庄的织户低 35%—40%。

不管织户采取什么样的经营手段，生产成本的计算都是相似的。许多织户在织卖货和织定货之间反复地转换。刘培远

---

① 关于工资率的数据来自厉风《五十年来商业资本在河北乡村棉织手工业中之发展进程》，《中国农村》1 卷 3 期，1934 年 12 月，第 69 页。

(Tessie Liu)写过关于法国西部乡村纺织的相似模式的文章,他告诫说,我们现在关于这两种情形差异的观念很难理解乡村生产中这种关系的流动性。① 当他自己或他的家庭独立工作的时候,这个独立的织户可能类似一个"小资本家",当他转向在与商号建立的合约的基础上工作时,他又成为一个"雇佣劳动者"。在高阳,这种织卖货和织定货之间的转换有周期性:当市场条件恶化时,织定机的人就会增多,市场条件好转时,织卖货的人就会增加。在 20 世纪 30 年代早期的萧条期间,一半以上的织户都织定机,但是当 1934 年商业复苏后,许多织户又返回到织卖货。②

在高阳区域内,这些差异很少被看作是一种基本的差异,织户并不认为他们属于依据生产独立程度而形成的不同的群体阶层。缺乏资金或者惧怕市场价格风险的织户会选择织定机的方式;而资金较充裕或者愿意投机以获取更高利润的织户就会选择自己为市场工作。

当织户在织卖货和织定机之间进行选择时,他们要在由市场的不确定性带来的可能的稍高的收益与更多的流动资金投入之间权衡。那些想织定机的织户通常会通过一个已经织定机的亲戚、邻居或朋友来进行引荐。大多批发商通过一些"机头"开展工作,这些"机头"是批发商人的非正式的代理人,他们给布线庄介绍有能力的织户,同时监督他们的工作。

织户中并不存在正式的学徒制度,他们之间技术的扩散是通

---

① Tessie P. Liu, *The Weaver's Knot : The Contradictions of Class Strugggle and Family Solidarity in Western France*, 1750—1914, Ithaca: Cornell University Press,1994,57.
② 吴知估计 20 世纪 30 年代初,近 15% 的纺织者是独立织布的。我对老纺织者的采访发现这种平衡 1934 年后就改变了。

过私下的经验交流实现的。"机头"这个称呼可能使人认为他们是经过培训或有经验的技术熟练工人，这是一种误解。众所周知铁轮织机的操作是非常简单的，一个人通过观察就可以掌握。织布家庭出身的男孩一般都懂织布技术，在十五六岁时就知道如何摆放和修理织机。较为复杂的技术，特别是提花织机的操作以及织条纹布、格子布和提花织物时织机的设置，一般是从有经验的织布者那里学到的。许多织提花的织布工人在小工厂工作，接受工厂经理的指导，工厂经理传授给这些为他工作的人领先的技术以及贸易方面的技能。[88]

有关提花织物和新类型的布匹的知识和经验来自织户之间个人交往的私人网络。有时候，某个商号会让他最信任的员工模仿流行的洋货试样试织新图案的织物。当一个熟练的织工掌握了新设计的技术后，他的这种知识就会与来自同一村庄的亲戚和朋友之间分享。此外，对设计感兴趣的织户也可能创造出新的花样。如果新设计获得认可，发明这个花样的织户将会得到一定的奖励。

定期的集市从时间和空间上来说，是传递市场需求和纺织贸易新进展等信息的场所。数以千计的织户在集市日涌进市镇与众多的商号接洽。织定机的织户将自己完成的布匹交给约定的商人，同时取回下一批生产的原料。每个商号检验要买的货以及收回的织定机货，在考虑市场需求和织物质量的基础上议定一个合适的价格。过去的老织户回忆说，集市日是了解哪种织物需求量大的最佳时机，织户奔走于商号之间比较每个商号提供的价格并了解哪种织物的利润最高。

在乡村中，这种商人订单和指导与非正式的信息交流的结合是建立在以邻居和亲属关系作为信息传递的主渠道的基础上的。

有益于产品不断变化的所有信息证实这些非正式的传递方式运行良好,这些信息使织户可以随时了解时尚和市场需求的变化。

第二节 新的社会关系:团结和冲突

我们所描绘的高阳社区的画面——包括高阳县城和村庄——是高度团结的,很少有关于20世纪二三十年代中国社会大量存在的混乱的政治斗争的暗示。那么下面的发现可能令人吃惊,1932年夏末,高阳工业发展史上最危机的时期,中国共产党选择高阳—蠡县地区作为尝试建立华北平原农民苏维埃政府的地点。这次起义调集了七八百农民力量,但是几周后被镇压下去,许多共产党员和支持者被逮捕。高阳—蠡县的苏维埃带给我们的不仅是对早期华北地区共产党组织的认识,这里引起我们关注的是织布工业的发展、地方社会变化与共产主义革命运动之间的关系。①

汤普森(E. P. Thompson)在他的经典著作《英国工人阶级的形成》(*The Making of the English Working Class*)的前言中,反对把阶级看作一种可以被衡量、其行为可以预测的事物的观点,他认为阶级是根植于真实存在的人之间的一种关系,他谈到:"当一些人感知到并且能够清晰表达存在于他们之间的利益的一致性,并且反对那些和他们利益不一致的(通常是对立的)人们的时候,阶级就产生了,它是一种共同经历(继承或分享的)的结果。"②高阳工厂的工人们、村庄的织户、城镇的商人和他们的雇

---

① 见作者论文《一个北部苏维埃的建立》,《近代中国》1卷3期,1974年7月,第243—270页。
② E. P. Thompson, *The Making of the English Working Class*, London: Penguin 1968, 9—10.

员们究竟在多大程度上将自己看作是拥有共同经历并能一致行动的某一阶级的成员呢？

20世纪二三十年代在高阳和河北平原中部地区的共产党组织者大多都是来自乡村的年轻人，他们在当地师范学校学习期间受革命思想的影响加入该组织。他们招募的大多是织布区外围村庄的农民；一些人可能是织工，但是没有直接证据显示招募的人都是织工。他们似乎并没有尝试招收城镇工厂的工人，尽管这些工人都有明显的不满情绪。[1]

负责保定以东地区的共产党组织委员会派遣三名党员在当地从事地下活动。表面上他们是布里村高小的老师。[2] 这三名地下党又与尖窝村的翟家骏联合，翟曾因从事革命活动被省立师范学校开除，他们开始通过家庭和亲属关系招募更多的追随者。

参与起义的行为方式反映了招募的进展。一个村庄强烈地响应起义时，附近的村庄可能一点动静也没有。招募和参与的行为方式验证了先前我们对于高阳村庄间的公共纽带的力量的看法，它几乎不反映什么阶级问题。同时，我们也没有发现短暂的苏维埃政权所宣布的十大纲领与过去20年出现的新的生产关系体系有任何直接的联系。在这十条要求中没有一项是针对操纵织布工业区的商人企业家的；相反，这些计划要求没收地主豪绅的粮食和财产，消灭高利贷，烧毁契约，没收教堂财产以及解散地

---

[1] 一部高阳革命斗争史表明，1926年学生示威者针对的是合记的李氏兄弟。中共高阳县委党史研究室编：《高阳县革命斗争大事记》，徐水：亚洲出版社，1992年。
[2] 布里村曾在20世纪10年代末的勤奋学习和工作运动中建立过一所学校，主要培养一些将要去法国勤工俭学的学生。他们中的许多人后来成为中国共产党员。见张洪祥、王永祥编著《留法勤工俭学运动简史》，哈尔滨：黑龙江人民出版社，1982年。

主和非自愿武装力量。① 这十条中最接近对工业区的社会关系有影响的是第九条，号召提高工资和缩短工作时间。

河北的共产党领导选择高阳地区作为苏维埃试点有两个主要原因。首先，他们在采取军事行动时有压力，他们感到高阳—蠡县一带比其他地方的组织发展更迅速；其次，河北的共产党领导们相信织布工业的危机已使当地人愿意接受共产主义的号召。1932年9月起义的领导之一在河北的共产党刊物《北方红旗》上发表的一篇报道中谈到高阳的情形："在这种沉重的剥削和压力下，人民的生活极其困苦，已经无法再承受，斗争的热情和要求日益高涨。许多贫苦的农民清醒地意识到'这种苦难是国民党造成的——我们必须推翻国民党，抵制洋布和洋货！'"对共产党起义的支持主要来自织布工业区外围的边缘村庄。这些远离织布中心的村庄，获得的织布手工费较低，也是最先感受到萧条的冲击的地方。共产党组织者致力于将失业的织户们遭受的实际经济困难与全国和全球性的问题联系起来，极力主张农民们建立一个苏维埃政权，驱逐国民党。但是实际的经济困难和外界的刺激并不等于阶级斗争和阶级意识。观察现在的文件以及回忆大量的报道信息，那些听说过起义但没有受其影响的农民织工和城镇商人都感到起义并不是为了解决高阳地区的特殊社会关系和困难而发生的。

在缺乏原始资料的基础上创建一种理论当然是一种冒险行

---

① 十大纲领内容如下：(1) 没收地区、教堂及一切反革命的土地，分配给贫农、雇农及中农。(2) 没收地主、豪绅及一切反革命的粮食，分给贫苦农民。(3) 废除苛捐杂税。(4) 取消一切高利贷。(5) 焚烧契约债据。(6) 夺取地主一切反革命武装，并武装工农。(7) 人民有淋硝盐、吃小盐、买卖小盐的权利。(8) 取消官盐店及盐巡。(9) 增加工资，减少工作时间。(10) 建立苏维埃政府和红军。这十条摘自1932年9月12日的《大公报》；还可参见 Kim San and Nym Wales, *The Song of Ariran*, San Francisco: Ramparts Press, 1972。

为,革命的组织者、农民和工人对于控制纺织贸易的富商存在敌意的证据的完全缺失不能不说对(构建理论的)人是个打击。我仅发现一份资料恰好暗示对商人的敌意。在翟家骏的备忘录中,他回忆在起义失败后逃离高阳时,在一个党员家中歇脚。蚨丰号的一名雇员来这家拜访,他感到在客人面前他和这家的主人不能自由地谈话。①

尽管在高阳—蠡县苏维埃建立之前,几乎没有什么迹象显示工人和商人企业家之间存在公开的对抗关系,但是至少有一名企业家曾参与镇压左派的政治运动。1932年9月杨木森的一个儿子曾带领国民党便衣进入尖窝村抓捕共产党员。②

年轻的共产党组织者选择高阳地区作为起义地点,是因为他们相信萧条造成的经济危机已使当地的农民乐于接受他们的组织工作,但是我们可以发现其他一些因素是阻碍当地的共产党组织工作的。

按照经典的马克思主义说法,城镇工厂的工人应该是共产党组织发展的首要对象。他们长时间工作在不安全和不健康的工作环境中,工人和老板之间偶发的纠纷都有可能成为阶级对抗的导火线。③ 并且,工厂应该是被压迫的工人们意识到他们的共同

---

① 翟家骏是安新县人,与翟树功是亲戚,翟树功是高阳县的党支部书记。翟家骏描述蚨丰创始人杨木森是高阳县旧的政治权利结构的成员。我看过翟家骏的备忘录《回忆高一蠡起义》的油印件,与1980年7月在南开大学采访他时所说的内容是一致的。
② 见《高阳县志》第3卷中的杨木森传记,高阳县地方志办公室,1995年。
③ 关于雇工和掌柜的纠纷的报道很少。合记的李氏兄弟被誉为大工厂老板和掌柜当中最苛刻的工头。1932年,由于掌柜的想霸占原来由工人们分享的处理回收包装材料的钱,合记发生了一次罢工。工人们在漂白和染整业务的高峰期罢工,罢工的第五天合记掌柜派一名中间人去和工人谈判。等工人返回工作后,掌柜辞退了罢工的领头人。见陈美健《高阳织布业简史》(即《河北文史资料》19卷),1987年,第152页。

利益的理想场所。尽管这样,年轻的共产党组织者似乎在接近工人方面没有什么进展。我们不知道他们是否是尝试过又失败了,还是根本就忽略了成功的可能性。

我们很容易理解为什么在高阳的工厂开展组织工作比较困难。几乎所有的居住在工厂里的工人都受工厂经理的监督,不管是上班还是下班时间。许多工人都不是高阳本地人,这些外地人喜欢一起在同乡人做经理的工厂工作,他们和来自家乡的其他工人分享着很强的纽带关系。而且,20世纪30年代的中国,工厂工人的工资是相对较高的,能在工厂工作被认为是一种较好的工作。由于劳动力的供给几乎是无限的,很少人有愿意冒着失去工厂工作的危险参与政治活动。小型的封闭的工厂创造了一种环境,马克思主义称为"伪意识(false consciousness)",在这里同乡、亲属关系比阶级利益更重要,它割断了阶级的界限。

在织布村落里存在着另一种机制。织布工业增长带来的繁荣推进了纺织户独立和村民间休戚相关的意识,也切断了阶级的界线。使用铁轮织机纺织不仅为高阳的村庄带来了繁荣,而且这种繁荣也在各个村庄之间均匀地散播着。村庄的普遍繁荣加固了邻里关系。20世纪30年代早期访问工业区的南开社会学家梁熙会说,高阳社会的一大特点是非常团结。① 当为我提供信息的人与我讨论战前的高阳时,他们都热情地谈到当时获得的丰厚利润和村民之间友好合作的关系。

对于高阳工业区内团体以及合作的说明描绘了它与世界上其他一些工业区相似的情形。竞争与合作并存,小企业的老板、技师和工人们之间的关系是真诚又合作的。Jonathan Zeitlin 对

---

① 梁熙会:《工商发展与人口之关系》,《大公报》1937年3月31日。

意大利工业区人际关系的描写非常符合高阳的情形:"工业区内的企业们以典型的方式把竞争与合作结合起来,这种方式很难用一个纯粹的经济行为模型解释。工业区内存在普遍的信任关系,不仅存在于独立的企业之间,而且在工人和雇主之间;很多时候难以搞清楚乡土社会从哪里终止,工业从哪里开始。"[1]

零散的关于20世纪30年代的报道以及80年代的访问资料,给我们提供了一些乡村纺织者赖以生存和延续的人际关系网的证据。织布工业的发展促生了村落间新的关系,这种关系便利了织户工作,证明这种社区意义的一个明显的表现是有关织布贸易的一些工具的共享。尽管所有的织户都有自己的织机,但是他们常常共用一个整经的大轮子。在大多村庄里,整经轮或由一家独买或两三家合买。例如,延福屯村民拥有三台整经轮,它们是共享的,只要整经轮的主人家不用,其他村民谁先来谁就先用。借用这些工具的村民不需要向主人家支付任何费用。

工具的共享是村民们休戚相关的最好表现,但是合作的形式也同样重要,虽然并不那么容易看得见。村民们经常互相走访,这成为分享信息、引进新花样、学习新技术的最普遍的一个渠道。村民们经常互相帮助,如果一家没有足够的纬线来织完这匹布,那么通常可以向邻居借取,等到自己的布卖完后再就所借的纬线支付报酬。

撒机制度利用了村民之间的友好关系,通过村里已经与商

---

[1] Jonathan Zeitlin, "Industrial Districts and Local Economic Regeneration: Overview and Comment," in ed. Frank Pyke and Werner Sengenberger, *Industrial Districts and Local Economic Regeneration*, Geneva: International Institute for Labour Studies, 1992, 286.

号建立联系的人作中介而开展。这些机头往往并不是特别富有或杰出的人,他们介绍自己的亲友为商号生产,兼做非正式的担保人。另外,这种服务也是没有正式报酬的,不管是需要织定机的新织户的商号,还是从事织定机的织户,或是他们担保的村民都不支付报酬给机头。通常商人会在过农历新年的时候给机头送点食物作为答谢,而且会给机头承诺在萧条时期也不撤"机头"。

尽管村民之间建立的关系随着织布工业发展所带来的繁荣而越发轻松惬意,但是当周期性的萧条来临时,各家各户又重新退回到依靠自有的资源生存。由于村庄没有正规的社会保障体系,在艰难的岁月里,每家都不得不长时间地从事农业和织布工作,来养家糊口。

20世纪30年代早期,共产党提出的对以阶级为基础的问题的诉求与村民间随着织布区繁荣而建立的团结一致的模式相抵触。对于30年代初萧条期的织户和工人来说,他们关心的最主要的问题是如何恢复到繁荣期的生活水平。在类似高阳的工业区,繁荣更多地依赖于市场需求的周期性波动,而不是土地分配问题。共产党反对地主的阶级斗争宣传没有取得大量的群众支持,他们在高阳几乎没有取得什么进展,直到抗日战争的爆发,抗日和救国成为压倒一切的问题,他们才赢得广泛的支持。

第三节 保持竞争力

高阳是靠生产洋布替代产品而起步的。最初几年,乡村织户生产低附加值的粗布、细布和平纹布。高阳纺织者建立了与同种洋布相比质优价廉的美誉。到20世纪20年代初,纺织者遭遇到了新的竞争,这些竞争来自上海、天津和青岛的现代棉纺织厂。

高阳是如何在竞争性的挑战中生存下来的呢?当小规模、结构并不复杂的乡村工业成功地与现代工业竞争时,我们通常的解释是低工资、家庭劳动力的自我剥削以及乡村的悲惨生活成就了这种竞争(Kathy Walker)。曾经认为战前苏北的南通纺织区就存在类似的情形。① 高阳并不是这样的。30年代它的工资——不论是绝对数还是相对数——都不低于离它最近的拥有现代纺织工业的大城市天津的工资。高阳的工资绝对数是高于天津的,一份关于高阳与天津的工资占总生产成本比重的比较显示,高阳的工资比重要高于天津。② 在高阳,工资占估计总成本的9.42%,而天津的工资比重是7.86%。③ 同时,大量的统计资料和轶事信息表明整个工业区的繁荣在不断扩张。并且,纺织者不断地投资购买新的织机和扩大生产。这些并不是一个过着悲惨生活的乡村劳动力所能做出的选择。

在把乡村织户与那些较现代的城市生产单位比较时,有一点不能忘记的是,以世界标准来看,中国的现代化纺织工厂是相当低效的。天津只有两家现代化工厂裕源、恒源拥有织布车间,并且厂内平均每个织布工人仅拥有0.58台织机。④ 1910年的报告显示,中国棉纺织厂的工人人均拥有0.48台织机,而英国、美国

---

① Kathy Le Mons Walker, *Chinese Modernity and the Peasant Path*: *Semicolonialism in the Northern Yangzi Delta*, Stanford: Stanford University Press,1999.
② 在这些工资对比数据中,有四年的是不符合这一说法的。在这里,这四年的不同并不能推翻我们的看法,很可能是低估了当时的高阳工资水平。1932 年,高阳正处于萧条期,工资比较低是正常的,1936 年,高阳的工资应该是比较高的。
③ 金国宝:《中国棉业问题》,上海:商务印书馆,1936 年,第 66 页。
④ 天津市纺织工业局编史组《旧中国时期的天津纺织工业》,《北国春秋》,1960 年 1 月,第 96 页。

和加拿大等发达地区的工人人均拥有织机都在2台以上。① 由于中国的现代棉纺织厂使用的设备与英国是完全相同的,效率的差异似乎应当归咎于工人的素质。我们需要考虑的一个重点是,尽管城市的棉纺织厂使用较大投资购买的电动织机,它们的工人却并不比乡村使用铁轮织机的纺织者更有生产力。

在寻找解释乡村织布持续生存的原因时,我们需要考察塑造了竞争舞台的制度因素,以及相关产品选择策略和投资结构。

当代中国乡村工业同样发展得非常迅速,甚至超过了拥有技术和规模优势的城市工业部门。在解释这一现象时,常常有人归因于"竞争舞台(playing field)"的不平等和政策对乡村工业的支持,大多表现在低税率方面。在20世纪30年代,天津的生产企业对乡村的竞争对手存在同样的抱怨,主要是针对工厂税,城市工厂需要缴纳而乡村的工厂则不需缴纳。② 就像我们将在第四和第五章中看到的,乡村企业家和他们的集体组织——高阳商会积极地为寻求特殊待遇而努力,包括税收减免和以振兴土货为名义的降低铁路运费。可是这些特权本身并不能说明高阳的成功,只能说他们确实有助于形成一个能够给乡村生产者一些保护的制度环境。

建立在高附加值产品组合基础上的合适的策略选择也是高阳成功的原因之一。在这些特殊策略的选择中,高阳企业家和纺织者走出了一条类似英国和日本的小规模生产者的道路。在日本,大多棉纺织区在与现代棉纺织厂竞争时,或者采用国内生产的低成本电动织机,或者转向生产更专业化的织物。最后,我们

---

① Gregory Clark, "Why isn't the Whole World Developed," *Journal of Economic History* 47, 1987, 150.
②《天津工商业》1卷,天津特别市社会局,1930年,第63页。

需要关注一下投资结构问题:织布工业的投资是在批发商、织户和工厂之间分摊的。批发商提供购买纱线和销售成品的资金。①织户提供自家的织机、操作空间以及支付家庭雇工的工资。染整工厂的投资仍然是由其他团体提供的,常常采取的是几个工作伙伴集资的合伙制。这种投资模式导致一种竞争性的工资体系,但是批发商的生产成本减少了。而且,这种富有灵活性的体系使得批发商和乡村织户者更容易度过商业萧条期。

上述情形与城市现代工厂遇到的问题如何比较呢? 大多中国人开办的现代棉纺织厂是投资不足的,中国工厂的老板倾向于在设备上加大投资,留下较少的流动资金,不得不以较高利息向银行贷款。② 南开纺织工业专家方显廷估计,中国工厂老板平均每台电动织机的投资是 603.50 元。③ 如果拿这个与厉风估计的撒机制度下商人每台织机的投资额 558.70 元比较,我们可以看出,每台织机的投资大致相当。然而,对于高阳企业家来说,投资主要用作流动资金,用在原料、生产过程中的产品和未售的存货上。批发商很容易调整购买的布匹数量,而大型棉纺织厂在调整生产额度时就更困难一些。虽然减少产出就会减少批发商的利润,但是其他的成本是很少的。但对于大工厂来说不是这样,偿还债务、机器折旧、工厂倒闭和重新开办工厂的成本是相当大的。

---

① 早期的时候批发商借钱给织户购买织机。借款从其上交的布匹款项中扣除。借款一般一年内还清,由此所占用的资金并不算多。
② 这一观点可以在上引金国宝的书中看到,方显廷(H. D. Fong)在《中国之棉纺织业与贸易》(*Cotton Industry and Trade in China*,天津:南开经济研究所,1932 年)中也曾引用;同时雷麦(C. F. Remer)在他的经典著作《外人在华投资》(*Foreign Investment in China*)(纽约:麦克米伦,1933 年)中也引用了这个观点。
③ H. D. Fong, *Cotton Industry and Trade in China*,第 206 页。

在萧条期织户比城市工人阶层更有保障一些。尽管织户的织布收入平均占其年收入的 70%—80%,但他们都没有放弃农业生产。在危机期间,市场需求下降,织机暂时搁置,农业为他们提供了一个缓冲的保障,确保一个基本的粮食供给。

第四章 销售网络

1909年,高阳商会主席韩伟卿曾写道:"然实业之兴衰,关乎销路之畅滞,是销路为最大关系。"①在现代高阳工业发展的最早阶段,批发商号的老板对市场的重要性有着非常清醒的认识。在1913—1919年期间早期,批发商号就建立了一套销售代理体系,成为它们的一大经营特色。销售代理网不仅推进了商号货物的销售,而且在连接生产与市场需求的过程中发挥着关键的作用。这些外庄在促销的同时,又为总号提供了市场信息。没有任何一个竞争者采取过相似的批发销售体系,这使得高阳商号在销售方面占据了优势。②

本章将考察20世纪30年代之前的纺织销售情况,寻找两大问题的答案:第一,从经济史的角度看,棉纺织品市场是如何组织的? 第二,从商业角度看,商人们是如何设计销售策略以促进货物的销售?

---

① 天津档案馆、天津社会科学院历史研究所、天津市工商业联合会:《天津商会档案汇编》,第1部分,1903—1911,第1卷,天津:天津人民出版社,1989年,第225—226页。
② 这个论断来自关于主要竞争对手的报告。这些竞争对手包括其他乡村工业区,如宝坻、潍坊、南通等。关于潍坊,参见满铁北支那经济调查所编《潍县土布业调查报告书》,大连:南满洲铁道调查部,1943年;关于南通,参见林举百《近代南通土布业》,南京大学学报编辑部,1984年。

近年来,很多关注于外国商品对中国市场渗透的学术研究,对主要洋行的研究报告增加了我们对制度安排和洋行销售商品的经营策略的了解。① 但是,关于国内生产者如何促销的研究则很少,高家龙(Sherman Cochran)研究了中国的烟草业以及中国商人在与实力雄厚的英美烟草公司竞争时如何促进中国香烟的销售。② 然而,当香烟首次作为新产品从西方引进时,棉纺织品早已是中国国内贸易的主要项目,进口纺织品以及类似高阳的国内新兴织布中心生产的纺织品进入的都是既存的纺织品市场。让我们通过回顾20世纪早期的中国纺织品市场开始本章的讨论。

第一节　华北的棉织物市场

任何一项关于中国传统的纺织品市场的调查必须从描述供求的基本结构开始:纺织品的需求有多大?如何去满足这些需求?19世纪,大多中国人穿的是棉制衣服。当然,上流阶层的人往往穿的是丝绸服装,但对于众多的农民和工人阶层来说,棉制衣服是各个季节衣物的首选。徐新吾对1840—1936年中国的棉织物市场做过一系列的估计③,他的估计认为1840年大约45%的农户生产棉织品,也就是说,其他55%的农户,就像中国5%的非农人口一样,购买棉织物。④

---

① 杉山伸也、顾琳(Linda Grove)编:《亚洲的流通网络》,东京:创文社,2001年。
② 高家龙(Sherman Cochran),*Big Business in China*, Cambridge: Harvard University Press, 1980。
③ 《1840—1936年中国棉手工业产销估计》,见许涤新、吴承明著《中国资本主义发展史》第2卷,《旧民主主义革命时期的中国资本主义》,北京:人民出版社,1900年,第305—332页。
④ 《1840—1936年中国棉手工业产销估计》,第313页。

第四章 销售网络

织户在地理上的分布并不均匀。在气候适宜棉花生长的地区,大多农家生产棉织物自用,有些也多生产一些拿到市场上销售。自然地理特点是划分生产区与非生产区的首要因素。总的来讲,中国东北大部分地区、四川盆地西部以及西南地区、云贵高原外部一般不种植棉花。此外,一些二级省份是可以种植棉花的,但是收成不太好。这些地区包括西北边疆地区(山西、陕西和甘肃)、西南边疆地区(云南、广西)以及东南沿海地区(广东、福建和江西)。这些地区对棉产品的需求量巨大。刘秀生估计1820年这些省份的人口总计超过1.26亿,如果我们假定每人每年消费5—10英尺的窄面土布,每年的国内对布的需求量将超过10亿英尺。①

在明朝时期,当棉花成为日常衣着的原料时,江南的纺织区是主要的棉织物供给区。由于华北平原的气候和土壤适宜于棉花的生长,在17世纪和18世纪早期,华北的农户们就生产原棉,出售给江南的纺织区。当时华北很少有人进行纺纱和织布活动,主要是由于纺纱和织布适合在湿度相对较高的地区进行。18世纪的华北农户们发现湿度问题可以通过把织机摆放在类似地下室的屋子里,位置比地面低一米左右来解决。这个新发现使华北棉产区很快兴起了纺织活动,不久,华北的纺织者们就开始将自己的织物向东北和西北边疆地区的市场销售。老的江南纺织区逐渐丧失了边疆地区的市场份额,因为华北地区比江南更接近于这些边疆市场,运输成本较低。早期的研究往往把江南纺织业的衰落归因于洋货的入侵,现在的中国纺织史学者们已经取得一种

---

① 刘秀生:《清代棉布市场的变迁与江南棉布生产的衰落》,载《中国社会经济史研究》1990年第2期,第54—61页;《清代商品经济与商业资本》,北京:中国商业出版社,1993年。

共识:这种衰落开始得比较早,江南之所以丧失市场份额是由国内其他生产者的竞争所致。多数人都认为,1820年时国内市场的这种转变已经发生了。①

当洋货首次进入中国市场时,它们是以竞争者的身份进入中国棉产品市场的。我们可以通过海关数据的分析来发现棉纺织品进入中国市场的过程,海关数据揭示了一个非常清晰的模式:洋布首先进入中国南部市场,然后慢慢转向西南和东北部的市场。徐新吾的估计表明:这个过程相当缓慢,洋布占有最大市场份额是在1913年左右,当时国内市场上大约32%的布来自进口。随着国内机械化和半机械化织布工业区的建立,洋布的市场份额开始下降,1920年维持在24%的水平上,到1936年已经下降至12%了。虽然一部分洋布面向的是一小部分偏爱新颖设计的城市消费者,但是大多洋布的设计是为了取代中国的土布,采用低支棉纱织成,而且比较厚。②

洋布作为竞争者进入传统的纺织品市场,最初它们是通过挤占那些老生产者的市场份额而获得多数的市场份额。毫无疑问,这是当时舆论界存在的诸多抱怨的原因之一。究其原因,洋布的增加被看作是打响了中西的商业战争。这些抱怨中最有名的就是清政府官员沈葆桢的抗议,他痛心于松江纺织区的衰落,他的抗议引起大批中国社会批评家们的共鸣。在华北地区,袁世凯在公开表述在直隶省主要城市推动乡村实业计划的原因时就指出,

---

① 刘秀生和徐新吾都持此观点。
② 川胜平太:《亚洲木棉市场的结构与展开》,《社会经济史学》51卷第1号,1985年4月,第91—125页;《近代早期的东亚棉制品市场印象》(The Emergence of a Market for Cotton Goods in East Asia in the Early Modern Period),载 A. J. H. 黎敦(A. J. H. Latham)、川胜平太编《日本的工业化与亚洲经济》(Japanese Industrialization and the Asian Economy, Lndon:Routledge, 1994),第9—24页。

第四章 销售网络

这是出自洋布侵蚀国内市场的担心。

然而,不管这些社会批评家的观点是什么,鸦片战争后的几年里,中国的棉织物市场并不是零和博弈。纺织品市场发生了大量的变化,这些变化导致对棉织物的需求普遍上升。导致需求全面扩张的主要原因是小农自给自足棉布的比例下降,国内人均布的消费量缓慢而稳定地上升,同时人口也在上升。

棉布市场的变化不仅是数量上的,而且有质量上的变化。条约口岸的开放及租界的建立在中国沿海城市引进了新的生活方式。随着时间的流逝,新的生活方式从小小的租界传播至内陆的大城镇,从沿海城市传播至国内更多的小城镇。1911的辛亥革命推进了服装样式的改革,随着帝制王朝的灭亡,长长的丝制官服消失了,取而代之的是更加"共和主义"的样式,包括西服,传统的长袍服饰,主要由棉布或棉毛混合织物制作。妇女服装样式的变化首先发生在年轻的女学生身上,她们的制服——西式的短裙和运动衣成为第一波新潮流。在20世纪二三十年代,城市时髦的妇女都穿着新式的中国服装——旗袍,由传统的满族服饰改制而成。①

人口增加、人均消费量的增加都使得需求方面出现全面的变化。需求结构也发生转变。时装样式的改变导致需求从丝绸向棉花、羊毛、人造丝及混合织物转变,对织物的花色、重量及设计

---

① 李喻一:《清末民初中国各大都会男女装饰论集,1899—1923》,香港:中山图书公司,1972年;周锡保:《中国古代服装史》,北京:中国戏剧出版社,1984年;Antonia Finnane, "What Should Chonese Women Wear? A National Problem," *Modern China* 22, no. 2, 1996, 99—131; Antonia Finnane and Anne Mclaren, eds., *Dress, Sex and Text in Chinese Culture* (Melbourne: Monash Asia Institute, 1998); Henrietta Harrison, *The Making of the Republican Citizen*; *Political Ceremonies and Symbols in China*, 1911—1929 (Oxford: Oxford University Press, 2000).

的需求更加多样化。

从供给角度看,除了洋布增加外,国内新的生产者开始取代生产土布的老生产者。洋布在19世纪中期进入中国市场,在第一次世界大战前在中国市场上占有了最多的市场份额。战争期间,新兴乡村工业区的发展与现代棉纺织厂的增长,加上洋人在中国开办工厂的增加,导致洋布进口的直接下降。

随着廉价织物的上市,越来越多的中国乡村家庭放弃纺织,开始使用购买的布。徐新吾估计不纺织的农户比例有所上升,从1840年的55%上升到1936年的70%。① 同样,这种变化也不是各地都有的。在江南的老纺织区,大多乡村家庭在第二次世界大战期间仍在生产土布,他们直到1958年国家禁止家庭纺织时才停止纺织。其他地区的转变要早一些,一项关于民国初期(1914年)直隶棉布消费的调查显示,在其他地方的人们仍在使用"土布"时,直隶北部和东北部都转向使用机织布。

中国人口的增加与人均布消费量的少量增加,进一步增加了总的需求量。徐新吾的估计显示,人均生产量从1840年的1.50匹(5.45平方码)上升到1936年的人均2.00匹(7.27平方码)。② 最后,新国内供给商的增加,来自类似高阳的新兴纺织区以及洋人或中国人开办的城市工厂改变了国内棉布的市场结构。在20世纪早期,市场以低支棉纱织成的粗布为主,不论新兴的纺织区的产品还是洋布都为了满足这个需求。然而,随着20世纪20年代国内机械化工厂的增加,洋货进口商和新兴纺织区都不得不改变策略。以较早的新兴纺织区宝坻为例,在20世纪20年

---

① 徐新吾:《中国手工业生产的估计》,第313页。
② 徐新吾《中国手工业生产的估计》,第314页。

代中期开始急剧衰落。宝坻的生产方式,为适应铁轮织机和机制棉纱的使用,与高阳是相似的。但是宝坻的生产者一直坚持原来的策略,使用低支棉纱生产细布和粗布,主要依靠价格低廉参与竞争。随着 20 年代机械化工厂的出现,它们以更低的成本将宝坻的织布者逐出了市场。

20 世纪前期,中国国内纺织品市场是高度竞争的。新的国内生产者加入与洋布及旧生产者的激烈竞争中。当英国布莱克本商会调查团在 1896—1897 年访问长江上游地区时发现,中国各地的品味变化很大,纺织品的成功销售不能仅仅依靠低廉的价格。① 产品迎合当地不断变化的口味和需求是成功的关键。成功的竞争者需要准确的市场信息,同时要知道如何操纵制度结构以使对自己更加有利。就在洋货以便宜和设计新颖吸引消费者的同时,中国国内的生产者不断地打出他们的王牌——"国产"身份,宣扬购买国产布是一种爱国行为。下面让我们关注高阳的制造商如何建立自己的销售策略,观察他们如何与洋货竞争。

第二节 市场扩张

中国商人如何建立和扩大自己的市场?施坚雅先前的著作为我们提供了理解中国销售体系、以及它们在社会组织中的作用的一个框架。他提供了一种分类体系,把市场描述为一种等级结构,从最小的标准集市到最大的国内销售中心。在他的著作中,把中国划分为一系列宏观的区域,同时为概念化地区内和地区间

---

① W. H. Burnett ed., *Report of the Mission to China of the Blackburn Chamber of Commerce, 1896—97*, Blackburn: North-East Lancashire Press, 1898.

产品、资源和权力的流动提供了一个理论框架。① 高阳商人的销售数据使我们可以采用施坚雅的静态空间体系来分析商人们如何通过一个嵌入的销售结构来促进产品的销售。②

高阳商号采用的是一种直接的批发销售体系,这一体系是建立整个生产体系的基石。最初,大多商号生产未经漂白的粗布和细布,销售给东北和西北地区的批发商。20世纪的初期,他们开始多样化产品,渐渐地生产小批量多样化的产品。这种策略成功的一个关键是在生产与销售之间建立密切的联系。每一个大的高阳批发商号都控制一个由外庄组成的分销网,这些外庄都设置在地区销售体系的关键点。在20世纪30年代初期,高阳在79个城镇设有170多个外庄。这些外庄有两个功能:第一,负责向地区批发商和零售商销售产品;第二,负责向总号传递市场状况和需求信息。

每个批发商号控制着自己的销售网,在主要的销售中心可能有分别属于高阳不同的批发商号的8—10个外庄相竞争。不同的市场外庄的关系不同。在一些地方,竞争的外庄之间没有任何的合作来往;但在另一些地方,不同商号的外庄保持着友好的关系,它们以不同的方式合作,包括分享市场经验,以及在紧急情况下,赞助货源给缺货的外庄。

外庄的建立十分简单,一个外庄可能有2—10名或者更多的由高阳总号派去的职员,其中一名职员担任外庄的掌柜。一些小

---

① 施坚雅(Skinner)关于中国国内市场的最全面的描述见他的著作《中华帝国的晚期城市》(*The City in Late Imperial China*),斯坦福:斯坦福大学出版社,1977年。
② 这次关于高阳销售结构和网络的重建来自几个渠道的资料:吴知:《乡村织布工业的一个研究》;陈美健等:《高阳织布业简史》(河北文史资料,第19卷,1987年);以及对过去高阳商号的职员的访问。

的外庄就设在旅馆里，一些大的外庄则租一些店铺作为办公场所。外庄的顾客是当地的批发商和零售商，他们购买大批的布在自己的零售店销售，或者运送到外面的市场中心，卖给城镇的零售商和巡游在小市场和村庄的货郎。

外庄掌柜从高阳总号获取织物的样品，再拿给当地的批发和零售客户观看，然后签下订货单。订单通过电话或电报传到总号，总号把货物发送到外庄，再由外庄送至客户。速度是传递订单和运送货物根本。大多商号雇用一些懂英语的职员，能够用英语向总号发送电报，这是非常重要的，因为用中文发电报非常麻烦。①

外庄的成功有赖于职员与当地客户们建立和维持一种良好的关系。长久的外庄有利于外庄掌柜和职员们与当地批发商和零售商们建立长期的合作关系。在许多设有外庄的城市中，高阳商人在当地市民的生活中扮演着重要的角色，成为当地商会的董事。这种参与到当地生活的行为提高了高阳商号的声望以及顾客对商号名字的认知度，结果有助于商号在一些重要的地区市场业务的开展。在每日与顾客的交往中，高阳的外庄还依靠个人的关系来开展业务。他们很少坐等客户上门，大多外庄雇有跑街，专门负责登门造访那些外地来的批发商。跑街在与外来批发商的频繁接触中培养关系，向他们展示自己商号的样品，最终说服他们购买商号的货物。

一些外庄还雇有外部代理（短跑）者，负责带着织物样品到当地较低层次的市场上推销。收到订单后，外庄就把货物送过去。由于高阳的货物渗透了当地市场而且反响很好，当地外庄的数量

---

① 商会开办的商业学校的学生都学习英语。

就会增加。我们从图4.1中可以看出,一个地区外庄的密集度揭示了高阳商人成功渗入当地市场的程度。河北和河南外庄的密集清晰地揭示了高阳由外庄直销的布不仅在重要的地区销售中心畅销,而且在中部地区的销售中心也很畅销。如果我们观察几个特定的销售区域的建立,就可以更加清楚地了解高阳的销售方式。

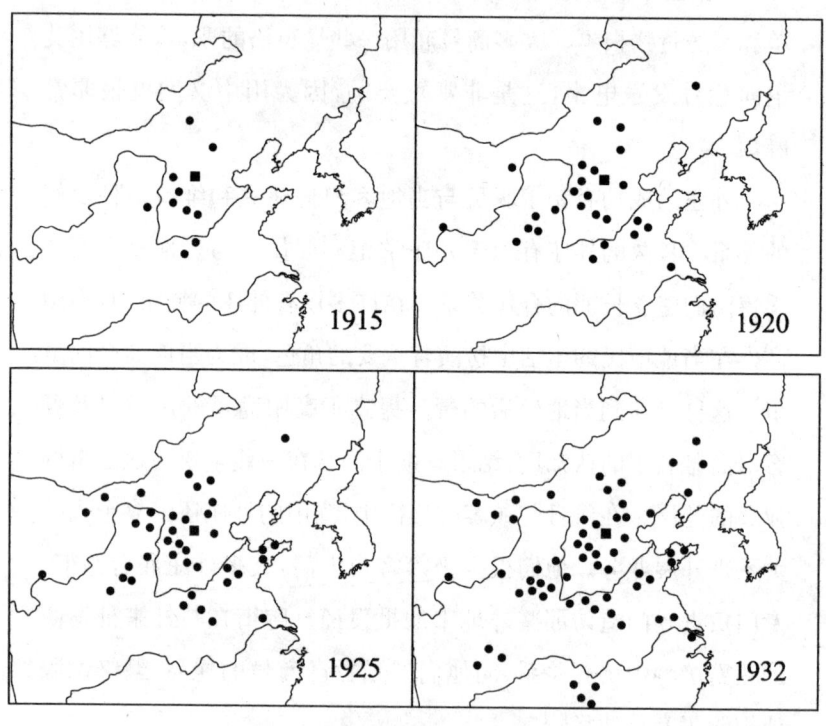

地图4.1 外庄网络的扩张

说明:■ 高阳
● 高阳批发商号的外庄所在地

第四章　销售网络

市场扩张的模式

新式宽面高阳土布于1907—1908年出现在华北市场上，目标是为了取代进口的细布和粗布。在开始的几年中，这些布大多在本地销售，由高阳的批发商出售给外来的客商。有一些迹象表明，一部分批发商开始试验设立外庄的方式销售。1911年日本人的一项调查显示，高阳批发商在张家口、山西太谷、河北南部的南宫已经有一些代理商。1910年的金融危机使大多销售代理机构萎缩。① 1911年在河北辛集、南宫开立的首批外庄直到30年代仍在营业，1912年在北京和河北的高义也都开设有外庄。

选择辛集作为首批外庄的开设点揭示了华北地区商品销售的一个令人感兴趣的特征。辛集是位于河北中南部石家庄以东65公里处的一个重要的批发销售中心，是西方文献中很少提及的一种专业化市场的典型代表。施坚雅的体系，如他所说，是建立在地理模块的基础上来解释零售市场。施坚雅把这些空间模块拓展考虑其他一些因素，包括管理的集中性，以及其他的经济、社会和政治功能。他没有论及批发市场，他暗示批发市场遵循相似的模式，其功能集中在较高等级的中心位置。然而，华北地区除了有具有等级结构体系的集市，还有专业化的、覆盖面延伸至几个宏观区域的批发市场。来自全国各地的商人集中在这些专业化的批发市场，从事专业产品的交易。② 华北地区最著名的批

---

① 见《通商汇报》，1911年8月5日，第47页。
② 批发市场的例子见傅立名，贺名仑主编《中国商业文化大辞典》，北京：中国发展出版社，1994年，1513—1609；关于当代专业化市场的论述，见中国农村模式研究编委会《中国农村市场模式研究》，北京：新华出版社，1993年。

发市场是安国县的药材市场,起码在明朝时已经存在。① 辛集是另一个重要的专业化批发市场,吸引着全国各地的客商在这进行皮革和皮革制品的交易。在抗日战争前夕,有报告称,中国 70%的皮革交易是经由辛集市场进行的。② 来自全国各地的主要贸易商行在此建立代理机构。不论辛集还是安国,其地理位置都不是很方便的,它们都离水路有一定的距离,而且都不邻近铁路。尽管有这些劣势,但是它们仍然能够在整个 20 世纪保持一个首要的专业化商品市场的形象。

在早期选择辛集这样的城镇开设外庄时,高阳商人考虑的是要向富有的批发商集中的地方展示他们的产品。第一批外庄的成功促使高阳商人在随后的几年中,将销售网扩展到中国北部主要的市场中心。地图 4.1 展示了高阳销售网络空间扩张的简明型式。

在选择外庄的位置时,批发商尽量选择位于地区销售体系中心结点的城市,外地批发商集中在这里。由于外庄是相当简单的机构,几乎不需要任何固定资本,因此外庄可以先试行。大多情况下,定位于特定的地区市场的第一个外庄设立在地区市场中心的位置。如果批发销售业绩很好,它们就会进一步在居于层级市场较低层次的市场中心设立外庄。为了理解这个市场渗透的过程,我们来看一个特定的市场扩张的例子。

1912 年,几家高阳商号在北京开设了外庄,其意图不仅是要

---

① 郑克成,《安国县药史调查》,载《社会科学杂志》3 卷 1 期,1932 年 3 月,第 94—124 页;3 卷 2 期,1932 年 6 月,第 186—233 页。
② 关于辛集,参见《河北省商业志》,石家庄:河北人民出版社,1988 年,第 659—661 页;青致:《辛集皮毛名天下》,《河北文史集萃·经济卷》,河北人民出版社,第 101—109 页。

向首都的零售店销售货物,而且要向集中在首都的长城以外的批发商们推销自己的货物。北京外庄成功地促进了高阳产品向北部边界地区的销售。于是,1915年开始在张家口设立外庄,这里是面向内、外蒙古及西北边界地区,包括山西北部、陕西和甘肃的一个重要的销售中心。张家口外庄的巨大成功又导致进一步向更远的边界销售中心扩张,包括包头和绥远。到1918年,高阳商人从两个不同的方向进入山西市场,包头外庄的业务延伸到黄河流域的北部边缘,同时新设立的太原外庄从南面进入同一地带。

我们可以从地图4.1中看到,20世纪30年代,高阳的外庄从华北市场扩散覆盖了全国大部分地区。新产品的出现也导致新市场的开拓,例如,江南的许多外庄就是在人造丝麻织物引入后设立的,这种织物在气候温暖的南方更为流行。

个体商号调整他们的外庄体系以适应所经营的混合的产品结构。例如,高阳最大的商号——蚨丰,同时拥有最大的销售网络,拥有14个外庄和将近100名的专职外庄员工。蚨丰的外庄分设在下列城市(括号中是其员工人数):北京(6)、汉口(5)、西安(14)、张家口(10)、成都(5)、平凉(3)、兰州(5)、洛阳(6)、太原(10)、榆次(10)、济南(4)、南宫(1)、包头(5)以及重庆(3)。蚨丰的一个主要竞争对手——汇昌,在13个城市设有相似的外庄体系,包括上海、天津、青岛、张家口、榆次、西安、开封、洛阳、汉口、长沙、厦门、成都和重庆。① (见图4.2中外庄的设置)

一些外庄经营了二十多年,年复一年地盈利,而另一些外庄

---

① 关于个体商号外庄的地理位置,见陈美健等《高阳织布业简史》,蚨丰在72页,汇昌在99页。

中国的经济革命

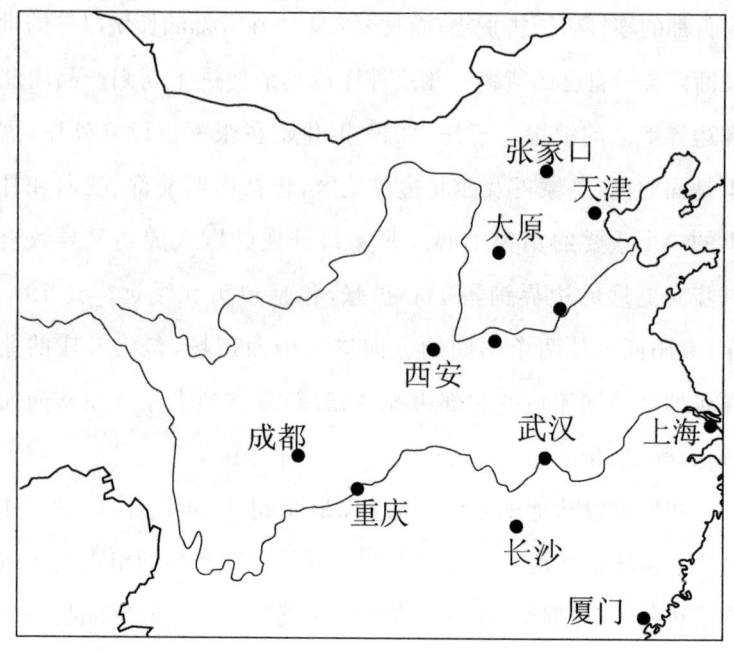

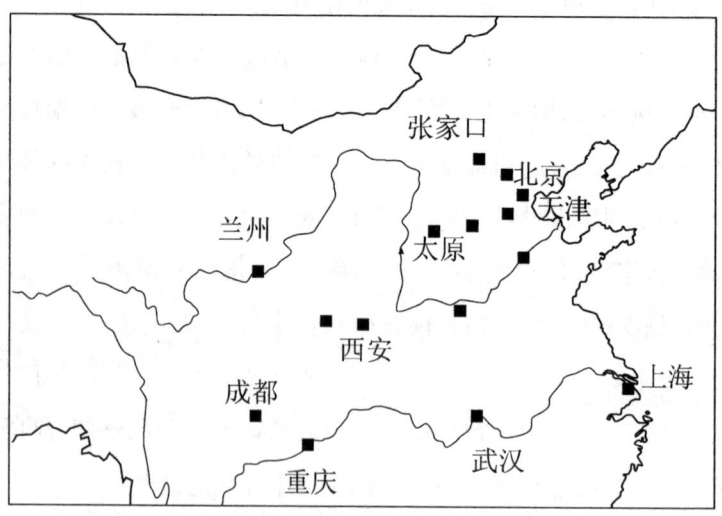

地图 4.2　蚨丰号和汇昌号的外庄分布

说明：● 蚨丰外庄分布图
　　　■ 汇昌外庄分布图

则颇不稳定,反映了地区市场的变化。例如,蚨丰在20世纪10年代末最盈利的外庄位于库伦(乌兰巴托)。库伦外庄成立于1914年,它的运营不同于蚨丰在其他地区的外庄。其他的外庄只经营高阳产的纺织品,而蚨丰在库伦的外庄,由于受蒙古地区特殊的易货贸易习惯影响,还兼营当地的产品,包括皮毛和稀有的药材。从高阳送来的棉织品在库伦交换成当地的产品,然后再装运到天津销售,蚨丰从两类产品的销售中同时获利。库伦外庄的年利润在20世纪10年代末的高峰期超过10万元。所有这些,由于20世纪20年代政局的变化而结束:首先是蒙古的革命以及蒙古与苏联的联合,然后是20年代末俄罗斯军队驻扎蒙古,与东北军阀张学良的部队发生冲突。蚨丰被迫退出库伦,放弃一个经营最成功的外庄。[①]

与洋货的竞争——以张家口为例

当高阳的纺织品进入新的市场,就要参与市场份额的竞争。不容置疑的是,20世纪10年代中国布的总需求是上升的,高阳市场扩张最好的证明就是在张家口经营实例,它清楚地揭示了高阳土布战胜洋货赢得市场份额的过程。

高阳商号在张家口的第一个外庄于1915年设立。在两年的时间内,高阳土布成功地击败了日本货[②],占据了主要的市场份额。张家口作为喀拉干(Kalgan,为张家口的蒙古名,闻名于外国商人中。——译者注)是连接北京和内蒙古桂花城(今呼和浩特)的铁路上的一个重要站点,它是内蒙古地区一个重要的交易中

[①] 详见陈美健等《高阳织布业简史》,第71页。
[②] 关于张家口棉花贸易的数据来自石田秀二1919年的研究,即三井公司1919年4月印刷,三井文库藏,石田秀二:《张家口棉布贸易》。

心,同时还是一个西北商队聚集的地方,这些商队准备将货物运送到黄河上游的山西和甘肃地区。19世纪后期,天津作为通商口岸开放后,张家口的边界贸易明显地增长起来。当1860年后洋行进入天津时,它们遭遇了一个较大的难题:天津不像南方的通商口岸一样是一些传统出口商品如茶、陶器和真丝的重要交易中心,北中国可出口的商品很少。为了促进天津通商口岸的发展,洋行竭力寻找可出口的商品,最终把天津发展为出口北部和西北边界地区的产品(主要是羊毛)的中心。边界地区的游牧部落几个世纪以来一直是自给自足地以放牧为生,到19世纪末才开始将他们兽群的副产品大批地拿到市场销售。由于游牧人很少使用现金,因此几乎所有的交易都是物物交换的形式,用羊毛交换中国制造的产品。羊毛出口的稳定增长也促进了棉布类产品的需求扩张,张家口,以及后来的边界城镇成为重要的布匹交易中心。① 民国初期,高阳的企业家们看到了边界市场的商机,开始通过在张家口设立外庄来促进产品的销售。

三井洋行(Mitsui Bussan)是日本一家最大的贸易商行,它较早进入张家口市场,并取得了成功。当三井洋行在张家口的市场份额开始下降时,它委托石田秀二分析张家口的棉布市场,想找出衰退的原因。石田当时的报告称,俄国十月革命造成跨西伯利亚的铁路切断,大多与外蒙古和西伯利亚的交易要经张家口,从陆路到库伦,再到蒙古和西伯利亚。高阳商人进入张家口市场,标志着他们向华北(河北、河南、山西)以外地区第一次扩张的开始。他们在张家口市场取得的巨大成功鼓励他们进一步向边界

---

① 见作者论文《华北地区国际贸易与国内销售网的建立,1860—1930》,引自《近代亚洲的商业网络》(S. sugiyama and L. Grove, *Asian Commerical Networks*, London: Curzon, 2001),第96—115页。

第四章 销售网络

地区扩张。1916年在更接近山西北部的包头建立起外庄，1917年在新疆的哈密也开始设立外庄。

张家口在19世纪末20世纪初发展成为一个主要的棉纺织品交易中心。在最初几年，英美的粗布和斜纹布几乎主宰着当地的市场。不久日本开始闯入该市场，日货以低廉的成本将其他的洋货挤出市场，1917年时，日本货占据80%—90%的市场份额，总价值达198万海关两。

1916—1919年间，张家口的布匹市场由于外蒙古和西伯利亚地区贸易量的增加而迅速扩大，然而，高阳商人大批进入该市场后，日货的市场份额下降到25%以下。日本商人的贸易地位十分凄凉，就连日本在该地区居于领导地位的贸易商，东洋纺织株式会社也把它在张家口的外庄关闭了。

高阳土布在张家口市场同时与国内和外国现代工业的竞争中居于领先。石田认为，高阳土布的竞争力在于低成本。他特别强调高阳的商号几乎不承担任何税收和交通费用，而这是国家政策有意鼓励国货的结果。由表4.1和图4.1可以清楚地看到，高阳布比国内和国外的同类产品的价格都低，有足够的能力来垄断市场。石田的结论中预测，张家口的市场将继续增长，他警告日本的生产者和进口商，如果不采取立即的措施对付高阳的优势，市场很快就会被由河北的织工生产的产品所统治。

高阳商人在张家口市场的经历可以清楚地证明，20世纪20年代之前，乡村作坊有能力与现代工业的电动织机竞争。然而，随着20世纪10年代末20年代初，中国国内生产的扩大，以及日本投资者在中国沿海城市建立更多的纺织厂，高阳的低成本产品的价格优势逐渐消失了。整个20年代，机线供给的增加导致其

表 4.1 张家口的价格比较

	粗 布	斜纹布
日 货	6.7	6.6
上海货	6.5	5.5
高阳 5.5 斤布	4.5	4.5
高阳 7.0 斤布	5.0	5.0
高阳 8.0 斤布	5.7	5.7

说明:市场价格每天都在变动,上表反映的是 1919 年 4 月 18 日的价格。单位是元/匹布。

资料来源:石田秀二:《张家口棉布贸易》,三井文库藏,1919 年。

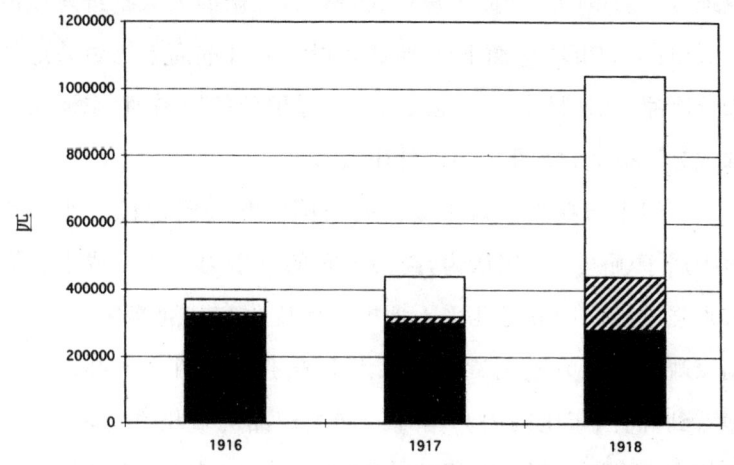

图 4.1 张家口市场的市场份额

备注:下面的部分代表洋货的市场份额;中间部分代表上海货的市场份额;上面的部分代表高阳货的市场份额。

资料来源:石田秀二:《张家口棉布贸易》,三井文库,1919 年 4 月,第 14 页。

价格下跌,进一步造成原色棉布价格的下跌。① 鉴于这种情况,高阳商人不能再依靠低成本来参与竞争,他们也不得不寻求其他

---

① 赵冈:《中国棉纺织业生产的发展》,剑桥,哈佛大学出版社,1977 年出版,第 229 页。日本在中国拥有的纺纱厂,见高村植助《近代日本棉业与中国》,东京,东京大学出版会,1982 年出版。

的措施,他们开始把目标转向专业化产品市场,格子布、条纹布、花色布及人造丝和人造丝混合织物渐渐成为他们生产的主流产品。

在转向专业产品市场竞争的过程中,高阳土布继续与洋货进行抗争。第一次世界大战后,中国现代棉纺织工业的迅速发展使纺织品进口的结构发生了重要的变化。20世纪20年代中期,洋货进口商也把进口的重点从低支棉纱转向织成品,而且在织成品项目中,也从原来居于主要位置的原色粗布、细布向色织和印花织物转变,尤其偏重由高支棉纱织成的布。这种转变是对国内棉纺织厂生产低支棉纱以及粗布、细布的能力扩张的应对。① 因此,随着高阳产品向高端市场的运动,其竞争的主要对手依然是同时转变产品系列的洋货。

第三节 销售策略

近年来,人类学关于消费者及其消费者选择的研究使我们越来越清楚地认识到,早期关于经济人(他的消费选择主要经由理性的成本收益核算决定)的概念过于简化,忽视了文化因素在消费者选择中的角色。② 在了解高阳商人的销售策略时,我们面临

---

① 见西川博史《日本帝国主义与棉业》,京都,ミネルヴァ书房,1987年;东亚同文会编:《支那经济全书》,东京:东亚同文会,1907年,第547—759页;内山清:《贸易视角的支那风俗研究》,上海:日本堂书房,1915年;西川喜一:《支那经济总览:棉工业与棉纱棉布》,上海:日本堂书房,1924年。天津的棉纱与棉布贸易参见第363—427页;青岛的棉纱与棉布贸易参见第429—473页;日本输出棉织物同业组合联合会:《关于本国输出棉织物的国内外市场现状》,附·取引事情,1929年,关于天津市场的消费者参见第1—152页。
② John Brewer and Roy Porter, *Consumption and the World of Goods* (London: Routledge, 1993).

一系列的问题,从与上述中国销售体系的结构和功能相关的技术问题开始,还要触及更为复杂的品味和流行的诉求的问题。就高阳来说,由于它们直接控制的是批发层次的分销体系,几乎不可能知道那些零售商在销售高阳布时是靠什么打动顾客的。我们拥有的最好的依据就是品名、商标及其包装技术,表明商人们想要进入什么样的市场,以及他们认为最能打动顾客的地方。

随着高阳产品组合的不断变化,销售策略也在变化。最初销售的布料主要是为取代较贵的进口细布和粗布,高阳商人依靠有意模仿洋货、使人难以区分这种货品是洋货还是土货这一策略来促销自己的产品。洋货的惯例是在织物边上贴上深蓝色的商标,高阳商人也制作了深蓝色的商标。每个商号都有10—12个不同的标签,其中一部分是洋货商标的仿制品。洋货一般是打包装运的,很容易与国产货区分,高阳商号也采用相同的手法,把自己的货物打包装运。①

当高阳本地的制造商开始销售花色织物时,他们的设计主要模仿洋货和国内一些工厂产品的设计。外庄购买新的织物样品送到高阳总号,总号的掌柜委托一些熟练的织工进行仿制,较好的仿制品使人们几乎分不清是哪个洋人生产的、哪个是高阳生产的。例如,美国商务部1926年的一本出版物中提到:"这些织物的质量是一流的,比外国机器制造的产品更讨人喜欢,它们在中国北部省份拥有巨大的市场。"②很多时候,他们不仅模仿产品的设计,而且仿制其商标。这种盗版行为使高阳商人与国内一些工厂及洋货销售代理的关系十分紧张。有一次,武昌纺织厂的老板

---

① 《通商汇报》,1911年。
② Julean Arnold, *China: A Commercial and Industrial Handbook* (Washington: Government Printing Office, 1926), 528.

第四章 销售网络

(他们的商标是永青和赛马)威胁要起诉高阳的商人,地方官员受命详细调查高阳商人的活动,寻找冒用武昌纺织厂商标的人。①

高阳商人这种盗版行为与当代纺织业所遇到的麻烦是相似的。高级的设计被盗版成廉价的版本,而且盗版货几乎与真货同时上市。名牌布、鞋和背包的仿制品充斥着廉价商店和市场,一些商品只是外观上与名牌相似,另一些则干脆冒充真品,其实往往一看它的材料和出产地就可看出它的真伪。20世纪初期,部分高阳商人的模仿销售策略可以看作是上述现象的早期版本。尽管大多商人对自己的品牌非常自信,不可否认的是,他们的产品在某一方面的吸引力来自于对进口货的模仿。

在模仿洋货时,商人们看重的是洋货在高质量、低成本方面的声誉。外国工厂生产的现代织物:细布、粗布、斜纹布和牛仔布主导着市场,高阳商人也开始生产相似的产品,并且以更低的价格出售。至少在20世纪20年代初期,这种措施足以使高阳产品在华北棉织品市场上赢得显著的市场份额。

在进口替代品市场上,企业家面临的一个主要难题是质量的控制。由于国产布的卖点是低于洋布及国内竞争品的价格,因此高阳商人要不断地努力降低自己的生产成本。高阳商人无法控制棉纱的价格,但是棉纱又是织布的主要原料。因此,从商人的角度,可操作的降低成本的方法就是压低织户的工资。工资或购买织成品的价格是不断变化的。市场繁荣时工资就会上升,市场萧条时就会下降。当引入一种新的品种时,织户往往可以享受到较高的报酬,但是当有竞争者相继进入这一领域模仿该种产品时,高阳商人就不得不以减少织户的报酬来降低自己的成本。织

---

① 《河北工商月报》1卷7期,1929年5月15日,第6—8页。

户遇到这种情况,所能做的就是偷工减料,生产质量较低的布。节省下来的棉纱可以再织一些布自行出售,从而增加自己的收入。这种投机取巧造成的结果就是织出来的布疏松,不能满足每平方英尺纱线的密度标准。

当市场萧条时,不仅织户想方设法维持自己的收入,各地的外庄也采取了一种"倾销"策略。在30年代时,外庄掌柜常常私下与客户达成协议,延长付款期限。市场情形较好时,付款期常常是一至两个月,但在30年代初期市场萧条时,付款期常常延长到6—9个月。外庄还降低售价吸引顾客,常常把价格降到几乎不敷成本的水平。

爱国的感召力

消费者的选择受一系列产品促销措施的影响,高阳布在早期依靠模仿洋货的方式促销。20世纪30年代,商人们改变了销售策略,开始强调产品的国产身份。这种转变是对日益高涨的抗日民族主义情绪的回应。1911年辛亥革命后,民族主义运动迅速扩展,影响面越来越大,中国城市社会开始卷入削除外国影响,建立独立自强国家的运动中。从《二十一条》要求开始,民族主义运动的矛头直指日本,反对日本对华北地区越来越深入的影响和操纵,其中一项主要措施就是抵制日货。抵制日货号召商人停止买卖日货,并呼吁消费公众购买国货以表现他们的爱国主义精神。第一次抵制日货的高潮爆发于《二十一条》签订后,当时全中国的学生、工人、商人组织都参加了抵制日货的运动,并出台了管制贸易的规章。抵制运动是"五四"时期到20世纪20年代期间,反对帝国主义所广泛采取的一种形式。这不是第一次抵制日货,而是

第四章 销售网络

第一次在全国范围获得支持,并对日本对华贸易有深刻的影响。① 另一次抵制日货的高潮是在日本 1931 年入侵东北之后。在这轮贯穿 20 世纪 30 年代的抵制日货的运动中,我们有充分的证据证明高阳商人转向使用"国产"的感召力来推销产品。②

华北国货运动的根源可追溯到晚清以及宋则久所做的工作。宋是天津一家主要纺织品商行的掌柜,他致力于提倡国货的事业。1913 年,宋买下原属政府所有、袁世凯推行促进实业计划期间建立的天津工业售品所。在整个 20 世纪 10 年代,宋和他的同僚们努力使本国产品和贸易成为有利可图的事业,他们向生产者提供指导和技术支持,同时不断开展鼓励消费国货的宣传活动。宋在五四时期抵制日货的运动中也发挥了积极的作用。③

随着 20 世纪二三十年代爱国热情的传播,"购买国货"的感召力影响了中国消费者的选择,同时也成为高阳产品一个主要的促销点。中国的企业家们开始在销售活动引入爱国的诉求,许多高阳商号开始使用带有号召归还国家权利口号的商标(见图 4.2)。在 30 年代中期的市场繁荣阶段,人造丝和人造丝混合织物是高阳最主要的新产品。其原料大多来自日本,大部分人造丝纱线是通过日本管辖的冀东特区走私到华北的。即使这些原料是日本

---

① 笠原十九司:《义和团运动与民族产业:以上海为中心》,载《讲座中国近现代史》第 4 卷《五四运动》,东京:东京大学出版会,1978 年,第 117—147 页。天津五四运动资料见天津历史博物馆与南开大学历史系合编《五四运动在天津》,天津人民出版社,1979 年出版,辑录了大量的抵制外货运动相关的资料。
② Karl Gerth, *China Made: Consumer Culture and the Creation of the Nation* (Cambridge: Harvard University Asia Center, 2003).
③ 景瑞:《爱国商人宋则久》,《天津工商史料丛刊》,第 5 辑,1986 年,第 23—72 页。又见林原文子《清末天津工商业者的觉醒及夺回国内洋布市场的斗争》,载《天津文史资料选辑》41 辑,1987 年 10 月 10 日,第 1—34 页。

图 4.2　同和商标

左右两边的标语是"提倡国货,挽回利权"。该商标来自高阳纺织博物馆。(由作者拍摄)

的,只要最终是由中国工人制作成成品的,就成为"国货"。①

随着 30 年代中期国货需求的高涨,商人们发现他们的产品供不应求,有些人开始从天津购买中外工厂生产的织物,到高阳进行染色并贴上商标,再销往国内各市场。还有的商人直接在天津购买染过色的织物,到高阳只加上一个商标就进入市场销售了。

---

① 直隶国产货物维持委员会(国货维持会)认定用进口原料在中国制造的货物就是国产货。见纪华《国货售品所始末》,《文史资料选辑》31 辑,1962 年 7 月,第 224 页。

第四章　销售网络

20世纪的前30年中,高阳商人在高度竞争的纺织品市场上赢得重要的市场份额,要归功于纺织企业家们大胆的销售策略。从一开始他们就努力建立具有竞争力的销售体系,有时需要政府提供税收方面的保护。他们一直依靠明智的抉择和操纵包装及商标的策略,向公众提供具有特定形象的产品。就像我们已经看到的,产品和政治文化环境的变化需要感召力选择的变化。早期,当洋货在市场上声誉好时,高阳人使用模仿洋货包装和商标的策略;在30年代的政治气氛中,高阳产品又是以典型的国产货形象出现。

不管产品形象如何变化,直销体系一直是生产体系中的关键。直接的批发销售使商号拥有了全国范围的销售网,同时也为商号提供了每日的市场信息。这使得高阳商号能够及时调整生产方式,以适应市场需求的细微变化。因此,他们才能在与洋货的竞争中立于不败之地,同时不断扩大自己的销售网络,不断地增加利润。

第五章 共有资源

高阳商号的发展得益于一个支持经济增长的商业环境。支持增长的制度的建立并非偶然现象,一批本地商人在引导发展中发挥了关键的作用。他们奋斗依托的组织机构就是高阳商会,由一群梦想振兴家乡织布业的年轻商人于1906年建立。当时,他们只是一群小商店的老板,大多经营洋纱和杂货,资金和经验都不多,但是拥有极大的雄心。他们在十年内建立起闻名的乡村织布工业区,在全省及全国的商业组织中占据了突出的地位。

年轻的企业家们是被那个时代"实业救国"的政治号召所激励。这些着眼于应对外国势力经济挑战的号召是19世纪末中国主流思潮转变的一个组成部分。多少个世纪以来,政府的思想和行动都是鼓励支持农业的。随着外国势力对国内经济的影响越来越大,以及贸易赤字的增长,中国政府开始号召发展工商业。

在19世纪90年代的后期,中国报纸经常报道关于外国商业挑战的争论,买办以及思想家郑观应的文集《盛世危言》畅销全国。①

---

① 曾田三郎:《清末"商战"论战的展开与商务局的设置》,载亚洲政经学会《亚洲研究》,38卷,第1号,1991年10月,第47—78页;佐藤慎一:《关于郑观应》,载《法学》,47卷第4号,东北大学,1983年,第56—106页;《法学》,48卷第4号,1984年,第30—76页;《法学》,49卷第2号,1985年,第34—89页。佐藤注明这本书已经变成晚清最畅销的书,印数超过10万册。

第五章 共有资源

在他的书中,郑认为中国面对的是一个新的严峻的危机——中西的"商业战争"。为了在这场与外国经济势力殊死搏斗的战争中获胜,中国政府需要采取果断措施发展工商业,把个体商人的力量组织起来。

对于一个长期以来视商人为低下、寄生阶层,认为商业活动应受到控制的中国政府来说,开始实施鼓励从事商业的重商主义政策,代表了一个重要的转变。① 国家政体给予商业新的、突出的地位,全国各地的商人响应这一号召,开始建立类似商会这样的新组织及成百上千的新企业。

我们无从知道这种新思想是从什么时候开始在高阳商人中流行的,在一份高阳商会早期活动的记录上,李秉熙报告说一批精英商人于1905年就开始集中在一起讨论问题。② 当时的直隶省由于总督袁世凯新政策的实行而成为改革的一个温床。袁世凯不断地向直隶省的地方官们下发文件,鼓励他们参与改革,直隶工艺局还派出演讲团赴乡村向地方官和士绅们宣传和解释新思想。与此同时,天津的支持团体也参与了推进改革的活动,通过公开的演讲、报纸刊文、集体宣讲以及茶馆演出等形式,他们积极地将改革的信息传播至中国社会的各个阶层。③

高阳商人发现他们很容易响应这一新的行动号召,高阳的传统纺织贸易由于洋货的竞争而衰落,他们自身想恢复纺织业的努力正好与实业救国的号召相符合。高阳商人意识到需要改进他

---

① 马敏:《官商之间——社会巨变中的近代绅商》,天津:天津人民出版社,1995年。
②《全国商会联合会会报》3卷9号,1916年。在此感谢虞和平帮助我取得相关文献的复印资料。
③ 李孝悌:《清末的下层社会启蒙运动,1901—1911》,台北:中国科学院近代史所,1992年。李所用资料的一个主要来源是《大公报》。

们的产品,有必要采用新的技术、训练有新见识和新技能的人员,他们很自然地用"商业战争"来形容自己所处的形势。他们在向天津总商会的报告中常常引用"兴办实业"、"拯救国家"等语言,同时强调推广"国货"的重要性。

随着高阳商会积极地促进纺织业的发展,新思想成为当地商界的通用术语。关于这些新思想是如何被解释的,可以从高阳商业学校的学生们于1915年写的文章中看到①,学生们谈到了几个关于商业阶层新观念的主题。

刘光远写的是洋货与国货在中国市场的竞争问题,他写道:"中国开埠与外人通商甚为受动,列强互相角逐,视中国如几上肉,争趋食之。"认为解决问题的出路是发展商业,"二十世纪之世界,商业之世界也。商业盛,则国荣,商业衰,则国辱",尽管"我国通商大埠,悉为外人所开",然我国民若"竭力振兴工商业,使商品改良,精益求精,美益求美",则可抵"外货充斥",挽我前途。

刘的一位同学——李雪湘,叙述了关于国货的问题:

> 维持国货之策,其将挤斥外货,以广推行国货乎?曰是非正当维持之法也。何则?盖土货不精,而洋货价廉物美,欲人人杜绝优美之外货,而购不精良之土货,孰能从之哉?今日维持国货之法,亦惟曰振兴工艺而已。以我国人技之巧,物产之良,工艺振兴,制造必精,货物必美,此时则土货将不胫而走,不翼而飞,洋货不排斥而自去矣……吾人既生于中国,又见国之货胜于外国,其何不购中国之货,而购外货也?当斯时也。

---

① 《全国商会联合会会报》3卷7号,1916年。

在这些文章中,我们可以看出代表新思潮的民族主义和商业挑战的主题。这些文章写于 1915 年,它们同样表达了对调动资源可以成功应对洋货竞争的自信。在高阳,这种自信来自商会实业推广的成功。下面让我们讨论创建支撑工业成功的制度网络的组织问题。

第一节 帝制末期的中国商会组织

商会的建立是晚清新政重商政策的一个关键组成部分。① 商会由中国各大城市的商业代表们组建,是第一个经官方许可并拥有一定活动范围的、合法的自发性组织(voluntary associations)。② 商会在 20 世纪的前 20 年里作为独立的组织是最活跃的,1927 年后,商会的权力和独立性受到南京国民政府的控制。③

当我们关注商会的活动时,大多注意力集中于在中国的大城市(上海、天津、汉口、苏州和广州等)中的商会的作用。④ 中国的第一个商会于 1902 在上海建立,然后是 1903 年建立的天津商会和福州商会,1904 建立的南京、厦门、重庆和温州商会。到 1912

---

① 马敏:《官商之间》;虞和平:《商会与中国早期现代化》(上海:上海人民出版社,1993)。
② 见马敏《官商之间》第五章,他认为商会是第一个国家承认的自发组织。
③ 商会势力的兴衰见虞和平《商会与中国早期现代化》。
④ Mark Elvin,"The Administration of Shanghai,1904—1914", in Mark Elvin and G. William Skinner ed., *The Chinese City between Two Worlds* (Stanford University Press,1974), 239—262; Edward Rhoads, "Merchant Associatons in Canton, 1895~1911", in *The Chinese City between Two Worlds*, 97—117;马敏、朱英:《传统与近代的二重变奏——晚清苏州商会个案研究》,成都:巴州书社,1993 年;徐许鼎新:《上海商会史,1902—1929》,上海:上海社会科学院出版社,1991 年;胡光明:《论早期天津商会的性质与作用》,载《近代史研究》,1986 年第 4 期,第 182—223 页。

年,全国已经有794个商会,包括分布于51个大城市的总商会,以及700多个小城镇和集镇的分支商会。在这些小城镇商会中,高阳商会是最活跃的商会之一。

高阳商会的创始人之一——李秉熙在1916年记述了20世纪早期的一些情况:

> 于光绪辛丑间(1901年),邑有改良织业之思想者绅商数人,曾集资数百缗,置织机两架,招生徒两三人,在濡上旧院之偏室设立小工厂,仿织洋式布,作为试办。因织机不良,每日出布无多,尚且窳劣。未及数月,赔累殆尽,竟至罢歇。嗣后,因有鑑前车,无敢再问津者。

> 光绪三十一年(1905)年秋,邑绅商韩君伟卿、杨君木森、张君兴汉、李君桂元等创立初等商业学堂于城内南街之关帝庙,鄙人亦附骥末。每会汇于斯,复议立商会,并论及高阳市况萧条,织业凋敝各情形。遂研究改良进步之法,佥谓工与商有连带关系,虽求商业振兴,非由工业发达则不可;欲求工业发达,非由商界提倡则可。不提倡之法,非由推广家庭工艺着手则又不可可……当是时适闻洋商从东瀛运来新式人力织机于津埠,而韩君伟卿、杨君木森、李君桂元即赴津从事调查。[①]

当我们将高阳商会创立时的情况与其他大城市的商会比较时,可以发现高阳商会有几个与众不同之处。首先,几乎所有大城市的商会都是在行会的基础上建立的。彭泽益及其他人曾指出,中国的行会在鸦片战争后发生了明显的变化。由于洋货进入

---

① 《全国商会联合会会报》3卷9/10号,1916年。(特别注明除外,所有的翻译都是作者自译。)

中国市场,新的行会就由经营进出口贸易的商人们组建。① 19世纪末期的许多行会已经开始以更加开放的方式活动,一旦行会成员不仅包括同一行业的人,而且包括同一地籍的人,它就欢迎所有愿意加盟的人加入,该行会代表其成员的利益努力维护商业经营的稳定。当清政府官员意识到有必要建立强有力的商业组织来支持其现代化的努力时,他们很自然地把注意力投向商人行会。在天津,袁世凯在义和团运动之后的恢复期努力寻求商人行会的帮助。他意识到需要更加协调一致的努力,于是督促行会领袖们成立商会组织。② 在上海,派去同洋人谈判商业条款的清政府官员苦恼地发现,外国谈判代表与他们在上海的商会联系密切,因而他们比中国的谈判员更有商业嗅觉。而且,中国谈判代表没有任何可以求助的组织。因此,官员们开始鼓励行会的领袖们集中起来,建立上海商会——一个新的、更加有效地代表行会特殊利益的组织。

在高阳,没有什么行会作为新组织的基础,而是由一群志同道合的商人集中起来,在他们中间讨论问题。尽管高阳商会是直隶省最早建立的小城镇商会之一,到 1911 年直隶省已经有 4 个总商会和 61 个分支商会,覆盖了全省 50% 的县域和较大的集镇。我们能找到的关于小商会的记录十分有限,但至少在直隶,许多县的商会是由地方官发动成立的。③ 高阳商会与其他同类商会不同,它一开始就是当地的商界精英们自发组织的活动。

---

① 《中国工商行会史料集》,北京:中华书局,1995 年。
② 胡光明:《论早期天津商会的性质与作用》。
③ 天津商会的档案包含有李映庚的报道,他曾任顺德府和正定府的地方官。不管他在哪任职,都会建立一个新的商会。见天津档案馆、天津社会科学院历史研究所、天津市工商业联合会《天津商会档案汇编》第 1 卷,天津:天津人民出版社,1989 年,顺德府见 192—195 页;正定府见 210—215 页。

高阳商会的创始者也不同于其他大城市的商会。许多城市商会的领导者都是从马敏所认为的"绅商"中产生的。绅商既从事商业,同时又在官僚体系中有一定的地位、头衔或功名。马敏认为,绅商是晚清时出现的一个过渡性团体,介于传统的商人和绅士之间,是现代实业家的先驱。许多绅商的地位和官职是用钱捐来而不是科举考试得来的,拥有这些身份可以使有才能的商人更容易打通官僚政治渠道。①

高阳商会的所有创始人都是完全以商业为谋生手段,大多只受过几年私塾教育就开始从事商业。他们额外的知识是在商号做学徒时学到的。尽管杨木森骄傲于获得袁世凯的慈善行为勋章,但是城市的绅商们却只视他为一个暴发户。② 由于缺乏传统的教育,地位和级别可能阻碍了杨木森和其他的高阳商人向更大的社会舞台扩展,但同时也可能成为他们奋斗的动力。那些由绅商领导的商会,只会不停地抱怨商界同仁们的利益太狭小且存在保守主义,③而高阳的商人们却一心想着如何促进家乡织布工业的发展。

高阳商会与其他大城市商会的第三个区别是它由一种行业的成员主宰。高阳商会的创始人是决心要复兴纺织业的,随着工业区的增长,纺织商号的老板、掌柜们支配着商会的活动。1915年的一个商会领导和干事的名单显示,只有三名人员不从事纺织

---

① 苏州工商会所的37名董事是有功名、职衔的,其中86%是捐纳来的。天津商会的所有领导人都是有地位的。马敏:《官商之间》,第78、100页。
②《全国商会联合会会报》3卷9/10号,1916年。在图2.1中,杨木森佩戴着他获得的全部三枚奖章。
③ 绅商们这种傲慢的态度可以从磁州地方官的资料中详细了解。在一篇磁州商会致天津总商会的报告中,报告人(几乎都是有身份的[生员])抱怨说:"但本镇客商不求改良,只图多售。"《天津商会档案汇编》,第1卷,第196—197页。

贸易,但是这三个人都受雇于商会负责处理商业事务。① 因此,高阳商会类似于一个同业公会。商会建立的商业学校也是为了培养纺织业人才,商会与政府谈判的目的也是为了取得纺织业的特权,这些都导致了集体行动与个体商业目标的紧密联系,从而使高阳商会拥有强烈的聚合力,使其行为更加迅速和明确,能够更加有效地为各种计划融资。

随着工业区的繁荣,人口不断增加的同时许多新的商号也纷纷成立。商会的成员也不断地增加。1910年,商会仅有12个商号成员;1918年拥有284个商号成员;到1934年增至736个商号成员。尽管其他行业的商人们也加入了商会,但是纺织业商号仍居支配地位。1934年(我们拥有的战前最后一个有数据记录的年份),83%的商会经费(由商会成员共同缴纳)来自于纺织业。②

商会的领导者本身都是商号的掌柜或老板,他们之间也存在竞争关系。同时,商会成员要共同努力建立代表共同利益的商业制度。在最初几年,集体的计划主要集中于三个方面:引进新的技术;培训新人;保障稳定的商业环境。集体制度包括一个保持稳定兑换率的通货市场,一个培养新一代商界精英的商业和技术学校,一个收集和发布市场及生产信息的织布工艺研究所,和一系列要求政府给予税收优惠的谈判条款。

在它建立这些制度时,商会学会了使用"救国"言语来促进工业区的发展。商会领导们意识到与政府官员和其他地区的商业领导们建立密切的联系有助于自身的发展。由于缺乏接近这些人的常规的资格,他们转向自我推销的办法来吸引周围的注意。

---

① 《全国商会联合会会报》3卷5号,1916年。
② 《高阳县志》,1995年。高阳商会的内容在关于组织形式的十三个章节中。

在20世纪10年代初期,商会领导开始把高阳的经验作为一种乡村工业增长的典型来推广,他们还在全国商业联合会中展示自己杰出的才能。下面让我们考察他们建立的一些机构及其在工业区的增长中所发挥的作用。

商业和技术教育

高阳商人们采取的第一个集体行动是建立一所培训学徒的夜校,1905年在高阳关帝庙的几间屋子里开始上课。夜校后来发展为一所全日制的中等商业学校,20世纪20年代末演变为一所培养纺织业技师的技术学校。这所学校是由商会赞助的,免费培养未来的工业精英。

号召建立商业和技术学校是晚清改革努力的一个关键部分。在1898年的百日维新中,改革建议也包括有关工业和商业学校的计划;在袁世凯的新政策改革中,直隶省成为教育改革的试点之一,改革的内容也包括建立技术学校。① 在天津,宋则久——一家大型批发兼零售织物商号的杰出的掌柜,在1904年建立了一所培训学徒的夜校。② 天津与高阳成立夜校的动机是相似的,中国面临着与洋商的商业战争,中国需要知识更加广博的人才,拥有商业和工业才能。由于传统的私塾教育教授的是基本的文化知识,其内容无一例外地是强调道德教育的传统课程,在商界把基础知识与在职培训结合在一起的唯一形式就是商业学徒制。

---

① 阿部洋:《清末学堂考——以直隶为中心》,载《文化论集》,福冈高大,第1集,1966年,第45—88页;Douglas Reynolds, *China, 1898—1912: The Xinzheng Revolution and Japan* (Cambridge: Harvard University Press, 1993)。关于商业教育,参见虞和平《商会与中国早期现代化》第五章。
② 林原文子:《宋则久与天津提倡国货运动》,载《京都大学人文科学研究所共同研究报告》,第2卷第6号,京都:同朋舍,1983年。

高阳商会的领导者几乎都是以传统的方式接受培训的,他们相信未来需要一种新的教育方式:新的工业需要不同技能的人才。培训学徒和低级职员的夜校于 1905 年成立;1908 年,商会决定将学校和课程规范化。商人们捐资建立校舍和教师宿舍。1910 年成功地获得清政府许可,将夜校改变为一个正规的提供 3 年预科和 3 年正规课程的初级中等学校。学校的集资也规范化,对所有的布匹销售强制征收附加费:商号每匹布缴纳 6 个铜板,建立特别基金以支持学校的运转。学生不需交学费和住宿费,只负担衣物、书本和食物费用。

学校 1910 年的课程表(见表 5.1)显示学生学习的内容包括经济学、地理学、英语和商业知识。① 课程效仿日本商业教育的大纲设置,课题与现代商业管理的内容相似,只是形式略有不同。外语学习是为了使学生拥有全球视野,掌握与通商口岸的外国商人交易的技能,以及能轻松自如地发送国内电报。②

学校的课程于 1915 年被修正,当时学校从初级中等学校升级为高级中等学校,只留下一年的预科课程,增加了第四年的正规课程教育。1915 的学校制度规定,只招收高小毕业的学生。在修正后的课程中,为学生们引进了世界商业史和世界地理课程,同时增加第四年的中国语言课程,教授学生如何起草商业文件和互通商业信件。③ 1910 年和 1915 年的课程表中都为即将毕业的学生开设有实习课,让学生在当地的商号中进行工作实践。该校的毕业生并没有要求必须为当地的商号工作,但是商号对他

---

① 《天津商会档案汇编》第 1 卷,第 231—239 页。
② 在控制论革命之前,发送中文电报非常麻烦。发送时每个汉字都要转译成四位代码,收到的电报也要再翻译成中文。
③ 《全国商会联合会会报》3 卷 7 号,1916 年。

表 5.1　高阳商业学校课程(1910 年)

课程名	第一年(小时/周)	第二年(小时/周)	第三年(小时/周)
商业道德	1	1	
商业学	3	3	2
商业史	1	1	2
商业地理	3	3	3
商品学	2		
经济学	4	3	
商业理财大意		2	2
商业簿记	1	2	2
商事法规		2	2
中国文学	2		
商事要项		3	3
外国语	12	6	6
商业算术	4	4	3
商业实践			7
统计学		1	1
破产学			1*
国际法			2*
机械工程		2*	
体操	3	2	

资料来源:天津档案馆、天津社会科学院历史研究所、天津市工商业联合会合编:《天津商会档案汇编》第 1 卷,天津:天津人民出版社,1989 年,第 235—236 页。

说明:加*的课程难度较大,有人认为不应该包括在课程表内,像是后人加上去的。

们的需求很大,许多学生毕业后都加入了当地的商业经营。

　　高阳商校被誉为最成功的商人赞助的商业学校之一,在商校工作的人被认为是商业教育的专家。当全国商业联合会的刊物发表一篇关于商业教育的特别报道时,刊登了李秉熙(高阳商校的校长)的照片。杨木森也因致力于创办学校而获得袁世凯的嘉奖。①

---

① 见《高阳县志草案》中传记部分。

第五章 共有资源

尽管高阳商校曾被认为是中国最好的学校之一,学校的管理者仍然遇到了难题。学校是由商人支付的附加费资助的,这些资金只限学校使用。1914 年,县政府竟然从该资金中拿走一部分作为政府的活动经费。高阳商会向天津总商会提出抗议,天津商会派出代表来试图解决这一纠纷。在一份正式的抗议书中,杨木森指出,教育部特别规定禁止地方政府挪用学校的专用基金。①尽管杨木森和高阳商会有教育部的制度撑腰,但是最终的结果是他们被迫妥协。附加费增加至每匹布 8 个铜元,其中 6 个用于学校,另外 2 个用于县政府活动。②

高阳商校直到 1920 年仍在向当地商号输出人才。1920 年 7 月,袁世凯死后的四年里华北政局的越来越不稳定直接影响到高阳。直隶和安徽的军阀发生战争,李奎元率领的部队控制了高阳。口粮紧缺的部队一到高阳就开始生事,偷盗食物、勒索居民钱财。9 月,高阳和邻县派出的代表们奔赴天津,请求天津的直隶派军阀首领——曹锟将部队转走。曹既没有将部队转移走,也没有支付军饷。11 月,部队发生兵变,高阳商会被迫向其提供 3.5 万元的"贷款",个体商号也被迫拿出 2 万元来安抚那些暴乱者。当兵变平息后,部队转移到了保定;他们走之前放火烧了学校,毁了一批建筑和所有的设备及教材。③

1928 年高阳商校重建,它呈现出一种新的面貌,更加适应工业结构不断变化的需求。商校最初在清末建校时,商会的目的是

---

① 关于杨木森的报道见天津商会档案第 3648 条,天津市档案馆。
② 梁国昌:《高阳私立职业中学一览》,1934 年 7 月。
③ 中国第二历史档案馆编:《北洋军阀统治时期的兵变》,南京:江苏人民出版社,1982 年,第 175—200 页。

为批发商号培养未来的职员。到 20 世纪 20 年代末商校重建时，高阳已经有许多机械化的染整工厂，所有的大商号都意识到需要有技能的职员。重建后该校改名为高阳职业学校，设两科，一个是织布科，一个是染色科。课程包括数学、商业和会计、化学、生物以及与纺织业相关的工程课题。除了新增的教室和宿舍外，还设置了拥有最先进的织机和染色、轧光设备的实验室。商会投资 4 万元在高阳郊外的广阔地面上重建了该校，恩记的老板兼掌柜——李恩波是该校的第一任校长。① 最大的批发商号和工厂的掌柜担任学校的董事，教员都是从国内外高级技术学校的毕业生中招募的。1927—1937 年间，6 个班培养出 400 多名毕业生。毕业生不用发愁找工作，他们为提高工业区的技术水平做出了重要的贡献。②

商会的创始人们一开始就考虑到了为工作在工业区的人们提供继续教育的机会，1910 年，当商业学校升级为中等商业学校时，商会同时建立了高阳商业工艺研究所。这个研究所设在商校内，每月举办演讲和讨论活动，邀请纺织生产和商业方面的专家，安排新设备的演示，举办竞赛活动，奖励发明新设计和新产品的纺织者。③ 通过这些活动，当地的商人在改进产品花样和质量方面倍受鼓舞。1909 年天津工艺局评估高阳布样品时，报告说高阳布的质量是优秀的，1910 年，杨木森将高阳布样品送至中国首次举办的国际展览会——在南京举办的南洋展览上，高阳布获得

---

① 陈美健等：《高阳织布业简史》，《河北文史资料》第 19 辑，1987 年，第 165—166 页。
② 梁国昌：《高阳私立职业中学一览》。
③ 《天津商会档案汇编》第 1 卷，第 231—234 页。

了金奖。①

学校和研究所对工业区的增长做出了重要的贡献。它们不仅为个体商号造就了有技能的职员,而且为商会成员提供了技术知识和商业信息。随着高阳工业从低成本平纹棉织物的生产转向更加复杂的产品组合的生产,这些技术愈加重要。

土布、税收和政府

学校和研究所是由高阳商人们赞助的;其他集体机构的建立需要外界的支持。1908年,当新的纺织贸易开始发展时,商会开展了一项请求税收优惠的运动,这个问题与常关税(native customs duties)有关。常关始建于明朝,针对货物的运输收税。关卡设置在北部边缘,江南地区以及沿海,向所在城市和港口过往的货物收税。② 这种税收制度与19世纪中期的厘金制度是不同的,虽然厘金也是向运输中的货物收取。

对于高阳商人来说,一个最重要的市场就是北部边疆地区的市场。运往边疆市场的货物要经过北京附近的常关。国内与国外不同货物的税率差别引起争议。依照通商条约,洋货要支付进口税,以及子口半税(税率相当于其价值的2.5%);进入中国后就不再支付任何国内的转运关税。以棉织物为例,常关对国内生产的土布征收的税率要低于洋布承担的关税率。当上述规定最初建立时,关税检察员可以很容易的把宽面、轻质的洋布与窄面、

---

① 《天津商会档案汇编》第1卷,第1316—1318页。在南洋展览上获得金奖是一次重要的成功。全国各地选送的产品中,仅有66种获得金奖。马敏:《官商之间》,第296页。
② 滨下武志:《中国近代经济史研究》,东京,东洋文化研究所报告,1989年,第309—398页。

沉重的土布分开。然而,高阳土布大多是洋布的仿制品,它们也是宽面的,使用进口的高支棉纱织成。一些中国商人又试图将洋货冒充土布以争取较低的关税,这就使得高阳土布面临的形势更为复杂。高阳商会采取的第一个集体行动是1908年由商会主席韩伟卿向天津总商会写信,强调高阳人正在努力振兴纺织业,他们的努力应该受到特殊的税收优惠待遇。他没有提出具体的措施,似乎也没有收到回复。①

几个月以后,高阳商人许鹿鸣提出一项建议,开始新一轮的请愿。韩伟卿汇报了许鹿鸣在通桥税务处的经历。许鹿鸣在与通桥税务处官员的讨论中指出,政府的政策是要促进国内工业的发展。既然是这样,难道不应该对土货降低税率吗?作为对这次请求的回应,税务处官员决定对土布降低税费。吸取这次讨论的经验,高阳商会致函天津商会请求把这项决定制度化,津海关道回函同意了这个请求,认为降低税率是合理的,应当自此开始实行。②

大约一年后,韩伟卿为了这一始终存在的困难提出一项新的动议,他是这样提出请求的:"然实业之兴衰,关乎销路之畅滞,是销路为最大关系。伏查运销要路,京津为第一。惟税关厘卡,乃其咽喉。"③接着韩伟卿列举了高阳商会响应国家实业救国号召所做的努力,引用了早期敦促给予国货特殊待遇的官方语言。由

---

① 《天津商会档案汇编》第1卷,第1315—1316页。各地商会与政府官员沟通要经由所属的总商会。彭泽益:《中国工商行会史料集》第2集,北京:中华书局,1995年,第970—977页。
② 《天津商会档案汇编》第1卷,第1318—1320页。
③ 编者注明的文件日期是1909年11月29日前;《天津商会档案汇编》第1卷,第225页。

第五章 共有资源

于政府曾给予土货降低税率的待遇，导致一些商人以洋货冒充国货，因此商会建议给真正的高阳土布发放凭照，以保证这些布匹的本土身份。农商部对这项建议的最初反应是消极的："（高阳所出土布，既据该分会禀称，有外客夹带影射假冒报税等情），自应札饬署总税司转饬详细查验，毋令混淆。"

韩伟卿不满于这个答复，第二次提出请求，他努力使高阳成为一个强有力的事件，"初行创办，与各商家并织户研究机器之能力，试行补助之办法，不用巨大之经费扩充工业，贫民不用分文之资本借助营生"。他描述了高阳工业发展中所有有益于织户和商人的方法："商民一体，风气渐开，民皆鼓舞。不二年，土布畅兴。"然后他说到，由于高阳土布的产量迅速增加，税关没有时间检查所有的布匹。韩修正后的建议包括两步措施：首先，商人们将在布匹上贴上批发商的名字，在关税机构登记批发商的印章。其次，就像以前建议的，由税关向商人发放凭照，证明高阳布的真实性。

第二次请求获得了批准。农商部向常关发布指令，阐明新的工作程序。为了解决逃税的问题，常关必须记录通关的高阳布的数量，分别记在布匹所属批发商的名下。高阳商会应当向关税办事处提供发给每个批发商许可证的数量，这一记录必须与常关记录的通关数量相符。

最后，高阳商会的坚持不仅赢得了相关常关给予税收优惠的一致保证，而且为真正的高阳布发放鉴定凭照的建议也获得了批准，最终建立了一个类似"子口单"通行的单据制度。子口单使得洋货交纳进口税以后在国内流通不再缴纳其他的税费，虽然对于高阳来说，单据并不能保证高阳土布在全国各个常关都能享受税收减免，但是它确实保证高阳土布在支付一次常关税之后，在天津关税管辖范围内（包括北京和张家口）不用再支付其他基于货物产生的税费。

10年后,有关常关税的问题再次浮现。1917年夏,高阳商人卷入北京地区常关(崇文门关——译者注)的两个部门(评布局和广货局——译者注)的纠纷之中,来自天津和上海的中国商人——高阳商人称之为"卖国商人"——试图以洋布冒充土货进境。作为报复,崇文门关将棉织品关税提高了四成。此举立刻导致高阳布的通关量急剧下降,由之前的每年3.5万匹下降至0.64万匹。①

1917年高阳商人的诉求只是涌向北京政府的数以百计的商人诉求之一。1915年反对"二十一条"的民族运动以及伴随的抵制运动给国货运动注入了活力,全国各地的商人向政府施加压力,要求政府采取措施鼓励国货生产。② 1915年12月,以及1916年4月,国民政府两次宣布降低国货的关税,包括几种特定的棉布。③

政府的新布告紧接着引起了关于"国货"的含义的争论。争论开始于高阳商号转向生产高附加值产品之时,那时这些高附加值产品没有归入"国货"之列。1918年8月底发布的政府草案规定中,将许多高阳产品排出在国货之外,包括使用丝光线和其他新型纱线织造的织物、斜纹织物、提花织物以及高支棉织成的较轻的织物。④ 1919年2月修正的草案中增加一条规定:"其用新

---

① 高阳商会,1917年7月1日,《天津商会档案汇编》第2卷,第2686—2687页。
② 关于这些请愿的例子,可以参阅1915年成立的救国组织的文件,见《天津商会档案汇编》第2部分,卷四。关于直隶商会减少土布税的请求复印自《全国商会联合会会报》3,no.11/12(1916年)。关于国货运动,见纪华《国货售品所始末》,《文史资料选辑》31辑,1962年7月,第221—236页;以及全国政协文史编:《中国近代国货运动》,北京:中国文史出版社,1995年。
③《天津商会档案汇编》第2部,第3538—3541、3550—3551页。
④《天津商会档案汇编》第2部,第3555页。

式手机仿造各种格式棉货者,亦准比照办理。"①

在后来的几年里,新规定试图涉及越来越复杂的国内工业部门。1928年起草的条例中认为若要认定产品是否为国货,应当考虑生产企业的老板及经理的国籍、原料的原产地、雇工的国籍。大多高阳商号陷入了第四类,即商号老板及掌柜是中国人,使用本地的劳动力,但是原料是进口货。②

关税问题只是高阳商会代表集体经济利益发起并开展的活动中的一项。另一个事例是1917年,河北平原地区发生严重的洪涝灾害,高阳商会提请特别救助活动。直隶商会带头组织这场救助,要求恢复被洪灾严重破坏的乡村织布工业。最终省政府联合商会发起为从事棉布业的商号提供低息贷款保证的计划。高阳商号和织户属于这项贷款计划的主要受益者。③

商会代表集体活动的另一个事例是请求降低铁路运费。1927年南京国民政府建立后,铁路归政府部门管理,收取运输费用。高阳布一开始被归为现代机械化工厂生产的产品类。高阳商会请求政府降低运费,同时也寻求了李石曾的帮助;请愿的结果是高阳布从二级费率转向第五级。一位以前的商人估计这次归类的转变为高阳商号每年节省了将近200万元的运输费用。④

1924年的另一场税收争议使高阳商会在天津取得一块土地,建立了会馆。1924年,像1917年一样,夏末的暴雨使河北平原陷入洪涝之中。运输被切断,纱线价格上涨。天津税局决定利用这次涨价的时机,对购买的棉纱征收"二五附加税"。高阳商会

---

① 《天津商会档案汇编》第2部,第3556—3557页。
② 《天津商会档案汇编》第3部(1928—1937)下,第1480—1481页。
③ 天津商会档案,二类,第886页;三类,第3648页。天津市档案馆。
④ 1980年5月28日采访过去高阳某大商号天津外庄掌柜韩相辉。

与直隶商会（其主席是高阳商人张兴汉）一起，向北京的财政部提出抗议。最后，财政部命令天津税局返还多收的附加费。天津税局由于缺乏资金无力偿还高阳商人，于是在天津市内的三条石工业区的中心拨给高阳商会一块土地，高阳商会决定在此建立一座大楼，为高阳商人、高阳商号驻天津外庄住宿和经营买卖之用。①

并不是高阳商会的所有计划都得以实现。高阳商人梦想将家乡转变为拥有自己的棉纺厂的一体化纺织中心。20世纪20年代，他们为了改善交通，计划在保定和高阳之间自建一条铁路分线。这项工程由于耗资巨大，最终不得不放弃了。20世纪30年代，在商人的赞助下，他们建立了一间小发电厂，为高阳的路灯和商店照明供电。30年代中期，同和的掌柜苏秉璋带头试图扩大电厂规模，为高阳的工厂供电，而原来这些工厂都是单独发电的。苏的电厂计划，以及恢复铁路建设工程的计划都因抗日战争的爆发而中止了。②

第二节　推销高阳模式

高阳企业家在接近政府官员时有几个方面的劣势：他们来自一个几乎不为外界所知的小县城，他们的代表也没有头衔，不像那些领导大城市商会的绅商。他们不仅缺乏头衔，而且缺乏与上层人物交往的经历，那些官员、绅士和富商们通过欣赏戏剧和艺术表达他们共同的兴致。

随着高阳工业1908年后的快速发展，大商号的老板迅速富

---

① 《高阳县志草案》；又见陈美健等《高阳织布业简史》，第162—163页。
② 苏秉璋、李福田：《江南实业参观记》，高阳：自费出版，1936年。

有起来,但是财富并未立即给他们带来地位的上升以及权力界的认可。高阳商会的领导者意识到这一难题,开展了向外界推销高阳成功模式的宣传运动。为了获得认可,他们发表推广高阳模式的报道,同时积极地参与全省和全国的商业组织的活动。

1908年,当他们刚刚开始恢复织布工业的努力时,高阳商会就开始向天津商会递交报告,汇报他们所做的努力。1910年他们在天津一份有名的报纸——《大公报》上发表了一份详细的报告,这份报告是由高阳人李长生写的。① 在中华全国商会联合会成立后,关于高阳的报道定期出现在该组织的刊物上。1916年一年内发表了两篇关于高阳成功恢复织布工业的报道,都是由高阳人写的,一篇较长的文章是关于高阳商校的,详细报道了课程设置、规章制度以及精选的学生论文。

宣传运动是有效的,几年内直隶的其他地区都开始把注意力转向高阳。早在1909年,文安县胜芳镇的商人就证实了他们建立商会的愿望是合理的,因为他们认为,既然高阳可以拥有一个商会,他们也应该拥有自己的商会组织。② 1915年,定县的地方官在一篇关于建立县城织布培训中心的报告中,表达了定县有能力追赶高阳的成功的愿望,认为定县也可以发展成为全省的一个典型。③

高阳人的野心绝不止于直隶省,随着建立一个全国性的协调七百多个商会的组织的开展,高阳商人在其中发挥了突出的作

---

① 《大公报》,1910年5月24日。
② 《天津商会档案汇编》第1部,第247—252页。
③ 报告日期是1915年11月22日和12月11日。第二次报告中表达了定县地方官希望新的培训中心走出像高阳一样的成功之路。这些报告是从20世纪30年代定县档案中数千条注释卡上复制出来的,这些卡片是南开大学经济研究所收藏的。

用。尽管在1907—1909年举行的首次中华全国商人联合会会议上,高阳商人并未出席,但是他们却出席了1913—1914年这个新的中华全国商人联合会的首次正式会议。①

高阳商会第一次受到全国媒体的关注是在1913年,他们请求召开全国商会代表的紧急会议,讨论调停袁世凯和孙中山的新国民党的问题。② 高阳商会的成员开始在全国性组织中展现更加自信的角色。1914年,在得到北京新政府的正式批准后,中华全国商会联合会开始发行一种月刊。蚨丰的杨木森是创建刊物的主要力量,在刊物出版的第一年里,每一期都要刊登工商部的通告,指明杨木森为与政府谈判的协会代表。就像我们已经看到的,中华全国商会联合会的期刊刊登了大量关于高阳事迹的报道。同样是1914年,杨木森被任命为中华全国商会联合会的干事之一。

杨木森想要登上更高职位的抱负于1916年9月实现了,他在一次混乱的选举中当选为中华全国商会联合会的副主席,同时也激怒了那些来自大城市的绅商们。杨木森和他的支持者们早就为选举做了准备工作,他们寻求中国北部那些小商会的支援。在联会正式会议开始的前几天,代表们集中在北京,他们发现在选举代表和选举制度方面存在分歧。大家公认的一条是给予每个省代表团10票的选举权,但对于如何处理所谓的"特别地区"的选举权却没有达成一致意见。特别地区包括绥远、察哈尔、库

---

① 虞和平:《商会与中国早期现代化》第二章。关于高阳参与会议的部分,见《天津商会档案汇编》第2部,第526—527页。1912和1914年参会代表团的名单见苏州市档案馆《中华全国商会联合会第一次代表大会》,《历史档案》,1983年1月,第44—50页。
② 虞和平:《商会与中国早期现代化》第5章。

伦和热河,都是高阳商人在其商会事务中发挥重要影响的地方。①尽管许多官员支持给予每个特别地区5票的选举权,高阳商人和他们的支持者们却提出给予特别地区平等的选举权(即每个地区同样享有10票选举权)。由于不能统一意见,这个问题在1916年9月7日早上大会开始前提了出来,经过反复的争辩,大会决定给予每个特区5票选举权。投票计数时,杨木森在竞选联合会主席时仅以3票之差输给了湖北有名的绅商吕逵先。杨木森和他的支持者们不满于这个结果,开始争吵和推搡,打断了会议。随着全国各地的商会致电抗议,不满情绪越来越高涨。9月18日的第二次会议上,杨木森和甘肃总商会的赖恩培被选为联合会的副主席②,高阳的张兴汉也被选为联合会的干事之一。③

高阳商会的一个领导者当选为中华全国商会联合会的高级官员是小城镇人取得的一次重要的成功。同时,选举中爆发的强烈抗议也反映了城市绅商间的不信任。杨木森也被指责公开为选举而活动,有人认为他为取得支持曾请联合会里的重要人物喝酒吃饭④,还有人指出杨木森仅仅是高阳商会的一个顾问,没有资格代表全国的商会。同时指责他的地位和教育背景的缺失使得他很难参与与政府官员的谈判。

杨木森和他的支持者们曾经认真地策划选举活动是很明显

---

① 张家口商会的两位领导,合记的王继先和代表广豫(布庄)的宋云路,都来自高阳。《天津商会档案汇编》第2部,第519—520页。
② 《大公报》1916年9月8日,附加的文件见《天津商会档案汇编》第2部,第544—552页。天津代表团与天津商会的来往信件在天津商会档案馆,第三类,第195号文件。
③ 《天津商会档案汇编》第2部,第552页。
④ 天津总商会走在抗议杨木森的前列,有人认为天津总商会希望自己的成员当选。关于1918年的选举,见1918年6月8、10、25日的《申报》;有关卞荫昌金钱策略的使用,见1918年4月29日《时报》中的报道《天津国民协会的当前状况》。

的事实,张兴汉和高阳商会的其他成员都不遗余力地支持他。尽管杨木森登上中华全国商会联合会的权力地位遭到了猛烈的抨击,但是高阳商人仍然继续在全国和全省的商务事务中发挥积极的影响。1918年,张兴汉被选为中华全国商会联合会的副主席之一,但是由于他被指控违背了商会规章被取消了选举权。① 尽管这样,张兴汉后来在20世纪20年代一直担任直隶商会的主席。

第三节　商会和县政府

类似商会的协会组织是正在争论的中国民主制度发展潜力的这一问题的核心,这些争论集中在独立的组织是否独立于政府运行的问题上。受哈贝马斯(Jurgen Habermas)著名的关于欧洲资产阶级社会公众领域上升的论断的影响,一些学者争论我们是否也能在中国分辨出相应的发展。一些人认为清政府的软弱和19世纪后半期新型自发组织的增加导致对一些活动的控制权由当地政府转向民间组织。另外一些人尽管也承认自发协会的兴起,但是仍认为专制国家与这些团体之间的关系从本质上说是相当不同于哈贝马斯描述的欧洲公共活动领域的争议的。② 在哈贝马斯著名的欧洲分析中,公众话语和行动领域的发展产生了一个新的与专制政府相对立的资产阶级阶层,最终引致一个民主的市民社会的建立。

---

① 1918年6月8、18日《申报》。
② William Rowe, "The Public Sphere in Modern China", *Modern China* 16, no. 3, July 1990, 309—329; "Symposium: Public Sphere/Civil Society in China?", *Modern China*, 19, no. 2, April 1993, entire issue.

第五章 共有资源

孔飞力(Philip Kuhn)在他关于镇压太平天国运动的地方武装的研究中首次谈到了晚清时的政治和行政权力下放的问题。①他的研究激发了冉玫铄(Mary Rankin)和周锡瑞(Joseph Esherick)及其他人进一步的研究,他们描绘了在本地社会新利益群体的兴起。② 罗威廉(William Rowe)关于汉口的分析,特别是其中对于为当地提供服务的各种非政府团体和行会组织的角色的分析,强有力地刻画了自发团体和行会组织控制重要行政事务的方式。③ 小滨正子在她关于上海慈善协会的著作中,谈到了协会关系网在城市社会的创建和公共服务的完成中的关键作用。④

要找到我们的答案,我们需要考察商会运行的制度结构。随着袁世凯新政策的推行,地方行政部门的压力越来越大。他们不仅要完成传统的任务,包括税收、公共安全保障和司法任务,还要承担新的任务,包括建立现代的公共学校,组建警卫力量,鼓励经济发展,建立公共交通和通讯设施(包括电报和邮政服务),以及开展革除有害社会习惯的运动,如吸食鸦片和缠足。他们还要应付各种调查,汇报各种任务的完成情况。⑤ 虽然任务增加了,但是处理这些新任务的财力却迟迟不能到位。地方政府被要求自

---

① Philip Khun, "The Development of Local Government", in John K. Fairbank and Albert Feuerwerker ed., *The Cambridge History of China*, vol. 13, part 2 (Cambridge: Cambridge University Press, 1986), 329—360.
② Joseph W. Esherick and Mary Backus Runkin, *Chinese Local Elites and Patterns of Dominance* (Berkeley: University of California Press, 1990).
③ William Rowe, "The Problem of 'Civil Society' in Late Imperial China", *Modern China*, 19 (April), 1993, 139—157; Frederic Wakeman, "The Civil Society and Public Sphere Debate: Western Reflections on Chinese Political Culture", 19 (April), 1993, 108—138.
④ 小滨正子:《近代上海的公共性与国家》,东京:研文出版社,2000年。
⑤ 天津社会科学院存有清末武清县调查资料的手稿。

已想办法解决这些问题,他们只好越来越倾向于向当地的非政府组织求助。

我们所看到的清末以及抗日战争前的民国时期的地方政府是一种过渡性的形式,难以将其归类。它们在有些方面是非常先进的,比如在商法规则的执行和现代学校的课程设置方面;另一方面,这些地方政府的一些做法又像是保留着中国学者所谓的"封建"残余,比如地方官,他可以违背正式制度强迫高阳商会拿出一部分学校基金来赞助政府活动,同时拒绝放弃这种做法。再比如另一些地方官,直到20世纪30年代仍然自行解决一些重要的法律案件,而不是通过公开的法庭审理。①

地方政府的结构与公共的社会结构同时塑造和限制了非政府角色(如商会)的活动范围。虽然商人们为保护自身的利益而参与地方的行政管理,但是这种参与是有限的。民国的前20年期间,正式的县级行政仍然采取的是封建帝制时的做法。县官们仍然是从外地调任的——20世纪20年代他们往往是由该省的军阀任命。尽管曾经规定地方官不得在家乡任职的避讳制度已经不再有效了,但是一份关于20世纪20年代末30年代初高阳地方官的名单显示,其中一大批仍然是外来者,所有人任期都比较短,最长的任期不到3年,平均都在6个月左右。② 由于新任命的地方官大多是经过行政管理培训的毕业生,而不是过去的当权者,较短的任期使他们很难熟悉当地的问题。1936年,位于中国中部的国民政府试图将地方自治的政策推广至华北地区,首次试行县级代议制。这种行政权力结构意味着地方上几乎没有公

---

① 《高阳县志》1995年。
② 《河北月刊》3卷1号,1935年1月。

众言论的自由场所了。

影响商会活动的第二个主要因素是地方竞争性精英群体的软弱。在发展织布工业之前,高阳是一个贫穷县,没有财富支持以形成一个绅士精英阶层。高阳的地理位置接近首都北京和现代通商口岸天津,这意味着那些在全省或全国范围内有所成就的人都将其家业转移至这两个大城市之一,而不是告老还乡。高阳有两大显族就是这样做的,即李鸿藻和他的儿子李石曾以及齐氏家族,齐家在20世纪最为有名的成员就是齐如山,他是中国戏剧学家,为戏剧名角梅兰芳创作剧本。①

在这种结构下,几乎没有什么与之竞争的社会团体,缺乏资金的县政府又相当软弱,加上最高当局的频繁变化,使得商会在经济和政治生活中都表现出重要的作用。即使这样,它们很少与政治行为对立。事实上,1914年关于使用学校基金的事件是我们所看到的唯一一次两者公开的冲突。在大多情况下,商会和县政府的关系看起来是合作的,在县政府缺乏财力资源时,商会积极地为县政府倡议的活动投入资金和力量。在上述讨论中,我们看到的都是商会为改善商业环境所做的努力。除了这些活动,商会还作为县政府的助手承担着其他的任务。例如,1908年,商会响应政府倡议反对吸食鸦片的运动,为社会戒毒提供资助。同时,就像我们已经知道的,1920年军阀部队兵变时,是商会支付给军队走路钱。以上仅仅是商会参与的众多地方资助项目中的两个例子。

在20世纪20年代末,主要的税收权力在省政府一级,华北

---

① 见刘凤翰、李宗侗《李鸿藻先生年谱》,第2卷,台北:中国学术著作奖助委员会,1969年;齐如山:《齐如山回忆录》,台北:中央文物供应社,1956年。

地区仍然掌握在军阀手中。国民政府将田税收入也移交到省政府用于省内的开支,比如军费以及其他特定的工程,包括一些教育机构的建设。①地方经济的税收负担是沉重的,而且几乎得不到什么补养。高阳 1930 年 65953 元的田税以及其他各种税收中,县政府仅能留下 3891 元自用,②其余全部上交。县政府为了满足自身的预算需求,不得不制造各种名目的附加费和特别税,在省政府税收以外加收。

商会作为地方最富有阶层的社团代表,在地方政府的财务活动中开始扮演重要的角色。商会代表们与县政府以及县属各区的代表联合建立了一个支应局(管理局),负责应付特别支出和税收评估。在高阳,商人们承担了 30%的特别税,其余 70%分摊在各个村庄里。几乎整个河北省内都采取了类似的制度,但是高阳的商人承担的特别税份额比较高。③

除了税收、运输费用以及赞助地方政府这些事务之外,商会重点关心的是保持社会秩序的稳定。1929—1930 年土匪的猖獗威胁到社会安定时,商会经县政府批准成立了商民保卫团,协助保卫高阳的治安。尽管北伐已于 1928 年正式完成,1929 和 1930年仍有一些大大小小的战役。这种持续不断的不稳定,加上国民军和军阀部队遣散人员的流入,加剧了河北中部土匪势力的增长。积聚的团伙游荡在平原地区,劫掠城镇,破坏运输路线。在高阳,李鸿藻家的祖坟也被洗劫,大量的报告显示村庄和集镇受

---

① 李锐:《河北省各县年来之军事支应》,《大公报经济周刊》,1933 年 9 月 20 日。
②《高阳县志(草案)》1932 年,第 134—138 页。
③ 来自高阳西南深泽县的报告指出,在商人和普通人之间可按 12%—88%划分。满铁北支事务据调查部编:《河北省税制调查报告》,1938 年。

到袭击。① 1929年匪患严重,威胁到纱线和织成品的运输,商人们感到有必要联合起来抵御这些破坏活动。于是,20名男子应召加入"保卫团",这个组织隶属于县警察局。随后几年,保卫团的规模和火力不断增大,它的责任也从保护道路和运输扩大到镇压公共的抗议活动。20世纪30年代中期,保卫团每年的开销达3万元,商会承担30%,其余以附加税名义分摊至各个村庄。②

20世纪二三十年代高阳的经历符合了清末开始实行的权力下放的做法,一个软弱的县政府在地方治理、技术教育、城镇发展、税收以及公共治安方面求助于商会组织。事关织布工业发展方面的事务,明显是由商会发起的;就那些具有一般性的事务来说,则县政府是始作俑者,不过它寻求了一个具有财力的组织的协助和支持以满足自己的需求。我们能否把商会的活动看作是独立的、中介性社会团体活跃其中的一个全新公共领域的出现的暗示呢?

由于许多关于公共领域的争论隐含地与中国的民主度问题相关,因此我们需要考虑商会的活动是否以民主的方式进行。商会是一个正式的、合法的实体,对于成员的要求和组织的运作都有规章约束,至少在结构意义上,它有进行一种新型的公共行为的可能性。然而,当我们观察商会历年的领导者名单时,毫无疑问的是,几乎所有的领导者都是最大的商号的老板和掌柜。至于它追求目标的策略,我们再一次看到一个混合的画面,在一些情况下,商会的作为看起来是新颖的,例如,在建立商校时,商人们自愿承担附加费以赞助这种他们认为有价值的活动。学校的课

---

① 长野朗:《土匪·军队·红枪会》,东京:支那问题研究所,1931年,第120—121页。《大公报》1932年7月29日。
② 《高阳县志草案》,军事事务章节。

程内容显示了建立一个新的广博知识和全球视野的商业阶层的真诚的愿望。

商会代表商界利益的一个主要方式是向政府请愿。一份文件显示了共和政府在公共和私人活动方面仍拥有广泛的控制权，每一项公共或集体的议题都要经政府批准——从建立商会到建立私人团体资助的商校，到中华全国工商联合会刊物的发行，再到税收豁免问题。因此，商会的一个主要工作就是与政府谈判。像商会这样的组织可以直接面对政府，这在20世纪初期是很新鲜的事。由于以前从来没有对这种中介社会组织的官方认可，因此也就没有任何与这类组织打交道的正式用语和实践制度。虽然他们很少使用习惯上贬损请愿者的话语，但是整个20世纪20年代商会一直使用帝制时的官方语言与政府对话。尽管这些请愿常常是代表经济发展的共同目标，但很少有具有民主特征的表述。当他们的建议被拒绝后，他们也不会转向其他的政治行为活动。大城市的商人们在二三十年代常常参与国民的政治活动，高阳商会仅在30年代初参与过抵制运动，同时还收到一些不太令人愉快的结果（见第一章）。

在处理商会和政府的关系之时，高阳商会利用的是传统政治习惯，而非创建一个具有民主表达特征以与政府政策对抗的独立空间。在巨大的压力下商会与官员和其他商人们建立关系网。虽然商会乐于讨论、争议与织布工业相关的问题，但是没有证据显示他们鼓励关于其他议题的公开争论。

在最富有和最强势的商人的控制下，商会致力于建立一个有利于实现特定集体和个体商业目标的商业环境。商会建立的制度和机构养育着工业区，一直到战争爆发时。

第六章 战时崩溃

从作为一个工业区增长开始起,高阳工业就进入一种连接生产者与高阳以外的供应商、市场以及金融机构的相互交织的关系网中:纱线来自现代纺织厂,成品在全国范围的市场销售,结算则通过天津银钱号。1937年7月日本的入侵撕裂了这一关系网,同时导致工业区的生产戛然而止。尽管对于当时的观察者来说(这意味着什么)似乎不是那么显著,事后我们会发现这场战争标志着高阳工业的结束,我们前面讲到的那些大商号的相继倒闭。1945年日本投降后,工业开始恢复增长时,一种建立在包括一部分社会主义原型和一部分地方自发的作坊资本基础上的体系开始发挥重要的作用。本章我们将关注日本侵略所造成的工业区的崩溃、战时恢复生产的尝试,以及这些事件揭示了高阳生产体系一种怎样的内在机制。

日本武装全面入侵中国的导火索是1937年7月北京郊外爆发的卢沟桥事变,日军首攻目标是河北平原中部地区。平原地区成为日本占领军与中国共产党组织的武装反抗力量斗争的焦点。1938年,这里建立了第一个抗日根据地——晋察冀根据地,高阳位于晋察冀附属根据地——冀中抗日根据地的中部。冀中抗日根据地的第一个总部建立在高阳,整个战争期间这个曾经的织布工业区成为抗日的中心地带。

战争进行的异常艰苦,因为日军想要取得对战略平原的政治和经济控制,双方的损失都很惨重。在20世纪40年代初,高阳被日本正规军和日伪军占领,这些日伪军在高阳县建立了6个据点,在20多个村庄驻有军队和防御的岗楼。① 积极参与抵抗运动的代价是2500多名高阳人在抗日战争中失去了生命,这还不包括那些老百姓,即没有参与抵抗运动的人员。② 尽管本章不涉及与抗日战争相关的政治和社会问题,但作为其他一些变化的背景却是我们必须了解的。③

随着1937年夏日本军队迅速从北京和天津向南侵入,沿着贯穿华北平原的铁路干线逐步深入,地方政府很快就解散了。地方官和地方警察力量在日军到来前就撤走了。高阳商号的老板和掌柜们迅速关闭商店和工厂,把自己的存货运往比较安全的城市。一些企业家逃到天津的租界避难,另一些逃到日本占领的北京和保定,还有一些逃到南面更远的未被占领的地方。几乎所有工厂、作坊和批发商号的营业都终止了,许多工厂工人、商店职员和雇佣的织工都加入逃亡中,到乡村的亲戚家中避难,或到较大

---

① 高阳县党委与高阳县档案馆编:《河北省高阳县组织史资料,1930—1987》,石家庄:河北人民出版社,1992年。
② 在1995年的新《高阳县志》(未刊稿)中有一份革命烈士的名单;其中95%的人死于1937—1949年间。
③ 我的博士论文《革命中的乡村社会:高阳工业区,1910—1947》,1975年完成于加利福尼亚大学,伯克利。这篇论文关注了战争年代和抗日斗争所引发的社会经济变化。近年来出版的由高阳县党史编委会编辑的,关于高阳在抗日战争期间的经历的著作:《高阳县革命斗争大事记》,亚洲出版社,1992年;保定共产党宣传部和保定党史研究所编:《保定抗日战争历史资料汇编》,1995年;高阳党史研究办公室撰写:《新国民运动对高阳人民的残害》,载《河北文史资料选辑》15辑,1985年,第101—105页。参与抗日斗争者写作的短文见冀中一日写作运动委员会:《冀中一日》,1942年第1版,1959年再版。

的城市希望找到新的工作。①

1937年夏冀中的混乱情形造成了两种现象。在一些县城，地方精英们组建了治安维持会，在日军到来之前维持地方的治安。治安维持会后来转变为伪政权机关。在另一些县内，包括高阳，地方政府和大多商业精英的迅速解散使留下来的人们更加无能为力。治安力量的解散使当地成为真空的环境，向盗匪们敞开了大门。盗匪的猖獗使得地方又重新建立了自卫力量。日军要想占领这些地方必需发动武装力量，他们的反抗是非常强烈的，战争中牺牲了大量的生命和财产。

战争初期对高阳的控制几经转手。日本军队于1937年10月首次向南推进时就迅速占领了高阳城。1937年11月吕正操率领的国民党军队与日军对抗，他们在高阳建立一个总部就离开了。1938年4月吕的军队又回来了，赶走了板桓的250人的队伍，在9个月的时间内建立了一个基础性的行政机构和支持抗日斗争的公共机构。② 1939年1月日本军队再次回来，驻守高阳，在许多村庄和集镇建立了防御工事。日本人一直占据着高阳，直到1945年夏共产党于9月初发动的对日战争解放了高阳城。

冀中地区的艰苦战争使得乡村工业的恢复难以实行。在抗日战争初期(1937—1941)，大多在建立工业区时发挥了重要作用

---

① 陆支密大日记：《抗日势力的诸工作与新政权的活动状况调查报告：华北省正定及高阳县为中心》，46，1939年4月，第118页。陆支密大日记是一种由国家自卫队在东京惠比寿的战争史办公室按年代编辑的原始档案。这个报告是基于战争开始时对那些为当地批发商号工作的居民的访谈而得到确实的。同和的苏秉杰的加入强化了抵抗日本侵略的力量，抗战期间苏病逝后，他的一个雇员成为中国人民解放军的一名将军。1980年5月访问了以前的高阳商人。
② 陈克寒：《模范抗日根据地晋—察—冀边区》，重庆：新华日报，1939年，17。

的批发商号或者被毁坏或者转移到了其他地区。① 它们多年来精心建立和培养的销售结构随着日军占领的华北城市与共产党领导的乡村抗日地带的隔绝而四分五裂。原料无法进入乡村工业区，紧接着1939年夏天的洪涝灾害使穷困潦倒的织户们不得不卖掉织机换取现金。

通过观察高阳工业区这几年的没落，我们可以看到他们在生产设备上大量地收回投资：机器被卖掉或转移到其他地方，经营这一体系的企业家们也都走了，拥有技术和设备的织户们失去了为其提供原料、保证销售的批发商号和染整工厂后也无法再经营下去。

第一节　战争期间的企业家资本

早期的高阳企业家们是以较小的投资建立自己的商号的，20世纪30年代高阳的生产体系由一批拥有全国范围的销售网络的大商号控制着。正如我们在第三章中看到的，最大商号的资本一般在100万元以上，其中杨氏蚨丰号的资本超过了200万元。高阳的企业有两大类型：一类是商业企业出身，一类是作坊出身。这两种类型的企业在战争期间的命运是不同的。几乎所有的批发商号在战争中期就失去了它们的财产，而许多作坊企业把它们的经营基地转移到了被占领的北京、天津和保定地区，而且在战争期间仍然保住了一部分资产。

---

① 在日本占领期间，仅有两家工厂继续营业。隆德堂是一家提花纺织厂，位于高阳县城东关，拥有50台提花织机。老板为保定一家商店生产定货。另一家工厂是位于北圈头村的一个纺织兼印染作坊。见陈美健等《高阳织布业简史》（即《河北文史资料》第19辑），1985年，第33页。

第六章 战时崩溃

杨氏家族的旗舰——蚨丰号,由于掌柜在1938—1941年间的一系列错误估计而破产了。1937年杨木森已73岁,早已退出蚨丰的日常管理工作。1937年7月,杨氏的掌柜和高级职员们将存货打包装运到北京的外庄,将北京外庄改为蚨丰的总部。杨木森退休回到家乡南边坞村,在那里他招募了一批私人自卫力量保护自己的财产,他拒绝了所有参加抗日的邀请。1939年杨木森死在自己的家乡,时年75岁。

蚨丰于1938年开始在北京经营,最初依靠原有存货的销售利润生存。由于高阳的生产已经停止,蚨丰掌柜意识到他们的存货很快就会用完,如果他们不尽快采取措施进行再投资,他们的资产很快就会被通货膨胀吞噬。蚨丰掌柜还意识到战争期间是有利可图的,贸易和生产的中断使得许多未占领地区存在大量的商品需求。由于日本对北京控制的加紧,蚨丰掌柜决定将他们的经营基地转移到国民政府控制的南方地区。命令华北所有的外庄将存货换成货币集中到北京总部,北京蚨丰的掌柜将所有的现金购买成国内紧缺的货物,计划把它们运往河南东部临近占领区和未占领区边界的商丘城销售。他们安排了一部分支付给伪军以便通过运输关卡的费用。护送货物的车队遇到了日本的巡逻军,日本人发现了他们运送的货物中有大批的民国通货,便逮捕了蚨丰的职员,没收了货物。1940年下半年,蚨丰试图结束南部的外庄,将资产转移到国内的打算也失败了。

并不是杨氏企业所有的努力都失败了。杨木森的大儿子杨明尘,在1940年从北京转移到洛阳,建立了一个国货促进会。他招收来自高阳的工人从事老式织机改进(增加飞梭次数)的工作。他还建立了一家织物印染厂,为当地的织户加工织成品。杨明尘的侄子杨月潭加入了他在洛阳的事业,建立了一家皮革厂。几乎所有杨家在洛阳建立的新企业的掌柜和技师都是以前高阳蚨丰、大丰或元丰的雇员。这些洛阳的新企业一直持续经营到1944年日本占领洛阳为止。①

高阳其他的大商号也都有类似的经历,几乎所有的业主都将存货运往高阳以外,利用销售利润进行其他的投资活动。但是,很少有取得成功的。也许蚨丰和其他高阳商号在战争期间的投机活动没有成功并不令人吃惊。高阳批发商号的成功建立在精心构建的商业网和经营纺织贸易的商业知识的积累上。当这些纺织企业家从事新的高投机的战时贸易活动时,这些活动的成功依靠的是不同的技术和关系网,他们在这方面并不比其他新手具有优势。他们投资的越多,失败越惨重。战争结束时,曾经领导高阳创业发展的大商号都破产了,他们的财产由于战争和通货膨胀而损失殆尽。

那些作坊起家的商号,包括合记和同和等,比较成功地度过了战争年代。这些拥有技术的企业家们建立了这样的企业:大量投资于固定资产——机器和厂房——不容易移动且容易再投资的资产。战争初期这些工厂都关闭了,老板把工厂和设备委托给工人看管。战争期间一部分设备被卖掉,一部分被占领军或抗日力量占用,战后只留下了一小部分原始资产。

作坊企业的老板,与批发商号的老板一样,努力想在新的地方谋生。由于他们拥有技术,重新开始,建立新的企业就比较容易一些。恩记机械化染整工厂的老板兼高阳商校的校长——李恩波,带领40多名员工转移到了北京。在恩记的北京外庄建立了总部,1938年他建立了一家小型漂染厂。1939年他的工厂得

---

① 陈美健等:《高阳织布业简史》,第74页。

到一份日本军队的订单,他的新企业业务繁荣起来,并且一直营业到工商业的社会主义改造时期。1955年,李的工厂被并入光华染色厂,李恩波作为主要的工程师仍然留在厂内工作。①

抗日战争期间,北京和天津的纺织业都得益于高阳资产和技术的投入,北京现代染色业的基础就是在战争初期李恩波等高阳人的带领下奠定的。② 战争初期在天津出现了相似高阳作坊资本的汇集,高阳企业家在此建立了许多新的织布和染色作坊。③

第二节 战争年代的纺织者们

当许多大企业家族离开高阳时,乡村纺织者们大多留在家乡,在抗日的恶劣环境中谋求生存。他们的命运直接受到日本占领军经济策略的影响。日本在华北的策略是建立在使华北融入一个大的日本·朝鲜·满洲·华北经济共同体的前提下,农产品和自然资源可以与来自日本和满洲的工业品交换。④ 尽管把这个计划描述为共同体,但是他们设计的是将华北地区作为一个殖民地,为日本提供关键的原材料,同时成为日本工业品的销售市场。在华北平原地区,最重要的原料品是棉花。战前,华北是主要的原棉出口地;20世纪30年代华北棉花主要经天津口岸出口,日本是主要的购买国。中国棉花被出口到日本国内或日本在天津、青岛和济南建立的棉纺厂。因此,为了实现扩展纺织业的目的,日本希望建立这些战前基地,计划扩大生产和加强对市场

---

① 陈美健等:《高阳织布业简史》,第146—147页。
② 中国人民大学工业经济系:《北京工业史料》,北京:北京出版社,1960年,第314页。
③ 天津商业组织的档案中登记有许多小作坊,其业主是高阳、蠡县或任邱人。
④ 小林英夫:《"大东亚共荣圈"的形成与崩溃》,东京,御茶水书房,1975年。

的控制。①

棉花对中国的织布工业也是十分重要的。在战争爆发之前,高阳以多种方式被卷入棉花产业:原棉的出口地、纱线的进口地以及织成品的出口地。有些年份粮食生产成为许多家庭的附属工作,这些家庭的收入水平取决于织布业而不是农业生产。就像我们前面看到的,当地家庭平均收入的70%—80%来自于织布业。1939年后日本的执政者发现,如果不恢复乡村家庭收入的基础,当地的经济和社会就难以稳定。②

1939年1月日本占领高阳时,他们发现这个地区在战争爆发的两年内遭受了严重的损失。许多地方精英逃走了,很难找到地方合作者来建立日本的伪政权。日本人任命的地方长官和他的随从人员都来自河北的其他地方;该地方长官毕业于日本的军事学校。③ 1941年的一份调查显示,高阳县的人口下降了20%多,从1935年记录的180408人下降到1941年的140264人。人口减少最明显的是高阳县城。1939年1月日本占领军到达时,高阳城几乎被当地居民遗弃了。日军的先头部队发现高阳城仅剩下500人,大多还是乞丐,在高阳作为繁华的商业中心时,居民曾达1.5万人。随着秩序的恢复,人口渐渐增加,1939年春末,高阳城人口上升至3000人。回来的大多是穷人,依靠日本人控制下的政府的救济品生活。④ 1938年,为了方便抗日部队的前

---

① Jerome Cohen, *Japan's Economy in War and Reconstruction* (Minneapolis: University of Minnesota Press, 1949),注释第34指出,日本在华投资的87%是在棉业。《东洋贸易:东洋贸易70年史》,大阪,1953年,第422页显示,日本提高了对中国和朝鲜棉花的依赖。
② 胡仁奎:《游击区经济问题研究》,山西:黄河出版社,1939年,第82页。
③ 《抗日势力的诸工作与新政权的活动状况调查报告》,第120页。
④ 大岛正、桦山幸雄:《事件下的高阳织布业》,载《满铁调查月报》,1942年,第21—62页。

第六章 战时崩溃

进,环绕着高阳县城的厚厚的砖墙被拆掉了。工厂和商店关了门,街道上几乎空无一人。乡村里曾在高阳打工的织户也离开了,因为商号和工厂的关闭使他们失去了就业机会。许多织户陷入缺乏食物的困境,他们不得不卖掉织机。织机被拆成几个部分,木架子做燃料,铁轮当废铁卖掉。战争结束那一年,原有的 3 万台织机仅剩下 1800 台。①

日本侵略者曾试图恢复织布业,但大多失败了。在恢复的过程中,日本人意图将经济恢复政策与对社会的控制结合在一起。高阳县城的纺织者被邀请加入一个日本人支持的织业分会,这一组织受新民会的控制。新民会是日本负责在安抚工作中提供民事帮助的机构。加入织业分会必须有一封担保信,并且同意将织机搬入日军驻守的高阳县城。一位高阳城附近南边坞村的村民报告说,他曾参与日本人的纺织计划。他和另 5 名家庭成员被要求带着织机搬入高阳。他回忆说他们村有 20 户农家参与了这一计划,20 户家庭互相为对方提供担保。由于高阳县城的人口大量减少,所以很容易找到便宜的住所。战争结束前,他们得到的报酬是稳定的,而且高阳县城的物价也很稳定。织布所用的棉纱由织业分会以配给的形式供应。②

织业分会在一间日本洋行的监督下运作,这家商行负责提供棉纱和收购成品。北泽洋行于 1939 年来到高阳,当时日本刚刚再次占领高阳,北泽洋行元月份开始营业,不久就资金短缺。1940 年 5 月北泽被卖给日本纺织业巨头东棉洋行——大型贸易

---

① 高阳县人民政府财政经济办公室:《高阳县 1954 年手工业调查工作总结》,1954 年 10 月,高阳县档案馆油印复件,4。
② 1980 年 5 月访问过去的纺织者。

行三井洋行分支,东棉洋行在高阳一直经营到战争结束时。①

鼓励本地商业的发展是日本统治的一个目标,1939年成立了一个伪商会。② 由于日本商行垄断了天津的日本棉纺厂生产的棉纱的供给,使得中国的商行很难进入纺织业务。整个战争期间,原棉和棉纱紧缺,均由行业公会配给,天津的机械化纺织厂获得了优先权。流入高阳的少量棉纱——仅相当于1934年的4%左右——不足以恢复高阳的纺织业。③

原棉、棉纱的紧缺,以及日本棉纺厂不能维持稳定生产所造成的供给不稳定,使得恢复乡村织布的失败在所难免。令人诧异的是他们确实做了恢复织布工业的努力。东棉洋行变向乡村织户供给棉纱为配给,似乎没有从中得到好处。曾经树立了高阳特色的染整工厂几乎都关闭了,人造纤维无法再得到。根据日本调查人员的报告,以及参与纺织计划的织户的回忆,当时所有的产出都是原色棉布。由于游击队的攻击,陆路和水路运输都非常困难。随着战前建立的销售网的毁坏,高阳织机的产出被纳入东棉洋行的运作体系:织出的布经天津工厂染整后,以东棉洋行的品牌出售。无疑,即使东棉洋行有垄断权,它也很难在高阳的纺织贸易中盈利。1942年调查高阳经济形势的南满铁路研究所的调查人员建议日本政府应当把工业归还给中国人控制,这样本地经营者或许会更加成功地把工业导向盈利。④

---

① 大岛正、桦山幸雄:《事件下的高阳织布业》,第52页。
② 王天斋,伪商会的会长,在1945年高阳解放后即被处决。
③④ 大岛正、桦山幸雄:《事件下的高阳织布业》,第52、61—62页。

第三节　工业区发展模式的深层思考

　　战争破坏了高阳的生产体系,不论日本人还是抗日力量恢复织布业的努力都失败了。① 工业区在战争期间的崩溃,使我们想起在 20 世纪 30 年代前曾经制造了高阳工业区成功的那些因素。高阳工业区的生产在原料和成品上都与国内市场相联系。与我们当代许多出口导向型工业区类似,20 世纪初的高阳生产者从城市工厂和国外输入原料,进行乡村加工,然后将成品运输到国内市场销售。

　　战争期间,许多企业家、技师和织工离开了高阳地区,转移到天津、北京及其他城市,在那里建立新的作坊和工厂。这种空间上的重置是基于以下几方面的考虑:首先,即使在日本人的占领下,城市也是相对安全的地方;其次,城市——尤其是天津——是现代棉纺厂的所在地,这意味着获取原料更加方便;第三,在城市比在边疆地区和小县城的偏远市场更容易找到顾客。

　　企业家和织工在战争期间的空间重置引发了关于高阳工业区的原始位置的疑问。如果战争期间接近原料供给是一个优势的话,为什么在世纪之初,高阳纺织者成功地与天津的小纺织厂竞争之时不这样做呢? 这个问题,从更广泛的角度考虑,适用于整个中国的乡村工业区的经历,不仅是 20 世纪初,而且在战后的恢复期以及改革时期。什么样的机制使乡村工业区在一个高度竞争的市场体系中生存和增长,为什么它们的

---

① 抗日力量在附近几县的原始手工纺织上取得了较大的成功。冀中管理处:《冀中纺织业》,1948 年 11 月手抄本。

城市竞争对手,在似乎更有地理优势的情况下,没有取得与乡村工业区同样的成功?让我们简单地评论一下战前高阳与这些问题相关的经历。

我们可以发现四个因素是理解工业区为什么发展起来的关键。首先,一小批试图恢复家乡工业的商人在20世纪初的创业,积极地推进了纺织业的发展。袁世凯的实业振兴计划创造了支持纺织业发展的环境,日本的出口推进计划使原料的获取非常简便。我们可以认为这些因素是提供技术和原料的"推动"因素,究竟什么决定了这种"推动"因素是否能刺激生产?同时,如果它能刺激生产,地区商人们又从哪里开始行动?一些社会团体依据自身的内在机制,利用了新行动带来的商机。①

促进工业区发展的第二和第三个因素产生于振兴地方纺织业的决策中。高阳持续30年的成功源于一个商业和销售结构的创建,这个结构支撑着当地的生产体系。在这里,具有信息收集功能的销售代理体系的发展是非常关键的环节。销售代理体系使得高阳商号不断地有创造性地调整自己,以适应伴随沿海城市现代纺织业的发展而出现的不断变化的销售环境。当现代工厂生产的低成本织物进入市场时,高阳生产者很快转变策略,灵活地生产品种更加广泛的产品,因为它们拥有一个完善的销售网络,为它们提供地区市场的需求信息。

第四个因素归结为一个地区内集中了大量的拥有商业和技术能力的人才。随着产品组合的多样化,染色技术和纺织设计就越来越重要。技术学校为纺织业培养人才,同样重要的是,一个

---

① 谷本雅之认为,"推"和"拉"的作用接近,在谷本的日本案例中,地方商人积极汲取是非常重要的,原材料对地方工业区形成具有决定性作用。谷本雅之:《日本的传统经济发展和织物业——市场形成与家族经济》,名古屋:名古屋大学出版会,1998年。

商人领导组织的建立,这些商人尊重技术和革新,也愿意为技师和有技术的工人支付相对较高的工资。

  战后以及改革期间高阳乡村工业体系的重建,是对乡村企业家的行动和乡村工业区这种组织形式的活力的认可。

第七章 从市场到计划：第二个增长期

消费品的生产和销售有多种组织方式，本书的第一部分我们考察了其中的一种：工业区，以及20世纪初期在高阳乡村围绕工业区成长起来的工商业体系。工业区发展的制度框架的特点是存在一个相对较弱的政府，这个政府很少对独立企业和个人实施额外的经济限制。战争期间，制度设置发生了重要的变化，最重要的一点是在抗日根据地中国共产党建立的强有力的政党和政府组织。当1945年后高阳工业进入第二个增长阶段时，随着制度环境的根本变化，政府组织开始在织布工业的恢复中发挥主要的作用。在20世纪50年代，党和政府的决策结束了乡村高阳的小规模工业的发展。

本章将追溯从市场引导生产向计划决定生产的转变，以及这种转变给织户和企业家带来的影响。高阳在这几年的经历是中国经济社会主义改造过程中的一个小的组成部分。在即将进行的描述中，我们将用一种不同于一般的方式来讲述20世纪50年代初经济组织发生的显著变化。大多关于社会主义化过程的描述是从政策和政府出发的，包括政府和党的领导者中设计和实施"工商业的社会主义改造"政策的人。[1] 在这些描述中，我们将全

---

[1] Dorothy Solinger, *Chinese Business under Socialism: The Politics of Domestic Commerce, 1949—1981* (Berkley: University of California Press, 1984). 我还查阅了中国资本主义工商业的社会主义改造资料丛书编辑部的《中国资本主义工商业的社会主义改造》系列中的天津和河北卷，北京：中共党史出版社，1991年。

面观察"社会主义化"的过程,利用一个工业区的案例研究,考察政策作用于快速变化的地方工业体系的方式。这几年的历史记录展示了一个开始和结束的过程、计划实施和取消的过程以及多种同时发生的以复杂方式相互作用的运动过程。

在讲述复杂的事件记录之前,让我们首先总结一下在第二个增长期中将要出现的问题。1945—1955 的 10 年间出现了一种竞争,战前拥有私营商号和个体的工业区模式与一种新的建立在抗日战争时期根据地试验基础上的工商业组织模式的竞争。这种选择,提供了中国社会主义经济模式的一个侧面,它带来了两种新的组织形式:乡村生产合作制与企业国有制。两种方式最终都在工业区的改造中发挥了重要的作用。这两种新的组织形式与借助强大的国家机器进取的政府密切相关,这个政府在抗日战争期间取得领导地位后,被确认为合法的政府。①

虽然一般把第一个五年计划(1953—1957)的实施作为中国实行中央计划的开始,但是在抗日战争时期政府的地区经济计划已经在一些抗日根据地中发挥重要作用了。② 以政府为中心的经济行动在 1945—1949 年的解放区一直实行着。政府对经济的干预程度逐步加深,甚至到战争刚刚结束,经济仍然以市场机制为基础时,政策和政府组织就已经发挥着重要的作用。

在解放战争和 50 年代初的恢复时期,国家对经济发展的干预采取了多种形式。基层的党政领导制定每一年的经济目标,利

---

① 在技术上政府和共产党应该是两个不同的角色,但是很难区分,我一般将二者统称为政府。
② 久保亨曾经提出社会主义改造是对 1945—1949 国民党统治下的城市工业的一个主要贡献。战后没收"敌产"等——日本人所有的企业——为政府提供了在不同产业的大公司建立垄断的基础。见久保亨《中国经济 100 年的步伐》,东京,创研出版,1991 年。

用财政激励、行政规范、税收法律和大量运动的驱动来推动经济朝着预期的目标发展。最初,政府干预的主要形式包括为工商业提供低息贷款以鼓励和刺激私人投资,降低特定行业的税收标准,提供技术帮助等。

在鼓励重要的私营企业发展的同时,还建立了一个国家控制的部门,发展一批国有商业企业和小工厂。许多国有商业企业可以追溯到抗日战争时期在根据地建立的政府企业。① 在发展的初期,公有商业公司的经济与私人商业企业差别不大,它们使用的大多人才是在战前私营商号中有工作经验的人。但是,管理责任由基层政府任命的干部承担,企业的利润也归提供资金的国家组织所有。在1949—1952年的过渡期间,国营批发商行被授予较大的权力,包括垄断纱线的供给,1952年这些商行并入国家垄断企业"花纱布公司",作为它的地方分支机构。除了这些新的国有商业企业,高阳地区还建立了一批国营工厂。所有国营工厂的前身都可以追溯到解放区政府所控制的被过去的老板遗弃的私人工厂。

从政府引导和鼓励到国家控制的转变并不是一帆风顺的。一方面,希望尽快恢复经济;另一方面,它们承诺消灭贫穷。在高阳地区这两个矛盾的目标的冲突非常明显,导致对工业的控制和发展的斗争。中国共产党一直强调代表工人和农民的利益,努力在资本家、织户和在小作坊、工厂里工作的工人之间建立一种更加公平的关系。在没收资本家的财产、缩短工人工作时间和提高工资等有利于工人和农民的事情的同时,就难以促进生产效率或

---

① 关于一些类似的国营商业企业的报道,见商业部商业经济研究所编《革命根据地商业回忆录》,北京:商业出版社,1984年。

鼓励企业家从事新的投资活动。政府陷入经济效率和更广泛的社会政治目标的冲突中,地方政府在制定政策时对私营企业家往往表现出一种矛盾心理,违背了国家制定的保护和鼓励私人资本的政策。

战后的第二个主要变化是缺少代表企业家利益的独立的、有组织的声音。前几代的企业家建立了高阳商会支持他们的商业利益,在第二个增长期的企业家却被排除在正式的政策制定过程之外。尽管商会的三层大楼仍然是高阳县城最显著的建筑,商人们却不再集中在那里共商推动商业发展的计策。决策行为的中心转移到县政府,它仍然在原清朝和民国时期的县政府办公处。当政府官员希望与商行和工厂的老板沟通时,他们把这些老板们集中起来,由地方政府的干部们将政策变化的文件发放给他们。尽管没有正式禁止商人们独立自发的联合,但是在党的监督下的工商联合会是商界唯一的集体组织。这个组织成立于战后,遵循党直接领导下的群众组织模式,其任务是传达和帮助政府政策的实施。

第一节 过渡的分期

第二个增长期的9年可以大致划分为两个阶段,这两个阶段由政治体制的性质和城乡经济一体化的程度来区分。第一个阶段,从1945年到1949年初,包括解放战争的几年。在此期间,华北被划分为两个行政区:中国共产党控制的解放区和蒋介石政府控制的国统区。国统区包括北京、天津、保定、石家庄等主要城市。高阳于1945年9月从日本人控制中解放出来,一直在中国共产党的稳定领导下。为织布业提供纱线等重要原料的现代棉纺厂都位于蒋介石政府控制的国统区。行政上的分裂类似抗战时期，国民党打败日本人后，国民政府从来没有把自己的势力范围延伸到县城。1946年后国民党和共产党之间的敌对愈加严重，共产党军队发动了经济抵制运动，封锁商品在两个行政区之间的运动，为高阳工业区的发展带来了严重的困难。

第二个阶段，从1949年中到1953年，中国在政治上重新统一，经济政策的目标是把农业和工业生产恢复到战前的水平。对于高阳来说，内战时期和50年代最重要的区别是乡村与沿海城市生产的重新一体化。随着机纱供给的增加，私人部门在1950和1952年间迅速扩展，导致1953年私人资本和国家控制企业的冲突加剧。

战后高阳工业的恢复是从日本投降及随后冀中根据地延伸至包括几乎所有河北平原地区的乡村县城时开始的。① 1946年的政治控制确定后，工业的恢复就是根据地规划者们的一个首要目标。② 根据地的政策制定者决心恢复高阳工业是基于以下几方面的原因：首先，中国的棉纺织业在战争后期遭受了严重的损失，乡村地区原棉的生产降到不足战前最高水平的1/3。③ 原料

---

① 日本投降的官方日期是1945年8月15日，同时只是解除了河北中心地区的武力侵略，解放军解放包括北京、天津、保定、石家庄等大城市用了3个月的时间。高阳是河北北部最主要的军事交战之地。草野文雄：《中国战后的动态》，京都，教育出版社，1947年，第166—168页。

1945年9月解除了日本和伪军的武装，这时河北变成一个基本安全的地区。1945年8月张家口被共产党占领，一直控制到1946年10月，1948年12月被"再解放"。边疆市场一直开放到1946年，到1949年初再开放。徐纯性：《河北城市发展史》，石家庄：河北教育出版社，1991年，第221—247页。

② 《晋察冀日报》，1946年1月26日。

③ 根据河北省银行的一份研究报告，1937年河北省的棉花种植面积达1300万亩；1945年跌至320万亩，1946和1947年略有恢复。《河北省银行月刊》1, no. 3, 1948年3月31日。

的短缺意味着棉纺厂的生产能力不能充分发挥。① 同时,军用和民用棉织品的需求是巨大的。生产运动的一个主要目的是满足这些需求。然而,同样重要的是改善乡村居民的生活状况。在战前,大多乡村织户依靠织布获取70%—80%的家庭收入,增加农民的收入必须恢复织布工业。

在恢复织布工业的过程中存在三个主要的障碍。第一,战争期间大多织户为购买粮食维持生存而卖掉了织机。第二,棉纱紧缺。第三,建立高阳工业区的商人企业家们在战争一开始就逃走了,很少有人回来。因此,需要重建组织结构,建立新的企业和工厂来从事生产、加工和贸易活动。②

尽管共产党的干部无疑对那些直接改善农民兄弟生活水平的政策是驾轻就熟的,但是政府官员在1946—1947年也努力制定政策来对付上述三个困难。从战时根据地的实践中他们获得了一定的指导乡村生产运动的经验,他们在高阳的首次尝试是帮助贫穷的织户购买织机。③ 到1948年,高阳大约有3500台织机在工作。如果我们假定高阳县城在战前拥有大约9000台织机,这才达到战前水平的38%。内战结束后高阳织机才开始全面恢复,1952年有8900台织机在工作,接近战前的水平。④ 冀中政府

---

① 国家统计局:《我国钢铁、电力、煤矿、机器、纺织、造纸工业的今昔》,北京:统计出版社,1958年,第150—152页。
②《高阳工商业的初步调查》,高阳县政府提供的手写报告,1948年。
③ 高阳县政府重点关注两个关键因素:机器的生产和购买织机的资金来源。1945年11月1日,工人代表建立了一个高阳县工人代表大会,生产运动驱使工人们全力进攻地方工业生产。《解放日报》,1945年11月11日。
④ 由于织机都放在家庭或小作坊内,很难精确计算其数量。有人估计战前整个纺织区织机数量高达10万台,但这一数字似乎太高了。我使用的是吴知的估计数量3万台。1948年的估计数来自一份由冀中行政办公室提供的关于"冀中纺织业"的报告,时间是1948年11月。20世纪50年代的数字来自中央工作组《高阳县经济的基本情况:解放后高阳县手工织布业中的私人资本》,1954年10月20日。高阳县档案馆存手稿。

支持的贷款促进了织机数量的迅速增加。① 我们观察到的这个过程与第一个增长期非常相似,但是低成本贷款的来源是值得强调的。在高阳工业第一个增长期间,私人企业家设计了贷款计划;在 20 世纪 40 年代末,是根据地政府发动贷款计划并提供了贷款资金。

在获得贷款帮助的同时,市场需求对鼓励织机投资发挥了同样重要的作用。拥有这些贷款的情况下,1946—1947 年市场激励的模式与我们在第一个增长期中所强调的非常相似。在第二个增长期的开始,毫无疑问市场情形是有利于织户的。整个华北的商品普遍短缺,随着西北边界市场(整个战争期间都处于消费品的饥荒状态)②的重新开放,市场需求加倍扩大。布的需求猛涨,经营者获得了丰厚的利润,据报道每匹棉布的价格相当于一匹马的价格。③

尽管需求是巨大的,但是生产的扩张却随着政治和宏观环境的变化表现出收放的模式。这期间有两个快速扩张的时期。第一个是 1945 年底至 1946 年底,织机的数量几乎从零增加到 3000 台。接着由于棉纱的短缺而停止扩张,直到 1949 年。内战的结束和重新统一的中央政府的建立驱走了经济障碍,重新打通了城市棉纺厂与乡村纺织者的联系。第二个快速扩张期是 1949—1953 年,织机的数量增加至原来的 3 倍,接近战前织布工业的水平。

---

① 《解放日报》,1946 年 6 月 3 日。
② 1946 年共产党控制了通往边界市场的门户——张家口,在与国民党战斗撤出张家口之前,华北地区的商品从张家口输出到西北的边界市场。
③ 据冀中纺织业报告中记述,战争刚结束时,一匹土布可以交换两斗粮食,但是一匹经过机械化染色和整理的高阳布可以交易一担另一斗小麦。冀中行政办事处:《冀中纺织业》(手稿),1948 年。

为了更好地理解20世纪40年代末至50年代初复杂的变化过程，让我们关注一下个体角色——批发商、织户和加工工厂。

第二节　新的经营策略——私营和国有企业

战前，高阳最大最有名的商号是布线庄，如蚨丰和汇昌，拥有几百名员工和深远的销售代理网。大批发商在战争初期就破产了，在第二个增长期，两种不同类型的企业发挥着批发商的功能。第一种是由那些战前批发商号的会计、销售人员、技师和二掌柜等人建立的私营批发商行，他们的工作模式建立在战前经验的基础上，利用自身的商业知识和人际关系网，寻找与他们有类似想法的朋友建立新的合伙企业。他们非常迅速地重建了与天津纱线商的联系，开始向乡村织户供应机纱。他们同时经营布和纱线业务，在高阳购买成品布，运往可以获得高额利润的市场（如张家口）销售。

第二种是一批国有批发商行。在此，"国有"的含义包括由政府的各种分支机构提供资金在解放区建立的商业企业。其中一些归县政府所有，另一些归县或区政府的下属分支机构所有，或者归部队分支机构或政府商业公司所有。高阳有三家大的国有商业企业：元丰、中兴和华丰，都成立于1946年初。[①] 政府机构为每个国有企业提供资金，每家国有企业的总经理都由行政干部担任。由于担任经理的干部通常缺乏商业经验，因此大多企业的日常经营由聘用的当地有经验的人士负责。尽管这些公有批发

[①] 这三家企业都受一个冀中根据地公营商业组织——远新的监督，它的总部位于高阳南边的安国县伍仁桥村。

商业企业比战前的大型布线庄相对要小一些,平均每家拥有10—20名职员,它们的活动范围却与战前的大批发商号相似。国有商行也提供棉纱,购买成品布,以市场契约的形式委托印花、染色和整理加工,然后通过分销系统销售货物。国有商行的销售网利用了整个华北解放区的国家储备网,国有商行同样为军事和民用机构购买布匹。

就在新私营批发商行的经理们在战前经验模式的基础上同时参与纱线与布匹的经营时,不久发生的一些事情打断了私营企业平稳的发展过程。1945年,美国试图调停中国共产党和国民党军队的敌对情形,结果没有成功,双方越来越趋近于内战。在这种情形下,华北的中国共产党发动了经济抵制运动,这是由国民政府为城市棉纺厂进口美国原棉的决定触发的。进口原棉的价格具有相当的竞争性。① 共产党领导者认为保卫根据地经济不被美国货挤垮的唯一办法就是宣布抵制所有的进口货。在高阳,这意味着当地的纺织者不能再使用机纱。

由地方政府拟定,并在国有企业的通力合作下实施的抵制办法,主要是处理两大难题:关于目前已经使用机纱正在生产的织物的购买问题,以及发展合作团体为织布业提供家庭自纺纱的问题。

---

① 对于棉纺业来说,原料在生产成本中占有重要的比重。方显廷在20世纪30年代的著述中写道,全部纱线生产成本中大约80%都是原料成本,见冯华德《中国的棉业与贸易》,天津:南开经济研究所,1932年,第87页。但是在美国,20世纪40年代末棉花非常便宜,原料成本仅占总成本的30%。沿海许多主要工厂都转向使用进口棉花,国家统计局:《我国钢铁,电力,煤矿,机器,纺织,造纸工业的今昔》,北京:统计出版社,1958年,第148—150页。1948年形势发生了变化,由于中国货币的贬值导致棉花昂贵。同时,被压抑的消费者需求只得到了部分的满足。尽管成品的价格持续上涨,但它上涨的速度要慢于棉花价格。见腾茂春《论花纱布公司管理政策》,载《工业月刊》5,第4号,1948年4月1日,第4—5页。

第七章 从市场到计划：第二个增长期

1946年9月开始的抵制运动，导致重要原料的极度短缺。① 在抵制开始之前，机纱本来就供不应求，织布者不得不同时使用机纱和家庭自纺纱，使用自纺的土纱做经线，机纱作纬线，生产经土纬洋、土洋交织的"二角布"（two-cornercloth）。在抵制期间，共产党组织开展了增加手纺纱线供给的运动，组织乡村妇女们纺纱。②

手纺纱运动在高阳工业的发展中发挥了重要的作用，它为国有商业企业创造了特殊的优势。尽管三家国有企业有政府作后盾，但是在抵制运动之前，它们仅仅是私营批发商行的一个竞争者。随着抵制运动的开展，地方政府决定使用国有企业作为实施抵制运动的机构。国有企业被赋予两个作用：第一，作为已经使用、现已禁止使用的机纱生产出来的布的独家收购单位；第二，拥有原棉供给的专项权，当时几乎每个村庄都建有纺纱合作社③，主要由国有企业为它们供给原棉。

私营批发商与国有企业的首次公开冲突发生在已用机纱生产的布的购买程序上。由于当时有3000多台织机在运营，大多使用的是机纺纱，几乎所有的织户都受到政府制定的程序的影响。党中央关于抵制运动的指示是1946年12月10日到达高阳的，党干部们于12月25日召开会议，讨论决定使用机纱生产的

---

① 不仅纱线短缺，染色工厂的染料和化学制剂也非常紧缺。战前大多颜料来自德国；战后颜料大多是美国货，且同样遭抵制。
② 1947年初，高阳大约有3000多台织机。地方专家估计至少需要9万名纺纱工才能为这些织机提供足够的纱线。然而，当时仅有3万架纺车。为了解决纱线供给问题，政府干部鼓励妇女们参与纺纱，并且组织乡村技术人员发展改进的纺车。一位访问过新桥市场的新闻记者发现市场上挤满了销售纱线和购买棉花的不同年龄段的妇女。一个纱线购买者告诉记者，只要纱线纺得好，不论什么价格他都会买。见《冀中导报》1947年3月5日。另一项估算认为，若要生产足够的纱纯正，需要14%的人口全天不停地纺纱。见冀中行政办事处《冀中纺织业》。
③ 手工纺纱者不得不改进技术生产高支棉纱；对于改进技术的妇女可以得到一定范围有担保的报酬。

布只能卖到元月10日,二角布只能卖到元月15日。① 他们进一步指示,所有织户手上的存货必须以当前市场价的80%出售给国有企业。

尽管国有商店被授命买断所有的现货,它们的资金却不足以完成这个任务,即使按打折的价格收购。② 同时,私营企业对把垄断权给予国有企业这一决定非常愤怒,织户也对折扣价不满,因为这减少了他们的收入。并且,政府规定的强制销售期非常短,也没有指明交易开始的具体时间和地点。

面对越来越多的不满,1月9日县政府召集国有企业的经理召开一次紧急会议,制定新的措施。新办法中增加了两个小一点的国有企业,每个企业负责高阳县五个地区中的一个。最后,从机纱向手纺纱过渡中唯一真正的受损失者是持有机纱存货的私营批发商。在抵制运动宣布并禁止生产二角布后,机纱的价格下跌,纱线经销商手中的存货卖不出去。③ 修正后的抵制措施找到了一条处理抵制所带来的直接问题的办法,似乎织户们也认为是公平合理的。但是,抗议书表明公众强烈支持市场机制和有竞争性的价格。

在抵制时期制定的第二个决策是鼓励手纺纱生产,作为机纱的替代品。基于战争期间组织合作组织的经验,根据地政府着手鼓励乡村妇女参与纺纱合作社。鼓励妇女纺纱的运动也受到市场纱线的高价格的刺激。

---

① 正常情况下,当同时使用家庭纺纱和机纺纱时,机纺纱作经线。所有出版的关于土洋交织的二角布(Two-corner cloth)的报道都是使用机纺纱作纬线,家庭手纺纱作经线。我所访问的过去的纺织者也想不起来为什么正常的模式被颠倒了。
② 政府估计大约有两万匹布处在生产和加工的不同阶段。按照折扣价,国有企业要为每匹布支付1万元,或总共支付20亿元,这一数字已经超出了他们的财力。
③ 梁朝:《高阳抵制美货经验》,载《冀中导报》,1947年2月15日。

政府号召国有企业在纺纱推广运动中发挥积极作用,指定其代理向纺纱合作社提供原棉的销售业务。政府计划还号召国有商店控制原棉和纱线的供给。然而,虽然1947年与国有企业签约的纺纱团体的数量迅速增长,但是它们仍然不能满足全部的棉纱需求,县城出现了活跃的棉纱市场,同时村庄有定期的集市。独立的妇女纺纱者利用销售纱线的收入购买原棉。尽管市场价格不断波动,纱线的全面短缺使市场实质上成为卖方市场。①

尽管高阳的织户不得不使用手纺纱织布,但是他们生产的布仍然不同于华北其他地区乡村织户利用手纺纱织出来的"土布"。因为高阳织户使用铁轮织机生产,他们可以生产出宽幅的、带有多种斜纹和格子样式的布。拥有长期机械化染整经验的加工厂所加工出来的布匹,只有专家才能分辨出与工厂生产布匹的区别。因此,高阳布的销售市场一直很稳定,即使在1947和1948年的困难时期。②

然而,从1946年12月抵制外货运动开始,到1949年天津获得解放期间,织户的利润由于棉纱的高成本而下降。③ 尽管这样,已经购买织机的织户仍然坚持纺织,因为织机别无他用,只能用来织布。农业生产仍然只提供有限的收入。1946年11月完成的土地改革,虽然调整了土地分配的一些不平等现象,但是在

---

① 尽管开展了鼓励妇女纺纱的运动,但是纱线仍然供不应求。为了增加纱线的供给,地方技术人员发明了几种改良纺车,高阳的小作坊开始生产一种使用18个纺锤的纺车,这种纺车一天至少可以生产一斤纱线。《冀中导报》,1947年3月27日。
② 见冀中行政办事处《冀中纺织业》。
③ 尽管由于纱线价格高造成的生产成本不断上升,布的价格上涨得却相对较慢。为了保持竞争力,纺织者不得不接受较低回报。1948年的一项估计认为,纺织收入已下降至战前每匹布收入的64％的水平。冀中行政办事处《冀中纺织业》。

处理导致农业低生产效率的技术难题方面几乎没有什么进展。①恶劣的天气,包括1948和1950年的洪涝灾害,使事态更加复杂。

总之,抵制外货运动期间一个最明显的变化是,国有企业的力量得以加强,而这是建立在牺牲私营企业基础上的。在抵货期间,国有企业被授予获取当地出产的原棉、分销给纺纱合作社的优先权。这使国有企业得以经手纱线的供给,并将纱线分销给签约的织户。尽管在原料短缺的情形下,织户将布匹卖给私营批发商可以赚取更多的利润,但是许多织户还是选择有保障的棉纱供给。私营企业无法参与竞争是因为它们无法掌握棉纱的供给。尽管定期的棉纱集市经营非常活跃,由于分散的销售者太多,以致批发商们很难获得对市场的控制。因此,抵制运动使国有企业获得特殊的优势,在棉纱供给体系中发挥了重要的作用。尽管私营企业在20世纪50年代初能够重新获得布匹经营的一个明显的市场份额,但它们无法再参与棉纱业务,这使得批发商的作用日益下降。

在抵制外货期间以及后来的几次冲突中,私营企业把自己作为保护织户利益的代表,愿意且有能力为布匹提供一个公平的市场价格;另一方面,国有企业则置于政府代理的角色地位,不得不为实现政治目标而牺牲织户的利益。在后来的几年中,随着中央政府一步步地走向商业的国家垄断,官方宣传机构将个体经商者描述为从事投机和市场操纵活动以牺牲公众利益为代价获得个人利益的角色。但是,正如我们在这里看到的,是市场上的私营商人在市场的压力下向织户提供竞争性的价格,以保障他们的市场份额。因此,在整个1945—1953年间,成千上万的织户常常和私营商

---

① 关于土地改革,见《冀中导报》,1946年12月9日;1947年2月19日、6月21日和8月25日;1948年4月10日。

业企业结成不公开的联盟。同时,国有企业常常发现自己处于两个互相矛盾的角色地位:一个角色是执行政府政策的代理机构,另一个角色是在竞争性市场上谋求利益最大化的商业企业。

第三节 土地改革,作坊资本,染色和整理部门

许多战前的织布、染色和整理工厂老板们通过将其经营基地迁移到日军占领的北京或天津等城市生存下来。不像大批发商号的老板们在战时的投机冒险中失掉了自己的财产,这些工厂老板在1945年后完全可以回到高阳,重新开办他们的工厂和作坊。但是,记录显示他们中没有几个真正回来的;就是回来的少数几人,在1946—1947年的土地改革后也几乎走光了。到底是什么样的情形导致这些企业家们不愿意回来呢?

与染色和整理工厂有关的冲突几乎在高阳刚被解放时就开始了。在抗战时期,大多工厂掌柜转移到了较大的占领区城市的安全地带,但是也在高阳留下了一些信任的职员看守工厂的财产。尽管日本占领军和抗日军队没收了一部分设备,大多工厂建筑和另一些设备则保留了下来。高阳一解放,地方政府的官员就急于开始工业的重建。他们的第一步行动就包括接管"被遗弃的工厂"。几乎没有人关注财产权的问题,也没有记录显示哪些是被没收的、哪些是受到"保护"的,以及为什么财产要以一定的方式归类。当政府官员回顾这一过程和1948年初的裁决争议时,他们发现当时的情形处于一种无法解开的混乱状态。①

---

① 见报道《对高阳工厂机器处理保管意见》,冀中行政办事处手抄报告,1948年11月,收藏在河北省档案馆。根据这一报告,9家工厂的财产被不适当地没收。

基本上，只要老板们没有在现场重新开办他们的工厂，地方政府就会接管。一旦工厂被政府接管后，就要决定如何处理工厂的财产和设备。有些工厂会改为公私合营企业，在这种管理形式下，工厂的经营由政府任命的经理来负责，一部分利润分配给回来的老板或股东。在另一些情况下，尤其是在怀疑某工厂的老板是国民党的支持者时，设备会被没收，分配给需要锅炉、发动机及其他机器的军事或民用机构。① 这一措施明显地打击了企业家回来重建工厂的积极性。

属于李叔良及其兄弟所有的合记工厂，是由原老板重新开张的少数工厂之一。由于李叔良在天津开办了一家工厂，他本人并没有回到高阳，而是委派一名新的经理去负责他的工厂。当1946年秋关于土地改革的谣言传播时，经理张香亭逃走了，1947年1月合记被政府没收，重组为建华染轧工厂。随后几年里，其他一些私人工厂也被政府接管，合并入建华，创建了高阳最大的国有企业——高阳染厂。通过这一合并过程，工厂的雇员到1952年已达到1400人。②

尽管大多战前的染色和整理工厂都成为20世纪40年代末没收运动中的牺牲品，但是并不是所有的染色和整理业务都由政

---

① 几乎所有情况下，都会委派工人来看护工厂；尽管在日军占领期间会有一些损失，许多有用的设备还是保留到战后时期。
② 这一部分建立在一系列的政府报告基础上，大多是1948年写的，当时也曾努力查清事情经过，返还不正当没收的财产。见《对高阳工厂机器处理保管意见》，这一文件的标题栏写明时间是1948年11月，但是相关资料显示事件发生在1950年。也许文件存档时注错了时间，因为标题和内容的笔迹是不一样的。又见《机器统计表》，1948年10月22日，由冀中行政办事处提供。该表列出了每个工厂原有的设备，以及保存下来的有多少。参见河北省档案馆藏冀中行政办事处《军中行署关于高阳西记工厂处理意见》，1949年7月手抄本；以及高阳县政府《高阳工商业的初步调查》，1948年手稿。

府控制。在许多战前工厂被政府接管的同时,新的作坊和工厂建立起来。尽管内战期间社会和经济混乱,但是消费者仍然对时尚很感兴趣。市场上几乎没有进口织物,城市工厂也不生产时尚的织物。为了满足这一新的需求,20世纪40年代末起,高阳的作坊企业家开始生产手工印花的织品。这一新工艺的技术是相当简单的。印花作坊使用简单的模板和染料,用手工将设计的图案印在布上。1950年首次调查时,已经有35家印花作坊在经营。到1954年达到89家。印花作坊都是小规模的,常常由3—4名工人联合组建一个作坊。随着印花业的繁荣,雇佣工人的数量持续上升,1954年总数达到接近5000人。所有早期的印花作坊都是私营的。大多是几个工人合伙组建,与我们在第三章中考察的战前作坊相似。印花作坊就像战前的染整工厂,既与批发商或国有商行签定加工合同,同时也自行进行棉布加工。当它们按照外界商行的合同工作时,他们收取加工费;当它们自行棉布加工时,它们在市场上买布,印花后,销售给经营的批发商。同时,像战前的染整工厂一样,印花作坊并不发展自己的分销网络。

在20世纪50年代初,印花、染色和整理加工部门是公私商行竞争的新领域,在这一领域国有企业经常占下风。最大的国有染色工厂——建华,也要与小的私有染色作坊和印花作坊竞争。在这一竞争中,由于政府已经接管了大多战前技术较先进的高阳私人工厂,因此我们一般认为建华具有较强的优势。但是,尽管国有企业技术更加精细化,它们的经理却遇到很多难题。50年代初几乎所有的高阳私营商行都在盈利,与此同时,国有企业却常常显示亏损。从这个事实中我们可以清晰认识到国有企业遇有很多的难题。一份政府内部的讨论报告显示,负责改进国有商行绩效的县政府官员认为,问题出在国有商行并不像企业,而更像一个官僚机构。① 在一份关于鸿记（国有企业）与魏金波（私营企业）的生产成本的比较报告中,显示了国有企业低效率的一些原因。当时的调查显示,国有企业的生产成本较高:国有企业加工每匹布的成本要比私营企业高出 400 多元。成本差异的主要原因在于,国有企业的人员过剩、较高的非工资福利以及粗放的劳动造成的生产效率低下。国有企业的工人一天工作 10 个小时,私营企业是 12 小时。所有的工厂都为工人提供饭食,国有企业供给的粮食有 25％的白面,而私营企业的工人两个月才享受一次高质量的粮食。国有企业拥有更多的工人和较多的学徒工,但是可用的织机则不多。最后,政府调查组总结说,国有企业缺乏"努力工作的精神"。为了改进国有企业恶劣的绩效,调查组建议,国有企业采用私营企业的计件工资制,以刺激工人提高工作效率。②

总之,我们可以看到,染整工厂从私营向国有的转换发生在战争刚刚结束的混乱期,很久以后中国共产党才制定工商业社会主义改造的计划。尽管政府认为他们接收"遗弃"的资产是为了使它们用于生产性用途,国有企业却在与私营企业的竞争中遇到困难。并且,对私人工厂的没收也打消了战前企业家们参与竞争的积极性。像同和的苏氏兄弟这样进步的企业家,其资产也被没收了。在第一轮土地改革中,北沙窝村的村民声称苏氏兄弟是地主,没收和瓜分了他们的工厂。当政府官员两年后着手复查这一事件时,尽管政府官员承认没收是不正当的行为,但是已经没有

---

① 关于合并模式的信息来自《高阳染厂厂史》,1988 年 3 月油印件。手抄附录中包括有 1993 年的生产数据。
② 在高阳县政府《高阳工商业的初步调查》第 42 页中有一份明显的关于纺织业问题的讨论。

办法找回那些搬走的织机。①

20 世纪 50 年代初，高阳的形势稳定下来。土地改革已经完成，1948 年天津的解放重新建立了城市棉纺厂与乡村纺织者之间的联系。政府重组了被没收的高阳工厂，国有企业与那些新成立的印花和染色企业同时参与市场竞争。尽管战后和土地改革期间没收许多资产的混乱情形导致许多战前企业家放弃了他们在高阳的利益，但是一批新生的小企业家渐渐发展活跃起来，取代了战前的企业家。

第四节 向社会主义过渡

由于高阳工业区联系着家庭纺织与作坊印花、工厂染整、独立销售和分销等部门，因此高阳工业的社会主义改造的完成是一个不寻常的复杂过程。政府进行社会主义改造的政策是针对单一部门的活动，而不是针对工业区的复杂性。在乡村，主要出于农业生产考虑建立了乡村合作社的模式。在县城，为重组手工业工人而建立了集体化项目。工商业政策方面，实施了从私有制向集体所有制和国有制的转变。实现以市场为导向的大规模生产的乡村工业区联接着各个独立的部门，高阳的经验说明，社会主义改造的指示在处理源于不同部门改造的步伐不同所造成的矛盾时是不匹配的。

地方行政官员因此在过渡期面临着一个非常复杂的形势。或许我们可以通过列举他们要实现的目标以及这些目标如何与

---

① 其他设备移交给占用工厂建筑的国营工厂。最终国营工厂被命令解决对苏家损失财产的赔偿问题，但是整个事件令先前的老板们非常失望，他们不愿意再向高阳投资。

地方上不同部门的利益相协调来理解他们的政策初衷。在20世纪50年代初,出于地方和国家的利益考虑,生产扩张是主要目标。我们首先来看一下全国纺织业的变化及乡村工业区在整个结构中的地位问题。我们可以首先看到50年代前半期棉纺织品的需求仍然大于供给;由此,即使在那些承担着实施向大规模生产的转变责任的规划者眼里,乡村工业区在补充城市工厂产出方面仍然具有重要的作用。

从50年代初开始,国家局面发生了重要的变化。在1950和1952年间,城市工厂的生产迅速从战时的毁坏中恢复起来。织布工厂1949年时仅发挥了61%的能量,在1952年时已达到90%的生产力。同期,国家向棉纺织业投资近两亿元。在1950、1951和1952年,每年在棉纺织品上的投资占全国总投资的55%—60%。1951年,棉布的产量已经超过战前最高水平的1936年。由于规划者的目标是实施五年计划,对棉纺织业的进一步投资得到鼓励,带来现代工厂设备的大量扩张①,即使现代纺织设备不断地扩张,市场需求仍然大于供给量。与此同时,1954年9月棉纺织业建立了国家垄断,一个全国范围的棉花配给体系建立起来,确保纺织产品的公平分配。②

整个20世纪50年代初,高阳织布工业扩张的一个主要障碍是原料的短缺,因为高阳要与大城市的工厂争棉纱。尽管战前棉纺厂的机械化已经大大超过了织布机械化的速度,但是50年代的新投资集中在建立纺纱和织布一体化的棉纺织厂。这增加了

---

① 他们的分析可参见高阳县政府《高阳工商业的初步调查》。
② 国家统计局:《我国钢铁,电力,煤矿,机器,纺织,造纸工业的今昔》,第154—155和173页。新的纺织厂很容易建立,每个厂只需要13个月的时间就可以成立。如果全力经营,纺织厂的利润在一年内即可抵偿投资成本。

织布工业的机械化部分的生产力，使得棉纱供给中分配给乡村织布体系的更加少了，由此导致了希望乡村工业持续扩张的地方利益群体与国家寻求原料最有效配置计划目标的分歧。

对于高阳的织户来说，乡村工业一直是其收入的主要来源。土地改革和早期的集体化对农业生产的改进几乎没有多大贡献。耕地不足和耕地贫瘠的基本问题使大多乡村居民不得不以非农收入作为生存基础。1949—1953的五年报告显示，农业部门往往实现不了计划的生产目标。① 农户们就像战前一样，除了依靠织布生存别无选择。1954年的一份中央工作组的报告显示，90%的农户参与了乡村工业，且大多参与的是织布工业的分支业务。他们引述了延福村的事实，调查期该村有1454人。1953年延福村的农业总收入是5021.7②万元，而纺织的总收入是57796万元；农业创造的收入不足乡村总收入的9%。也许延福村提供的是一个比较极端的例子，但是它提供了一个1953年的乡村收入模式，类似于战前出现的乡村工业收入远远高于农业收入的情况。在这种情形下，纺织业的任何收缩都会严重影响家庭经济状况。

至少在1953年，织布生产的扩张是在有关高阳地区经济的行政红头文件的指导下进行的，政府的大多政策是为实现这一目标并且应对特定的市场难题而设计的。第二个主要目标是维护市场的稳定，目的是保障物价和产出的相对稳定。在过渡期间，

---

① 1954年的中央工作组调查报告以下数据：1949年，县农业生产完成60.8%的任务；1950年，31%；1951年，52.3%；1952年，69.9%；1953年，51%。关于人均产出，1952年作为收成最好的一年，纳税后人均粮食占有量是343.8斤。
② 通货膨胀自战争期间开始，一直持续到战后。当货币改革实行时，旧币以10000：1的比率兑换新币。因此，作为一个大致的标准，20世纪50年代初的金额除以10000才是正常的价值。

国民经济中通货膨胀的压力很严重,地方官员试图干预市场以维持物价稳定,减少通货膨胀的程度。第三个目标是保障织工的公平工资。为了实现这一目标,国有商行发现自己往往处于与私营批发商争夺织户生产的产品的形势中。同样被赋予维持物价稳定任务的国有商行往往处于劣势,因为两个目标——公平工资和稳定物价——常常不能同时实现。第四个主要目标是控制质量,如我们在关于战前织布工业的那一章中所看到的,质量控制成为只要工业存在就必然存在的问题。尽管 50 年代初实现质量控制的努力比战前同样的努力取得了较大的成功,但是这也成为国有和私营企业矛盾冲突的一个领域。

第五节 20 世纪 50 年代早期的扩张

无论是从织机的数量,还是从从事布匹批发、印花和染色业务的商行数量来看,高阳工业在 1949—1953 年间取得了迅速的增长(见表7.1和图 7.1),不论是批发布匹还是织物印花都取得出较高的利润。1954 年的一项高阳工业调查列举了两个商号:

表 7.1 作坊和工厂的增长(1950—1954 年)

年 份	织物印花		染 色		纺 织	
	商号	织户	商号	工人	商号	工人
1950	34	1560	13	206	29	
1951	83	3120	23	408	33	
1952	79	2026	22	404	35	198
1953	91	3947	23	504	40	196
1954	89		23	489	2	

资料来源:中央工作组:《高阳县经济的基本情况:解放后高阳县手工织布业中的私人资本》,1954 年手稿。

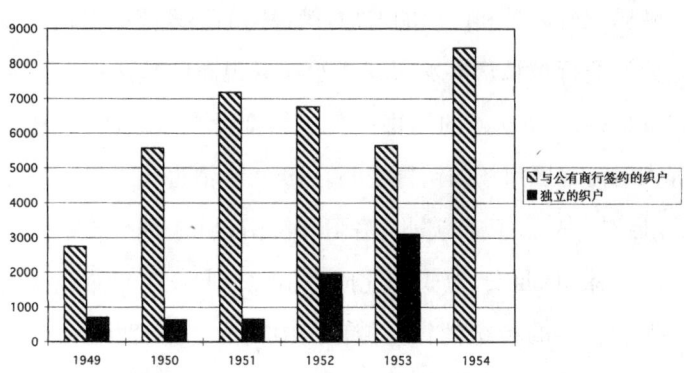

图 7.1　20 世纪 50 年代初公有商行和独立织户之间的竞争

资料来源：中央工作组：《高阳县经济的基本情况：解放后高阳县手工织布业中的私人资本》，1954 年手稿。

庆昌印花作坊和天成批发商行。庆昌的投资额是 3000 万元，1953 年头 6 个月营业额达 8.1 亿元，创利润 7000 万元——比投资额的两倍还要多；天成批发商行的资本额为 3600 万元，同期营业额达 6.4 亿元，实现利润 5050 万元。这些数字使我们对 50 年代初织布工业可能创造的利润有了一个印象，也解释了为什么新进入者都愿意投资于织布工业，从而引起工业的快速增长。

在 20 世纪 50 年代早期，大多织户与公有企业订立合同或者不完全合同(contract or semi-contract)，按照合约的要求从事生产。1950 年一家新的国有企业——全国花纱布公司的地方分支取代了原来的国有批发商行成为机纱的主要供给者。织户可以与花纱布公司、国有染色厂或新建的合作组织签约生产；或者，如果他们愿意冒险，可以独立生产，自行购买原料，向国有公司或私营批发商销售成品。印花作坊一般与国有商行或私营批发商签订分包合同,从事以收取加工费为基础的业务。

181　　随着织机数量和产出的增加,销售网的地理范围也在明显扩张。公有商行和私营批发商都开始在远距离的地区市场建立销售代理机构。1949年的销售代理机构都设在石家庄、易县和泊镇等大运河地区市场的销售中心。1950年销售代理机构设在北京、太原、邯郸、石家庄、郑州、洛阳和济南;1951进一步扩张至开封、许昌、徐州、西安、包头和沈阳。由此,到1951年企业家们已经在他们主要的传统销售区域——中国的北部、西北和东北地区——都重建了销售代理机构。

第六节　最后的转变

尽管我没有看到国家计划中任何有关高阳工业社会主义改造大纲的说明,但是1954年秋派遣至高阳的中央工作组的研究报告,可以使我们对高阳工业社会主义改造的最终过程及存在的问题进行局部的重构。从中可以看到,在1950—1952年期间,国家对高阳工业区的私营工业还是很支持的。私营企业被认为是具有领导地位的国有企业的重要补充力量。在此期间是鼓励私营批发企业参与市场竞争的。由于大多私营批发商行的老板或雇员都是在战前从事过同类工作的,他们的经验和关系使他们比新建的、销售网络仍不健全的国有企业具有更多的优势。如我们已经看到的,私营批发商非常成功地在许多战前的销售中心重建了销售网。

182　　尽管相当一部分成品的销售是由私人批发商经营的,国有企业却在努力建立对生产的控制。在织布方面,国有企业与个体织户建立合同关系;在染整方面,国有企业与染色和印花作坊建立合同关系。由此,尽管织户和印染作坊这些小生产单位仍是私人拥有的,但是对整个生产过程的协调和控制却掌握在国有企业手中。我们可以想象,地方当局预期将私人拥有的生产单位并入合作组织,只留下布匹的批发销售业务在私营者手中。将这些私营批发商与生产体系隔离后,就更容易将私营批发商号转变为集体合作制或国有制。

很显然,政府当局预期的平稳的过渡并没有实现。私营部门在1950—1952年间增长迅速,1953年甚至在与公有企业竞争主导地位。中央工作组的报告认为造成这种争斗的责任在于国有企业人员对形势的错误估计,报告指出缺乏经验导致为私人资本打开方便之门的错误。斗争的第一轮开始于国有企业采取措施实施质量控制标准之时。织户从与私营商号签约纺织转向与国有企业签约这一过程,并没有解决不合格产品①的问题。20世纪50年代初是需求一直大于供给的繁荣期,在这种情形下,许多私营批发商对织户的不合格产品并不拒绝。当国有企业决心实施新的质量控制规则时,私营商人仍在高价收购不合格的产品。一些织户想尽办法利用国有企业提供的纱线向私营商人销售成品布。

私营商号不仅愿意购买不合格产品,而且提供的价格整体都要高于国有企业。1954年的工作组报告显示,一匹平纹布的市场价格达19233元,而合作社支付的价格是8933元,花纱布公司只支付6602元。同时,一匹条纹布在市场上可以获利21270元,但是卖给签有合同的花纱布公司仅获利10564元。私营商号有

---

① 纺织品的质量可以通过几种方式衡量,包括型号(宽度和长度)与布的密集度。往往国有企业认定的"不合格产品"是布匹长度达不到官方规定的标准。

能力支付较高的价格,而且仍然能保持较高的利润率,因为市场需求太大了。1950—1952年,一匹印花布可获利4万元。随着1952年的质量控制运动改进了高阳布的声誉,同样的布在郑州可以获利55100元,1953年甚至一匹平纹白布在东北市场上销售,也可以获利7万元。

国有企业和私营企业竞争的第二个焦点是在产品的设计上。战前高阳布的声誉大多建立在高附加值的产品上,包括色布和提花布。商人们对产品设计建立了浓厚的兴趣,他们时刻把握着时尚潮流变化的脉搏。印花作坊在20世纪50年代初保持着这种传统。大多印花作坊是在与国有企业签订合同的基础上开始工作的,国有企业为其提供每匹布固定的加工费用。但是,这些作坊为取得更多的利润很快建立了独立经营的渠道。一种渠道是为国有和私营企业分别生产不同的设计。例如,1953年它们为签约的国有企业加工一种中型的图案,同时独立经营一种更加流行的小型图案。当国有企业也转向这种流行的图案时,作坊又会设计出其他新的图案来独立经营。这样,它们努力走在国有企业的前面,生产出高需求的产品参与市场竞争。

国有和私营资本的斗争——包括物价和设计方面——在1953年导致了一场危机。1953年上半年,花纱布公司发现仓库存货过多,暂时停止了布的收购。这为在1950—1952年间增强了资本的私营批发商打开了方便之门。当花纱布公司在八月份决定重新开始收购布匹时,它只完成了4000匹收购量的65%。①同时,地方当局正在努力将织户们组织成生产合作社,而私营商

---

① 批发和零售业都存在问题。从零售业看,私营商人以低于国有企业的价格抛售;当国有商店每英尺布定价3500元时,私营商人只卖3400元。

人的活动却不利于合作组织(结束私营纺织的第一个手段①)的建立。1953年夏,地方政府计划将大多数织户并入合作社,与花纱布公司建立合同生产。

从政府的角度看,私营商人的活动鼓励了群众的"资本主义思想",有时会导致一些已经加入合作社的织户退出合作组织,进行独立织布。由于纺织合作化是高阳乡村社会主义经济建立的核心问题,这种对建立纺织合作社的挑战迫使政府采取迅速的行动。八月,花纱布公司在政府的帮助下,召集国有和私营组织的代表商讨如何改变布匹的销售方式。由于国有公司,至少是官方上,拥有对棉纱供给的垄断权,它们决定建立一个以布交换棉纱的制度,规定合作社要想获得新的棉纱必须先将原有棉纱织成的布匹上交。由于织户在市场上销售布匹仍然可以获得高额的利润,官方的这一政策声明没有取得多少进展。依靠小批量经营就可以获得高额利润的布贩们,开始走进村庄直接向织户们收购布匹。10月初的形势恶化了,花纱布公司宣布改变价格,有效地提高棉纱价格,降低成品布价格。由于这一政策只在高阳县内实行,织户就带着布匹到邻县价格较高的地方销售。这种从高阳市场的逃离很快反应在布匹的销售量上:在价格改变前的10月3日市场上,汇集了5071匹布,到了10月11日市场上的布匹量仅有3662匹。

发现自己在竞争中输给私营商人的花纱布公司,于是向河北省政府财政委员会求助。10月底委员会禁止了高阳和邻近县私

---

① 高阳第一个纺织者合作社建立于1951年10月,当时一位苏联专家访问中国。合作化直到1952年底才真正启动,当时采取措施实行农业合作化。早期的纺织者合作社作为花纱布公司和个体纺织户的中间机构;合作社生产的纱线传输给在家中织布的纺织者。有时候一些准备性工作,包括上浆和整经也实行集体化,但是大多情况下,早期的合作社仅作为一个行政机构负责管理合同纺织业务,保证纱线的公平分配。

人销售棉纱和布匹的活动,发布一条公开的命令限制河北中部地区私营布批发商的经营活动。1953年底,私营批发商从高阳市场上几乎完全消失了,棉布的交易完全由花纱布公司掌握。

在棉纺织业中建立国家垄断之前,高阳织布工业的社会主义改造经历了几乎一年的时间。可以看到,社会主义化过程较早完成的动力是乡村合作化遇到的威胁。由于国有企业不能完成收购任务,新成立的纺织者合作组织就存在崩溃的危险,地方和省政府采取果断措施禁止了私营商业的活动。

在高阳与中国其他地区工商业社会主义化的比较中,一个明显的区别是,在1951—1952年的"五反"运动期间,高阳地区并没有发生禁止私营商业活动的前奏。在中国许多城市开展的"五反"运动(包括反偷税漏税、反盗骗国家财产、反偷工减料等),标志着私营商业社会主义化的第一步。① 没有任何一个工作委员的报告提及"五反"运动,但是事实上,他们提到了私营企业家广泛存在的逃税现象。

由于高阳的私营企业家几乎没有受到"五反"运动的影响,他们在与国有企业竞争布匹经营时很少在手段和技术上有所控制。因此,当政府在1953年秋采取行动将纺织业社会主义化时,行动的迅速对整个行业产生了严重的影响,使高阳在随后几年承受了巨大的损失。

小规模工业第二个增长期在1954和1955年间,伴随着政府

---

① 县地名辞典的年表中注有"三反"运动开始的时间("三反":反贪污、反浪费、反官僚主义),在中国大部分地区开展的"五反"运动之前。"三反"运动1951年在高阳县开展,1952年到达乡村。仅有的与"五反"运动有些关系的内容可在关于1951年5月1日至7月4日的反偷税漏税运动文件中见到,但是没有文件提及这是"五反"运动的一部分。在采访上海郊外的松江镇企业家时,所有提供信息的人都认为"五反"时期是当地商业社会化真正开始的时间。

直接规划未来发展的两项决策而结束了。第一项,监控合同织布的花纱布公司,命令纺织合作社转向生产未经漂白的、平纹白布。这一决策颠覆了半个世纪以来高阳灵活生产的策略经验,标志着乡村纺织灭亡的开始。乡村纺织者在生产标准化的产品方面无法与大型国有纺织厂竞争,纺织将只能作为政府救济的一种形式。第二项主要决策是剥夺高阳的技术人才,把他们转移到大城市的新纺织厂工作。到1955年底2500多名工人被转移出高阳,只剩下机械化染整厂的骨干人员在县城。尽管高阳工厂在以后还会重建,但是建立乡村织户与复杂的染色和加工工厂之间的联系,已经变得毋庸置疑的艰难。①

第七节　国家计划与小规模工业模式

尽管理论上没有理由可以解释小规模工业为什么无法在社会主义计划体制下茁壮成长,但是在中国的事实确实如此。② 当我们开始考虑原因时,首先注意到社会主义计划的初级阶段,像高阳这样的乡村工业区是归类在"手工业"中的。③ 中国的国家计划制定者们赞同许多西方主流经济家的观点,认为"手工业"是一种落后的生产方式,它最终将被以工厂为基础的大规模生产所代替。在第一个五年计划期间,中国政府对棉纺织业投资力度很

---

① 国有部门的重建将在下一章中讲述。国有部门可能更多的是作为官僚政治惯性的贡品而存在。
② 在"文化大革命"至70年代期间,有许多关于"五小工业"的讨论。这些小工业并不是1953年前和1978年后盛行的小规模工业。与"五小工业"相关的乡村工业生产形式为地方农业创造投入。它们由集体组织经营,与市场生产没有多少关系。几乎所有这些工业,包括化肥生产、食品加工等等,是在社区内进行的,目的是为了满足当地的消费。
③ 1954年有一份包括高阳及其他一些乡村工业区的关于手工业的全国调查。见北京市《一九五四年全国个体手工业调查资料》,北京:三联书店,1957年。

大,建立了许多新的纺织一体化工厂。同期原棉生产并没有扩张,导致原料的短缺。在此情形下,政府计划者相信有效的资源利用方式是将稀缺的原料分配给从事大规模标准化生产的大型国有企业。并且,50年代中期中国政府的计划机构是相当原始的,缺乏收集和加工大量数据资料的必要工具。有效的计划要求生产和销售网络同时简化。正如我们在对高阳生产的探讨中所了解的,战前中国纺织厂生产了大量的不同风格的产品,以满足许多地方和区域性市场的需求。成千上万的中间批发商处在销售网络中,研究地方需求,发现和销售适宜的产品。政府计划者们无法想象一种控制有效率的分销专家活动的体系,因此他们选择简化生产和销售过程。他们的决策引起向大规模生产——一种品种相对有限的标准化产品——转变。在纺织业,对时尚的关注减少了,重点放在了产量上。新的体系限制了产品的品种,它通过一个政府销售体系销售,大大减少了分销渠道的数量。在工商业社会主义化完成时,地区市场上重建了分销渠道,但是每一区域每一类商品只允许一个批发渠道存在。过去在每个市场上都有大批的批发商以竞争性价格销售细微差异的产品,而20世纪50年代后期,所有的批发商销售的是同样的标准化产品,以固定的政府定价销售。为了解决需求过大或不足的问题,建立了一个配给体系,在产品供不应求时负责确定分配给每个人的产品数量。①

---

① 例如,纺织业是在20世纪50年代引进配给制的,一直实行到1984年。在布匹的配给体系下,买棉布必须同时持有现金和布票。人均配给的棉花数量是不断变化的。1954—1957年,个人配额是每年20英尺布。在60年代初,配给量下降到每年每人3尺。从60年代末到80年代初,年人均配给量上涨到16英尺。这些数字都是平均数,城乡居民之间的配给量是不一样的。商业部纺织品局:《新中国的纺织品商业》,北京:中国商业出版社,1989年,第174页。

从供给角度看,生产单位以大的政府组织的附属单位形式重组。因此高阳小村庄的作坊被置于一个县级组织的控制下,这一组织是控制着原棉和棉纱供给的国有垄断企业的地方分支。高阳县城的工厂也被归于不同的政府组织,由政府组织商定其产出任务,同时为工厂提供政治和经济保护。最大的工厂受国家纺织部及其河北省分支机构的控制,小一点的工厂隶属于不同的县级办事处或次县级政府单位。计划的制定是按垂直的等级结构进行的,在地方上不存在同一级别附属于不同行政机构的单位的水平协调问题。

这一体系中的一切几乎都与传统的高阳小规模工业生产模式相对立。如我们已经知道的,高阳生产发展第一阶段的特征是一种灵活的专业化生产体系,生产少量的、多品种系列的产品,满足不同地区市场的需求。批发商人作为生产与销售体系的协调者,为它们寻找新的市场和新的产品设计,每个市场上价格都受竞争程度的影响。在这一体系下,织布的农民、县城加工厂以及提供原料和收购成品的批发商之间存在着密切的联系。新产品、新技术和市场情形的信息在上述不同的角色间自由地传播。

当我们考察战后高阳工业发展的历史记录时,自20世纪50年代中期开始的纺织业规划的基本逻辑描述虽不明显,但是有其必然性。从1945年夏末战争结束到50年代初,过去批发商号的职员、纺织技师、工人和织布的农民在中国共产党的支持下,对作为中国纺织业一个重要组成部分的高阳工业区进行了重建工作。这些努力的结果是,生产恢复到了接近战前的水平。但是50年代初政府实行工商业社会主义化的决定导致纺织合作化和对私营批发商业的禁止。在几年的时间内,工业区几近崩溃。随着高阳工业的削弱,其他地区快速扩张的国有企业却面临着技术工人的短缺。1955年,2500多名技术工人被派往石家庄、邯郸等城市的新建国有企业工作。当1958年"大跃进"开始时,仍然拥有织机的织户被迫将织机"捐"给"大炼钢铁"工程,用土法炼钢。

随着高阳工业区在20世纪50年代中后期走向衰亡,建立在机械化染整工厂基础上的现代国有工厂继续蹒跚前进,对大城市国有工厂调配下来的织物进行加工。随着时间的推进,一些国有企业也能够扩张自己的生产力,雇用新的工人,在县城建立一个小的工人阶层。

这种模式到20世纪60年代的动乱时期仍然很盛行,即使"文化大革命"斗争将城镇和乡村分裂。最后,20世纪80年代初制定的改革措施拆除了僵硬的国家计划体制。没过几年,高阳的面貌就改变了,成千上万的个人和家庭开始重新建立小的家庭纺织作坊。本书的其他内容将在高阳工业第三阶段的增长中向进行描述。

下 篇

下 篇

本书的上篇考察了战前高阳工业区的发展,看到了高阳的经营、生产和销售形式,以及由商业团体主导的共有资源的发展。本书的下篇将探讨高阳工业区从20世纪后半叶直到现在的发展情况。这期间中国首次建立了社会主义经济,然后进行了市场化改革。在此期间,高阳的小规模工业经历了两个快速增长的阶段。第一段是1945—1953年,与战后中国经济的恢复同步;第二阶段从1978年至今,在经济改革政策的指导下,引进市场机制,允许私营企业发展。夹在两次增长之间的20多年,是高度社会主义化的时期,所有重要经济决策都由国家经济计划决定的体系在发挥作用。在这20多年中,高阳的小规模工业完全消失了,取而代之的是建立在原来的私营企业基础上的国有工厂。在高阳县城,一批国有工厂生产棉布、人造丝织物、毛巾和印花织物(如床单、桌布等);在乡村,一小批人工作在每个村庄仅允许存在的一个集体所有的作坊内。由于纺织工业的就业机会十分有限,大多乡村人口致力于农业生产。这种劳动分工模式一直持续到20世纪80年代初,经济改革政策允许高阳工业进入了一个新的增长期。

本书的第二部分将探讨高阳工业区在与社会主义经济体系相互作用中的发展。第七章追溯战后恢复的过程,以及随后的工商业社会主义改造期间对私营和家庭纺织的限制。第八章和第九章分析经济改革时期小规模工业的恢复。在每个阶段,我们关注的重点都是小规模工业如何在似乎已经毁灭的情况下——战争期间以及50年代中期工商业社会主义改造期间——还能如此迅猛地恢复起来?企业家们怎样利用高阳的传统建立起新的工厂和企业?当代的企业如何与第一个增长期建立的企业相比较?随着21世纪的到来,中国经济可以从类似高阳的小规模工业区的动力模式中得到什么启发?

企业家传统

高阳小规模工业在第二和第三阶段的增长受战前企业家传统的强烈影响。本书的第二部分将考察制度和第一个增长阶段后企业家的传统如何在过去的50年里调整并适应变化的经济和政治环境,以及它们在小规模工业增长中所发挥的作用。

让我们首先来定义一下我所谓的"企业家传统"。我使用这个术语来描述高阳工业区在第一个增长阶段中创造的商业经验、企业间的关系和企业家精神的总和。第一代企业家,包括批发商人、小工厂和作坊的老板以及织户,共同创造了高阳工业区。虽然这些先驱者利用过去的传统商业和手工业的经验,但是他们调整了这些传统使之适应变化的纺织品市场和不断发展的经济和制度环境。正如我们在第一部分中所展示的,制度结构利用了新技术以及商业培训学校等优势,这个制度结构与新的运输形式相适应、与现代金融体系相互作用、并且受经济民族主义思想的影响。

当新一代的企业家在战后开始恢复高阳工业区时,他们并不是白手起家,而是带着前辈的传统。这些企业家传统以一系列不同的方式为他们提供指导。首先,提供商业经营的经验:即如何组织商业合伙企业,如何为发展商业而集资,如何建立销售网,等等;第二,为织布业提供专门的经验指导;第三,在过去的历史和经验基础上提供帮助,以保证小规模工业为当地大量的个体创造出财富;最后,第一代企业家的遗赠创造了一批敢于冒险的人才。他们创造的企业家精神不仅遗传给了拥有资金建立工厂和批发商号的人,而且传给了成千上万的织户,他们梦想着把自己的作坊发展为更大的企业。

当然,高阳并不是中国唯一的拥有地方企业家传统的地区。清末时,有名的徽州商帮和晋商支配着中国国内的远距离贸易。在其他的地区市场,以地域为特征的商帮控制着某一特定的行业。在这些企业家传统比较浓厚的地区,年轻人很容易加入商业学徒中,迈开走向企业家的第一步。在这些地方,总有一批拥有商业技术和关系的人保持着商业传统,并把这些传统一代一代地传递下去。

20世纪50年代的工商业社会主义改造似乎标志着私人商业文化的结束,80年代和90年代私营商业的再生表明,地方企业家传统并没有死掉,而是暂时被取代了。随着学者们转向研究中国的新企业家阶层,他们发现很多地方新的企业家阶层与战前的企业家有较强的联系。① 社会学家伊万·斯列维(Ivan Szelenyi)调查了社会主义匈牙利相似的现象,他提出的问题是:在没有私人财产传递的情况下是如何把商人和企业家传统一代一代地传递下去的?②

在中国,革命后就曾努力挖掘这些企业家传统。在20世纪40年代的土地改革中,每个人都被赋予一个阶级地位,儿孙们继承这些阶级身份。③ 被划为资本家阶层对个人和他的家庭都是一种耻辱。除了思想上的压力,过去的"资本家"还是群众运动批

---

① 见作者同事 David Wank 关于厦门商业阶层研究的著作。David Wank, *Commodifying Communism* (Cambridge: Cambridge University Press, 1999),许多关于温州发展的著作揭示了相似的过程。
② Ivan Szelenyi, *Socialist Entrepreneurs—Embourgeoisement in Rural Hungary* (Madison: University of Wisconsin Press, 1988).
③ 阶级成分认定的制度已经取消了。但是从20世纪50年代初到80年代初,拥有不好的阶级背景即战前的精英的后代是一种耻辱,这个身份将对他的工作、教育和婚姻机会造成不好的影响。

斗的对象,并且,政府的压力有时更直接。一个例证是1963年在高阳的一次游行审判。1963年夏秋,洪水袭击冀中平原。为了保护天津不被洪水淹没,保护高阳地区的堤坝被人为挖开,加剧了冀中平原的洪灾程度。高阳地区刚从"大跃进"后开始恢复,洪水加剧了当地生活水平的恶化。李果庄的两位仍然保留着织机的织户,未经政府许可开始织布,结果以违反国家规定展现一种不能令人接受的小资本家作风而被逮捕。他们被游行审判,分别判决入狱15年和20年。

尽管政府曾经做过这些破除企业家传统的努力,企业家精神仍然被保存下来,并且成为20世纪80年代乡村工业第三阶段增长的动力。在匈牙利,斯列维发现所谓的乡村社会的"资产阶级化轨迹"是沿着家庭间传递的,即从农民到企业家农场主或乡村生产者。他还发现在社会主义体制下的"驻留轨道",即社会中允许有企业家倾向的个体保留其技能,以便在市场经济重新引进时使用。

在高阳我们同样可以看到保留企业家传统的例子,尽管并不是有意的。高阳工业传统中重要的一面是织布经验的技能的分享,这些技能和经验以两种重要的方式保存。第一,1954年一大批技术人才转移出高阳,大约2500名熟练工和技师被派往保定、石家庄、唐山和邯郸新建的国有纺织厂工作。[①] 这批工人和管理骨干在国有纺织厂工作了几十年,当允许私人资本发展时,他们

---

① 尽管在国家投资建立现代工厂的高阳,当地人似乎应该得到更多的好处,但事实并不是这样。高阳地理位置的不方便和距离重要运输路线较远的事实可能是它不能成为新的纺织中心的原因。很明显,没有一个选定的华北城市原本就有现在高阳这样的技术人才。关于邯郸、石家庄、保定和唐山的概述,见徐纯性《河北城市发展史》,石家庄:河北教育出版社,1991年。

很容易响应号召，奉献出自己的技术和管理才能。高阳的国有工厂也为新一代的纺织工人和技师们提供了就业和培训的机会。第二种保存技能的方式是通过乡村工业活动的管理，尽管在高度社会主义时期几乎所有的乡村工厂都是小规模且原始的，经营它们的个人也能从中培养技能，当集体企业解散，允许自由经营时，他们又可以发挥作用。

另一个有利于高阳的因素是国家社会主义的相对较短时期。年轻时曾经做过织工的人回忆起第一和第二个增长阶段中的生活，他们为家庭经济活动提供了灵感，激发许多家庭投资购买设备，在20世纪40年代末和80年代期间发展乡村工业。

第八章　从计划到市场：第三个增长期

高阳人把第三个增长期的开始与1978年12月国家宣布的经济改革政策联系在一起。根据县级干部所讲，改革驱动人们"打破左倾政策的束缚"，为个人和集体从事成千上万的新生意打开了大门。① 1995年，经过经济改革政策指导下十几年的增长，高阳县出现了1.1万多家登记的乡镇企业，雇工达5万多人。它们的总产出价值达23.8亿元。② 尽管大多企业规模较小，以家庭为经营单位，但是注册资本在10万以上的较大企业仍有340家。其中65家大企业的注册资产超过100万元，7家最大的企业注册资产超过500万元。③ 几乎所有这些企业，从最小的家庭作坊到最大的拥有3000多名职工的纺织企业，都是私营的。

本章将分析刺激小规模工业急速增长的机制。我们将考察经济改革政策下一个新的制度环境的建立，以及地方企业家如何利用这一政策提供的创业机会。贯穿我们全部讨论是高阳企业家的传统问题，以及这些传统如何影响当代的工业实践。

---

① 自20世纪80年代中期以来，我在高阳参加的几乎每一场说明性会议上，都会有这样的表述。
② 1995年5月6日由高阳县官员提供。
③ 1996年，大企业的数量又增加了。当年有689家企业注册资金在10万元以上。在最大的企业当中，有102家企业注册资本在100万元以上，10家企业注册资本在500万元以上。1996年8月29日高阳县官员提供。

第八章 从计划到市场：第三个增长期

第一节 经济改革政策

1978年12月，当中国共产党中央委员会正式实施改革措施时，很少有人想到改革将会带来的巨大变化。如苏淑丽（Susan Shirk）认为的，中国经济改革的"政治逻辑"是首先改革那些与政治的对立性最弱的经济部门。① 1978年时政府并没有成熟的计划，只有一些似乎很有前景的农业改革的实践作为改革的起点。虽然计划者们没有制定出一个清晰成熟的计划，但他们确实对中国经济中存在的主要问题有一定的了解。30年的社会主义已经使经济得到了较大的改观，这可以从一件事实上看出来：1949年社会主义革命之前存在于中国某些地区显而易见的极度贫穷现象已经大部分消失了；食物供给在革命后人口翻倍的情况下仍然充足；开展运动预防疾病，扩展一个基本的健康体系；以及一个更加公平的资源配置使人们对的生活期望持续上升。由于种子的改良、水利控制体系的改善、土地更加精细的利用，以及现代化投入（如化肥）的增加，农业的单产也增加了。但是，到了20世纪70年代末，耕地的单产上升似乎达到了顶点，尽管农业产出仍然可以保证全部人口的基本生存，但是却实现不了真正的繁荣。刚刚从"文化大革命"灾难中脱离的中国共产党要想巩固自己的地位，它必须拥有可以明显改善人们生活水平的有力措施。由于85%的人口生活在农村，因此农村的改革被提到首要日程。

虽然我们习惯于将1978年12月后的所有经济政策变化统

---

① Susan Shirk, *The Political Logic of Economic Reform in China* (Berkeley: University of California Press, 1993).

称为"经济改革",但是这一术语的意义包括中国不同地区在不同的时间、以不同的速度进行的各种行动。我们这里要关注的是直接为高阳企业家创造机会的政策变化。我们可以看出其中五项"改革"政策为乡村工业创造机会:

* 组织改革最终打破作为经济单位的人民公社,解放农村劳动力。

* 开放原料市场,改革国有生产企业激励机制以提高产量。

* 允许非国有企业分享不完全垄断价格(semi-monopoly prices)的利益,为乡村生产创造市场激励。

* 增加在国有纺织业的投资,为设备的改良提供便利条件。

* 最初提高乡村收入的改革措施,增加购买力和对乡村工业品的需求,有助于一个"有效循环"的建立。

上述这些政策变化并不代表一个连贯统一的、一篮子的"乡村工业改革"措施。相反,每一条改革措施都是针对一些特定方面的问题。高阳及其他乡村公社的地方角色们抓住了这些政策所提供的机会,创立了新的工业体系。

第二节 改革和乡村工业的增长

解放劳动力 改革的第一阶段要求以经济激励驱动农民增加农业产出。第一步是分派农活给农户实行责任制。农户很快意识到耗费在他们的小块责任田的工作时间仅仅占用了全部家庭劳动力时间的一小部分。完成社队分配完的工作以后,个体农户们开始使用家庭多余的劳动力来从事副业活动。1979年乡村市场的重新开放为农产品和副业产品的销售提供了许多机会。一些人以工匠、货郎或掮客为职业。随着农户们开始从这些活动中赚取现金收入,对消费品的需求也开始上升。农业改革以不同的方式创造着机会:首先,个人现在有时间从事非农活动;第二,非农收入增加了乡村家庭的收入,增加了对各种各样的消费品的需求,同时为投资于其他非农活动提供了少量的资金。

开放原料市场 在高度社会主义时期,国家控制乡村工业发展的一个主要方式是通过垄断原料的供给。以纺织业为例,20世纪50年代中期国家建立了对原棉供给的垄断,并把所有的纺织厂控制在政府计划内,这意味着它们只能与指定的供应商和消费者进行交易。小村庄的合作制工厂,都是一度充满活力的高阳织布工业所留下来的,也在国家垄断下被重组,由国家按计划分配原料。开放原料市场的改革措施一开始并不是为支持乡村工业而设计,而是为了提高国有企业的生产效率所做出的努力。国家计划——包括配置原料、产出任务和固定价格——很难刺激有效率的生产。在这一改革措施下,如果国有企业超额完成生产任务,超额的商品可以以优惠价销售给企业选择的消费者。尽管改革的初衷是刺激国有企业,它带来了一个好的结果是使得非国有企业能够获得棉纱。这一改革措施与上一条解放劳动力加在一起,为小规模工业的发展创造了可能性。个人现在拥有从事非集体活动的合法权利,可以合法地获取开始生产所必需的原料和机器。

市场激励 以上两条改革措施为小规模工业的增长创造了可能。第三个因子,面向个体行为的市场激励的建立是改革初期没有想到的结果。在高度的社会主义期间,经年的消费品短缺使人们对各种商品产生了巨大的、被压制的需求。随着20世纪80年代初进行的改革,乡村工业生产的新消费品开始加入市场。长期处于商品短缺情形的消费者,很快买光了那些价格相对较高的商品。不费吹灰之力的销售成为生产者扩大投资的重要激励。由短缺经济所形成的市场激励,是中国早期经济改革的特有结构所引致的结果。在高度的社会主义期间,国家定价几乎不考虑生产成本,国家计划通过这一定价体系控制商品的配置。高阳纺织者开始进入市场上,需求仍然是远远超过供给的,乡村生产者可以获得高额利润的部分原因是它们能够分得一部分国家的垄断利润。诺顿(Barry Naughton)认为,这种情形是改革初期许多乡村工业的真实写照。① 国家的定价结构导致大部分利润归于国有企业,1980年纺织部门的利润率达69%,是整个中国经济中利润第三大部门。虽然竞争加剧,并且价格逐渐远离双轨价格制度最终把利润降到一个较低的水平上,但是早年的商品短缺和一套有利于垄断生产者的定价结构为非国有企业创造了优势。

设备改进 改革的初期阶段,乡村工业能够得到消费者支持是由于消费品市场存在的巨大的、被压抑的需求以及农户可支配收入的爆炸性增长。但是,如果乡村工业要突破竞争中的价格优势,在质量和品种上参与竞争,它还需要配备现代化的能够生产高质量产品的机器设备。具有讽刺性的是,正是国家加大对国有纺织企业现代化投资的决策改变了国有和小规模私营工业之间的竞争条件。由于国家向国有企业注入新的投资,国有企业决定将其旧设备处理给旧设备经销商。中间商购买这些机器设备后再卖给乡村工厂,乡村工厂利用这些设备很快开始生产出更加精细的产品,并且以国有企业无法实现的价格出售。

---

① Barry Naughton, "Implications of the state monopoly over Industry and Its Relaxation", *Modern China* 18, no. 1 (January 1992), 14—41;这一主题也可以在他的书 *Growing out of the plan—Chinese Economic Reform 1978—1993* 中看到 (Cambirdge:Cambridge University Press,1995)。

良性循环的建立 改革进程并非有意识地创造了一个良性的循环体系：乡村改革解放了劳动力，增加了乡村的购买力；工业改革为原料和设备的获取打开了方便之门；二者共同作用建立了一个大的竞争性市场，促使需求上升，创造了克服投资风险的激励。

以上大致描述了中国改革进程的主要环节，下面让我们考察高阳的发展情况。

第三节 高阳改革的开端

在高阳，改革也是从农业开始的。1958—1978年间对农业的大量投资改善了地区的生态平衡，但是没有解决基本的贫困问题。如我们在第一章中所见，清末的一场农业危机为乡村工业的发展提供了绝大的驱动力。1958年人民公社建立以后，地方政府机构调动人力改变基本的生态环境。河北平原以西的山区建立了抵挡洪水的水坝，以白洋淀地区为中心，连接周围平原地区建立了一套水利控制体系。这一水利控制体系穿过高阳地区，使得高阳地区在干旱时可以及时得到灌溉，大雨时可以及时排水。① 农业投资在20世纪70年代初开始获得回报，人均粮食产量从1972年的157公斤上升至1974年的180公斤。然而，"文化大革命"后期的派系斗争又使粮食产量下降到早期的水平，

---

① 排水系统建立后，土地被转化为"平质土地"。这一系统要在地块周围挖出大约两米深的沟。碱性盐排到沟里，而不是升到土壤表面；随着碱盐被排走，土地的质量得到改良。《高阳县志》（草案），1995。

1976 年人均产出 131 公斤，1977 年人均产出仅有 120 公斤。① 贫穷的村庄以及受生态问题直接影响的地区经常要依靠政府的粮食救济来生存。②

尽管对农业的投资改善了耕地的生产力，但是乡村工业缺失意味着地方的生活水平不会比战前的高。③ 人均购买力停滞在每人每年 30—40 元的水平，这些也可以从消费模式上反映出来。1958—1978 年间建造的新房大多使用的仍是土坯而不是砖块，抽样调查显示只有 10%—15% 的农户有足够的积蓄可以购买一辆自行车。

在强调粮食生产（以粮为纲）的集体经济下，高阳地区的生活水平明显下降了，我们可能想当然地认为当地政府会迫切地想抓住经济改革所带来的机会。相反，高阳县政府官员反映却很迟钝。这主要是由于 80 年代初高阳存在着两个对立的传统。第一个是乡村工业传统，可以追根溯源到清朝末期，这个传统重视技术能力和企业家行为，奖励个人的经济努力。第二个传统是与乡村工业传统对立的群众运动的传统，它源自抗日战争时期，刚刚结束的"文化大革命"给这一传统注入了新的能量。群众运动的

---

① 见 1995 年《高阳县志》（草案）中关于人民生活的部分。《高阳县志》（草案）的年表中还包括有其他关于当时经济情形的评论。例如，1972 年 9 月 29 日的条目中报道了"学大寨"运动开始的时间，并且强调关于高阳县"超越黄河"的报道是错误的，事实是，高阳的产出水平达到了黄河以南富裕地区的生产水平。事实上，通过报告可知，农业情形恶化了。1975 年的一份报告中强调，当年是第四个五年计划的最后一年，年底高阳县的总产量比 1970 年低 12%。

② 1988 年访问李果庄干部们。

③ 尽管关于当时情形的大多中国官方评论认为 20 世纪 60 年代到 70 年代的政策是不成功的，他们往往又强调生活水平要比解放前好得多。毫无疑问卫生条件已有明显的改善，收入分配也更加公平。但是，在现金经济方面却没有什么改进。很清楚地是，在 20 世纪 30 年代中期，拥有一台织机的农民就可以养活一家人，富裕的家庭还可以买到自行车，这种情形下农民的现金收入明显高于 20 世纪 60 到 70 年代时大多农民的收入。

第八章 从计划到市场:第三个增长期

传统强调阶级斗争的重要性,承诺集体利益可以引致一个更加公平的社会。这一传统直接挑战乡村工业传统的根本原理,否认企业家行动及其行动获得的各种经济回报的合法性。痛苦的"文化大革命"斗争打翻了原本支持大规模运动传统的平衡。

即使在"文化大革命"结束后,地方干部也迟迟不敢采取行动,因为他们担心被怀疑为不支持社会主义。我们从1981年春,全国改革政策开始执行不久,李果庄发生的压制私营工业的事件中可以清楚地看出来。该村的居民以村办集体工厂的名义,恢复了家庭纺织经营,并赚取了较好的利润。当他们的行为被报告至县政府时,官员们来到该村,给织机贴上了封条,并且对每台织机罚款75元。① 这些事件发生时,邻县的乡村工业已经开始发展。

高阳县政府官员最终于1983年末决定支持小规模工业的发展。② 1981和1982年农业承包责任制的成功执行标志着严格的、僵化的受控乡村经济解放的第一步。随着农业改革带来的收入的一些增加,县政府官员意识到仅仅依靠农业政策的改变不能显著提高类似高阳这样耕地相对贫乏、人口密度较高的地区的乡村生活水平。在政府敦促地方官员改进乡村工业的指示以及邻县成功发展的激发之下,高阳干部们决定鼓励乡村工业的复兴:

---

① 陈美健1984年3月3—4日访问李果庄的记录。
② 集体农业的结束自1981年春开始,进行得比较缓慢。1982年底开始在有限的范围内尝试实行责任制,然后逐步走向全面执行的责任制,将农业生产的控制权移交给个体农户。乡村市场于1980年重新开放,刺激更加多样化的农业生产;随着乡村收入的增加,对其他商品的需求也在上涨。到1983年,大多村庄已经放弃了集体工厂。有些村庄将集体工厂的设备分给了农户,有些村庄则将集体资源承包给村民。关于变化的时机及其结果的信息见1995年《高阳县志》(草案)中的农业部分。

高阳将恢复它的历史传统,发展纺织工业。① 县领导召集各村干部开会,督促他们在组织本村工业活动中发挥领导作用,鼓励他们向人民保证为市场生产不会再遭受责难。

乡村工业几乎一夜之间复苏了。1983 年已有 168 家乡村企业注册登记,即高阳县每个村庄都有一家小集体企业。1984 年末,注册有 1.2 万家乡村企业,其中大多数是私营的,3000 多名个人参与了乡村工业活动。② 1995 年,乡村工业雇用了全县大多的劳动力,其产出占工业与农业总产出的 85%。③

第四节　发展轨迹

第三个增长阶段大致可以划分为两个时期,这两个时期以影响国有与非国有企业竞争模式的制度结构变化为依据。改革的初期(1989 年前),乡村企业生产的产品基本上是国有企业不生产的,在第二阶段(1990 年开始),乡村企业开始直接与国有企业竞争。在改革开始的头几年,大多工业活动集中在高阳人最熟悉

---

① 1980、1981、1982 年发布的关于乡村政策的重要文件中允许农户从事私营经济活动。在邻近蠡县的保定地区是率先积极推进乡村工业的地区之一。在思想更加开放的地方官员的帮助下,该县较早建立了生产聚酯纱线的工厂,同时还建立了一个专门销售聚酯纱线的市场。蠡县的快速增长,加上省领导抗议的失败,鼓励了高阳县领导效仿其改革行动。
② 这些数字来自高阳县乡镇企业局的记录。Chris Wong 曾认为,由于统计记录方法的变化使得这一期间小规模乡村工业的统计数据尤其不可靠。国家统计局仅在 1984 年才开始统计家庭企业的活动。在高阳,当地政府最终决定鼓励乡村工业的决策是与统计数据收集方法的转变紧密相联系的。因此,尽管 1983 年可能拥有比统计数据反映的更多的乡村工业,但是事实上,以家庭为基础的纺织业的主要增长应该从 1984 年算起。Chris Wong, "Interpreting Rural Industrial Growth in the Post-Mao Period", *Modern China* 14, no. 1 (1988), 3—30.
③ 工人的数量和工业产出的比重数据来自乡镇企业局;关于高阳总体发展情况的回顾见《河北经济年鉴 1995》,北京:中国统计出版社,1995 年,第 734、736 页。

的领域:织布。这一选择受熟悉程度和经验的影响,同时是当时占据主导地位的制度结构所产生的结果。改革最初犹豫的措施没有给私营企业多少获得棉花、棉纱的机会,而这些原料是乡村纺织的必要投入品。尽管非国有部门开始发展了,国有企业拥有的低价原料和有担保的市场使得他们在纺织业中高高在上,这种格局很难产生直接竞争。

在改革初期,高阳的发展策略是利用灵活的生产技术。当地的生产者寻找市场中国有企业未涉足的领域,设计新产品来满足它。很多时候这些新领域产品处于低附加值的生产环节末端。一些是国有企业忽略生产的产品,一些是最初由集体企业生产的,但这些集体企业在改革初期已经瘫痪,另一些是大型国有企业受僵化的计划约束还没有开始生产的新产品。

改革的早期阶段,从 1983 年到 1989 年,中国的纺织品市场发生了爆炸性的变化。随着农业改革增加农民收入,国内需求呈螺旋上升。同时,中国重新进入世界市场也导致出口需求的急剧增加。[①] 国有部门中,投资政策发生重要变化,开始向长期被忽视的轻工业部门(包括纺织业)注入资金,这促成 80 年代早期的

[①] 关于中国在 1980—1985 年间增长情况的估计认为,年增长率是 9.8%,同期纺织品出口从 1970 年的大约 20 亿元,到 1986 年增长至 4.6 亿元。1986 年,中国总出口中的 33.6%是纺织品和服装。见 Kym Anderson, *New Silk Roads: East Asia and the World Textile Markets* (Cambridge: Cambridge University Press, 1992), 75。关于纺织业扩张的大致统计见《中国纺织工业年鉴》,北京:中国纺织出版社, 1994 年。中国工业统计是根据企业性质编排的。因此,尽管这本年鉴中反映的有中国国有部门的产出,但是非国有部门的统计并没有始终被包括在里面,非国有部门被包含在乡镇企业之列。结果,乡村工业快速增长后的统计数据是不完整的,很难分辨不同的估计中有没有包含乡村工业的数据。

增长激励。① 随着纺织品供给的增加,于1984年12月取消了布票制度,市场需求和价格日益成为主导生产和销售的控制因素。纺织品的人均消费量稳定上升:总的人均织物消费量从1978年的11.51米上升到1994年的17.73米,在针织业中,高阳于80年代末进入该产业,人均羊毛线的消费量在1978—1994年间增加了9.5倍。②

与此同时的市场体制改革、日益增加的生产单位导致双轨价格体系的变化。在那些一旦国有企业开始分配产出配额给计划指定的商业伙伴的领域中,市场销售的激励在增加。渐渐地,计划内和计划外价格的差异——不管是类似棉纱的中间商品还是最终消费品——缩小,然后消失了。

这些变化导致的一个结果是乡村企业开始直接与国有企业竞争。对高阳的国有纺织企业来说,1989年是其改革后盈利最高的一年。1989—1990年发生信用危机,信用危机部分是由高通货膨胀率引起的,为帮助国有企业度过危机,国家进行了工业改革,而这个改革却造成一个意料之外的结果,把国有企业推向衰落。③

在高阳,从毛巾生产可以最为直接地看出增长从第一个阶段向以乡村企业直接与国有企业竞争为特征的第二阶段的转变。直到90年代初,高阳毛巾厂一直是当地最成功的国有企业之一。

---

① 关于转变的讨论见 Dorothy Solinger, *From Lathes to Looms: China's Industrial Policy in Comparative Perspective*, 1979—82 (Stanford: Stanford Universty Press, 1991)。
② 《中国纺织工业年鉴,1995》,第171页。
③ 关于这方面的全面探讨,见 Barry Naughton, *Growing Out of the Plan: Chinese Economic Reform, 1978—1993*。早期的变化已经对盈利率产生了影响。根据诺顿的计算,纺织业的部门利润从1980年的69%下降到1989年的15.8%(第238页)。69%的利润率使得纺织业在诺顿的研究中位列第三,位于前两名的是拥有326%利润率的烟草业和98%利润率的精炼业。

它从50年代一个小的村办集体作坊起步,1970年由县政府接管,1978年改为全民所有制企业。80年代它是一家主要的毛巾出口厂,出口对象主要是日本。企业的成功使国家加大了投资,1990年其工人从800名增加到1200名。1989年高阳毛巾厂是河北省15家国有毛巾厂中的一个;1995年春,它是河北省唯一一家幸存的国有毛巾厂,却只能发挥50%的生产能力。1996年毛巾厂采取新的生存策略,开始与韩国合资经营。尽管乡村企业的竞争并非是影响国有纺织企业竞争力的唯一因素,但是它对在90年代中国所有国有工厂都经历的困境所发生的影响不容忽视。

河北省的国有工厂在困境中挣扎的同时,乡村工业不断增长,这加大了国有企业的压力。1990年后国有和非国有企业在同一市场上以同样的价格购买原料,在很多情况下它们使用相似的设备生产相似的产品。从1993年开始的3年中,原料价格上升了2.6倍,成品毛巾的销售价格仅上升了1.9倍。结果是国有企业的利润大幅缩减,因为国有企业要支付工人的福利,包括退休工人的养老金和在职员工的福利。① 国有企业还长期被地方劳动局作为剩余劳动力的蓄水池,这意味着高阳以及中国其他地方的国有企业都雇用了超过完成生产任务所需要的工人数量。②

---

① Dic Lo认为,国有企业在高度社会化期间是不允许保留利润的,因此也就没有能够建立养老基金的储蓄。在改革时代,行政预算体系变化了,企业必须从现有资金中留出一部分支付养老金——而不是像过去一样,企业将利润上交国家,养老金也由国家负责发放。Dic Lo, "Reappraising the Performance of China's State-Owned Industrial Enterprises, 1980—1996", Cambridge: *Journal of Economics*, 23 (1999), 693—718。
② 关于高阳毛巾厂的数据来自《高阳县志》(未刊稿,1995)中关于工厂历史的简单叙述,加上对工厂经理的访问。最近的数据来自1995年5月7日的访问。尽管毛巾厂在1995年经营情况并不好,人们不能不注意到该厂为工人建筑的大批新居。

高阳毛巾厂的经历正是代表了1990年后国有纺织企业与非国有企业竞争的普遍情况。国家统计数字显示,到1993年底,乡村企业的产出已占据全国纺织业产出总值的44%。①

因此,在10年左右的时间里,新的高阳乡村企业从以家庭为基础,生产低成本、低质量的、国有工业不愿意生产的产品,转向生产品种更加广泛、许多直接与国有企业竞争的产品。在数以千计的、开始成功与国有企业竞争的新企业建立的过程中,高阳的乡村企业家和企业利用了他们在中国纺织业的关系网,这一关系网使他们拥有了和那些没有企业家传统的社区相竞争的优势。下面让我们考察高阳的传统如何帮助乡村工业在第三个增长期的发展。

第五节 企业家遗产与第三次增长

高阳纺织业悠久的历史使当地企业家在80年代中期的不稳定市场上拥有了一定的优势。其中最重要的一项优势是与全国从事纺织业的个人建立的关系网。高阳纺织博物馆90年代初的一项记录证明,有5383名高阳人工作在中国不同地区的纺织业中(见表8.1)。这一高阳网是由高阳地区发生的三次技术人才大批转移所造成的。第一次发生在抗日战争开始时,当时许多工厂和作坊的老板把经营转移到北京或天津;他们中大多战时坚持经营的人在战后仍然留在了当地。由于最初的老板和技术人员

---

① 这一比例是根据1994年《中国纺织工业年鉴》中的数据计算得来的。全国纺织业的总产值数据见第115页,乡村工业作为"补充"的贡献见第140页。所有产值都以1990年价格为基准折算。在快速增长的毛织业中,乡村企业的地位更为重要。1994年,毛织业国有企业的产值仅占全国总产值的1/3。

退休已久,他们的孩子往往继承他们的地位,承担了为家乡企业提供帮助的任务。① 高阳人的第二次外流发生在内战后期,当时华北根据地的干部们转移到天津及河北的其他大城市,接管这些城市的行政管理工作。尽管这些转移来的干部们没有技术能力,但他们中的一些人还是上升到华北主要城市经济部长的位置。② 第三次也是最大的一次人才离去发生在 1955 年,高阳的大批技术工人被转移到华北地区许多新建的纺织厂工作。

关系学 关于人际关系网在当代中国如何建立和运用的研究成为近年来的热点问题。③ 关系往往被认为是那些寻求特殊利益的人使用的首要手段,他们利用礼物与能够直接为他们提供利益的官员建立特别的关系。在高阳,虽然在建立关系中也当然使用礼物,但是同乡纽带也是重要因素,同乡纽带长久以来被作为个人身份识别的重要元素,尤其是对那些居住在远离家乡的人。

---

① 中国人的就业往往受父母职业的影响。
② 例如,在 20 世纪 80 年代末天津市一名副市长就是高阳人,同时北京商业局的局长也是高阳人。
③ 见 David Wank, *Commodifying Communism* (Cambridge:Cambridge University Press,1999)关于厦门的私营商业部分。还可见 Mayfair Mei-hui Yang, *Gifts, Favors and Banquets—the Art of Social Relations in China* (Ithaca:Cornell University Press, 1994); Yunxiang Yan, *The Flow of Gifts:Reciprocity and Social Networks in a Chinese Village* (Stanford:Stanford University Press, 1996); Yunxiang Yan, "The Culture of Guanxi in a North China Village", *The China Journal* 35 (Juanuary 1996), 1—25; Thomas Gold, Doug Guthrie and David Wank, *Social Connections in China:Institutions, Culture and the Changing Nature of Guanxi* (Cambridge :Cambridge University Press,2002)。

表 8.1　全国纺织业中的高阳人

地　方	数　量	地　方	数　量
北京	373	四川	
天津	187	成都	161
河北		重庆	86
石家庄	603	甘肃	
保定	447	兰州	104
唐山	168	天水	41
邢台	48	山西	
邯郸	156	太原	92
张家口	67	榆次	64
河南		湖南	
郑州	142	长沙	102
安阳	157	衡阳	46
新乡	63	内蒙古	
洛阳	174	包头	102
南阳	48	呼和浩特	13
开封	63	其他地区	
许昌	52	长春	94
山东		杭州	24
济南	134	徐州	91
青岛	52	蚌埠	19
德州	31	武汉	64
辽宁		西安	172
沈阳	103	昆明	41
锦州	122	西宁	166
大连	61	银川	46
		乌鲁木齐	21
		台北	16

资料来源：以上数据来自高阳纺织博物馆制作的表格，且该表格包含的数据据说是不完整的，1995年。

第八章　从计划到市场：第三个增长期

在第三个增长期中，我们可以看出高阳同乡忠诚网络支持私人企业的三种方式：关系网络可用来获取原料；关系网络提供新技术知识培训；关系网络提供市场信息。改革初期，在市场刚刚出现、支持私营工业的制度还没有建立起来时，在上述这三个方面中同乡关系尤其重要。下面让我们首先考察关系网络在获取原料中的运用。

20世纪80年代初，中国计划者建立了一个双轨价格体系，为国有企业提供更多的绩效激励。这一体系为乡村企业家获取工业原料提供了可能。然而，即使买房愿意支付高价，原料仍然短缺；市场信息的获取和高价商品的竞争都非常困难。利用同乡关系有助于解决这些困难。最有用的是与大型国有企业的会计或销售人员搭上关系，或与国有销售代理机构人员建立关系。有同乡关系的卖方可能会以折扣价出售商品，或使高阳经销商更容易排到等待短缺商品队伍的前面。

尽管在80年代同乡关系在获取原料中的运用非常普遍，但是90年代中期却完全消失了。随着国家管制的放松，中间产品市场渐渐成熟，较低的国家定价与市场高价的差距逐渐缩小而后消失了。现在，尽管关系在获取市场信息和小折扣中仍有帮助，但是特殊的关系和慷慨的礼物不再是从事纱线批发业务的先决条件。尽管成功的批发商仍然与其经常往来的客户建立信任关系，但是市场的开放已经改变了这些关系的实质。①

同乡关系网支持高阳增长的第二个方式是提供技术培训。随着企业家们从以家庭为基础的、使用相对简单技术的纺织转向

---

① 关系在获取原料中的运用在第三个增长阶段初期是有限的。当代工厂的经理非常重视与他们的原料供应商建立长期稳定的关系，但是同时，在我们的抽样调查中，一大批企业主要依靠市场来提供原料，而不是使用特殊的关系。

建立工厂，使用更加复杂的技术，他们发现需要引进纺织技师来培训他们的劳动力。当当地的企业家想要聘请技师时，他们通常会寻找在国有企业工作或即将从国有企业退休的高阳人。一些企业家通过自己的家庭或村庄的关系寻找熟练技师，另一些则通过县政府乡镇企业局来推荐技师。

地方企业要支付具有竞争力的工资来聘请那些拥有先进技能的人员，但是同乡关系使高阳企业家更容易接近一大批训练有素的人才，这些储备的人员由于同乡关系更愿意接受聘请。在一个高度竞争、改进质量可以加强竞争力的商业环境中，技术人才的获取在个体企业的成长中至关重要。同时，它带来了对质量控制的加倍重视，一直影响着地方生产者的生产决策。①

同乡关系支持第三次增长的第三种方式是提供市场资料和信息。除了在全国纺织厂工作的高阳人以外，还有其他高阳的儿女们工作在销售和分销机构中。这些人被动员起来帮助发现市场，尽管获取市场信息的大多工作仍依靠个体企业的努力，但是若推荐给担任地区销售组织购买代理的高阳人，往往就能签定合同。在改革初期，原料市场中的人际关系是最重要的。一旦企业在市场中建立了声誉，开始与一批经常往来的顾客建立关系，过去的成绩就比人际关系更重要了。但是在一开始，生产者摸索道路时，关系发挥着重要的作用。

---

① 除了对个体企业技术上的投入外，高阳还能够充分利用与一些研究人员的同乡关系，比如在天津纺织研究所或天津纺织科技学院的研究人员，在高阳开办一些培训课程；当地政府也赞助了一批与这些机构的联合项目。高阳地区最成功的企业家之一——王克杰在天津纺织科技学院建立了奖学金基金。

第六节　当代高阳工业

高阳的当代纺织业包括四大分支:织布业:生产毛巾;毛纺精纺业:生产针织纱线;毛纺粗纺业:生产地毯纱线;毛织业:生产一百多种羊毛和羊毛混纺织物及毛毯。此外,还有许多企业为这四大主业服务,包括原料批发商、染色工厂和作坊、交易公司和运输公司等。由于这四个主要部门的技术要求和发展模式各不相同,我们将分别加以考察。

织布工业

第三个增长阶段是从织布开始的。由于大的国有工厂支配着标准化样式布匹的生产市场,高阳纺织者一开始生产那些被国有企业忽略的产品,包括用于覆盖被褥里填充的棉花的纱布(俗称豆包布——译者注);家具、鞋和背包用的衬布;具有多种用途、包括作纱窗或养鱼池用的鱼网的可塑纱;以及毛巾等。现在毛巾的生产是纺织业中的最大分支。1994年,全县纺织者生产毛巾价值5亿元,这占据了高阳乡村工业总产值的35%。到21世纪初,高阳已成为中国最大的毛巾生产地之一,其产品销往国内外。①

当我们拿当代的情形与过去比较时,毫无疑问织布部门是前两个增长阶段中最有代表性的。生产集中于以家庭为基础的小作坊,分散在全县50多个村庄里。尽管家庭作坊是最常见的组织形式,但是到1995年已有200多家发展成为工厂的规模,每家

---

① 县政府官员称2004年高阳生产了全国毛巾总产量的1/3。

拥有6台以上电动织机。①

北圈头村专门生产毛巾。1995年春,该村拥有常住人口1586人、395个家庭,他们的作坊拥有550台电动织机。除了本地人,该村还有2000多名来自四川、宁夏等地的工人,男女几乎各占一半。村里大多家庭作坊是由家庭内部人员组建的。织机24小时不停运转,工人被分为两班,每班12小时。大多作坊同时使用家庭人员和雇佣工人,村庄的各个角落日夜不停地响着投梭的声音。

尽管当代工业中的织布部门似乎是最贴近"高阳根本"的,但是从第三次增长开始时起,它也经历了飞快的技术变化。当私人织布于1984年起步时,大多纺织者使用"机械化"的老铁轮织机,在铁轮织机上附加一个皮带,用小发电机带动织机运转;或者使用简单的电动织机,比如GY42英寸织机,由高阳县纺织机械厂生产。② 80年代末形势发生变化,对国有纺织企业的投资热使经理们纷纷更新旧设备。这些旧设备被卖给中间商,中间商再将这些电动织机以低价转卖给乡村纺织者。高阳纺织者开始使用两

---

① 纺织部门似乎支持小规模的生产;最大的纺织工厂拥有的织机很少超过二三十台的。在调查中抽取的34家注册资本在10万元以上的较大企业中,只有1家纺织厂和1家毛巾厂拥有30台织机,毛巾厂是由高阳国有毛巾厂退休的一位副总建立的。
② GY42寸织机是80年代初大多农户的首选。这种织机基本上是一台铁轮织机,加上一个金属架子,用一个小发动机带动。当地的纺织机械厂大批生产这样的织机,售价在700—800元之间。这种织机的产出与旧的铁轮织机差不多——1匹布需要10—12小时——但是,劳动生产力要高于旧式铁轮织机,因为1名工人可以照看两台织机。技术变化之快可以从纺织机械厂的发展中看出来,该厂在1988年时经营仍然很好,但到1995年就破产了。破产的原因是它的主要产品——42寸织机和附带的提花设备——失去了市场。在20世纪80年代初,乡村工业刚刚开始发展,机器设备供不应求,许多乡村生产者选择了GY织机,因为它比较便宜和结实。

种电动织机(44英寸1511和75英寸1515),这两种电动织机的效率都比42英寸高阳织机效率高。① 1个工人只能应付两台42英寸织机,但是1个工人可以照看4台1511和1515织机。② 电动织机的数量持续上升,1990年达到8000台,1995年春达到1.5万台。

改良织机的使用有助于产品组合的转变,乡村纺织者不再局限于生产低附加值的边角产品。拥有先进设备以后,国有和私营工厂站在了同一水平的舞台上,由此私营工厂和国有工厂展开直接的竞争。

生产组织

90年代初,作坊生产的规模类似于前两个增长阶段中的作坊,但是整个纺织业的生产组织形式却迥然不同。在第一个增长阶段中,批发资本支配着高阳工业,大型批发商号建立了控制生产和销售的一体化组织。在第三次增长阶段中,没有一家企业可以建立相似的生产和销售一体化组织。在当代高阳,原料供给、纱线漂白、染色、织布和成品的销售业务都分别由独立的企业经营,即使个体织布作坊与纱线批发商、染色作坊、销售人员建立了固定的业务关系,每个独立的企业承担的也只是生产加工中的某一个环节,自主经营,独立核算。下面让我们考察批发和加工业务的组织形式。

---

① 关于国家对纺织业再投资策略的思考,见 Dorothy J. Solinger, *From Lathes to Looms*。
② 1988年,旧电动织机售价大约1000元;1995年,受通货膨胀以及需求上涨的影响,1515织机的价格上涨到7000—8000元,1台织机附带的1个织毛巾的提花设备还要另加5000元。1台织机几乎可以保证每年盈利至少1万元。李果庄郊外建立了一个销售旧设备的大市场。

纱线批发商 20世纪90年代中期,高阳地区大约有60家纱线批发商向成千上万的织布作坊供给纱线。① 最早的批发企业成立于1984年。最初许多批发商把办事处设在乡下农家中,但是到90年代中期,大多批发商都在高阳东北大街上新建的三层商厦中设立了办事处。一楼商铺堆积着成捆的纱线,窗户上书写着纱线的型号和价格。畅销的日子,一家中等规模的批发商可以销售四到六吨纱线。

大多纱线批发企业是商业合伙制的。1984年纱线批发开始时,批发企业需要大约10万元的经营资本。批发商的资本往往来自储蓄和亲友的借款。大多企业以合股形式组建,每个合伙人持有一定的股份。批发商到华北和中国西北部地区的城镇寻找纱线来源,比如河南的郑州和安阳,陕西的西安,山西的榆次,甘肃的兰州,内蒙古的包头,河北的石家庄、邯郸和保定,以及天津和北京等城市。在这段时间中建立的商业关系直到今天也支持着批发贸易业务。

随着织布工业的增长,批发企业的规模也在扩张。1995年平均每家批发企业拥有资本100万—200万元。与从前一样,大多是商业合伙制企业。战前的批发业务大多受益于各种形式的信贷,而当代的纱线批发几乎完全依靠大量的现金。纱线供应商很少赊销。当批发企业资本短缺时,它们向供应商附近的银行寻求短期贷款。由于短期贷款的利率较高,批发商需要快速销完存货然后偿还贷款。批发业的成功需要与作为供给者的生产棉纱的工厂的经理和作为顾客的乡村织布者建立互相信任的业务关系。作坊并没有像过去那样,以合约与某个特定的批发商绑在一

---

① 为我提供信息的一些人认为批发商的数量可能达到80家。

起,大多作坊还是和固定的一到两家批发商交易,当这些固定的批发商提供给他们的纱线的质量或数量不能达到他们的要求时,他们才转而寻求其他的供应商。

图 8.1 晾晒纱线

乡村小作坊为生产毛巾用的纱线染色。尽管漂白和染色都使用了现代设备,但染色纱线的干燥仍然是通过晾在外面的架子上晒干。(照片由作者拍摄)

染色作坊 生产毛巾的所有纱线都需要在纺织前经过漂白或染色。高阳生产的最常见的条纹毛巾需要同时使用漂白过的纱线和染色的纱线。大多纱线染色作坊集中在两三个村庄,这些村庄几代人都专注于染色业务。

纱线染色作坊是小规模经营,合伙人集资并出劳力。① 染色

---

① 1985 年我访问了一家由 8 人合伙组建的作坊,只有 1000 元的资金。起初所有的工作都是手工完成的;1991 年其资本增加到 5 万—6 万元,每个合伙人每年盈利 7000 元。同年,作坊开始同时使用机器和手工方式工作。

作坊一般按照纱线供给人即织布作坊的订单工作。在高度竞争的商业环境中，速度在生产中是重要的：1995年，从收到纱线到加工后交还给客户的时间是4天。由于作坊是以几乎相同的价格提供几乎完全相同的服务，客户一般与一家，最多两家染色作坊建立固定的业务关系。一旦业务关系建立起来，具有信誉度的客户可以将所有的帐务延至春节前最终结算。

销售 传统的高阳生产体系的一个特色是建立外庄网络，在主要商业中心建立外庄向当地的批发和零售商销售高阳织物，同时收集市场需求信息。20世纪80年代中期，曾经尝试在重要的地区市场建立新的销售代理体系，但是没有几个坚持到90年代。维持代理机构需要较高的成本，大多毛巾料并不是为特定市场设计的，新的地区批发市场的便利条件带来了多种不同销售方式的产生。1994年高阳生产的将近6.5万条毛巾中，60%—70%是通过国家规定的批发销售网销售的，其余的直接销售给有合同的客户。①

李果庄在1983年9月组织了第一个专门的批发市场。② 当我1988年9月访问该市场时，这个市场相当简单：销售者排列在村内的主干道上，每个人旁边堆着待销的棉纱布。与两三年以后的销售量比，个体的销售量很小。大多销售者经营的是家庭作

---

① 贸易统计数据由县工商局提供。但是，统计数据只覆盖了部分由政府规定的批发市场经手的交易。1994年是4500万条毛巾，他们认为这占据总交易量的60%—70%。
② 得到县工商局的许可后，该村建立了一个销售纱线和布匹的市场，这个市场遵循传统的定期集市的模式；一开始集市是每10天中有两天开市；后来，随着业务的增加，开始每10天中有4天是市场日。

第八章 从计划到市场:第三个增长期

坊,用自行车把货物运到市场上。①

尽管90年代中期小批量销售没有完全消失,但是一个新的销售体系出现了,通过该体系更多的货物进入更长的远途市场销售。1992年,高阳县工商局决定在县城西北角附近建立一个新的批发市场。1995年,60%—70%的毛巾料通过这个批发市场销售,繁忙的日子可以吸引到6000个经销商。

批发市场上有两种类型的销售者。60%的固定批发点是工厂的批发商店。拥有一到两台织机的家庭作坊没有能力建立这样的批发商店,拥有6—8台织机的小工厂往往有自己的批发商店。批发商店展示样品和接受订单。没有自己的批发商店的工厂通过专门的批发商店销售,这些专业商店为多家小作坊展示商品。这种通过专门的批发商店销售称为经销。②

现在中国是一个相对比较新的现象。从20世纪50年代到80年代初,中国的销售由官僚政治机构操纵,在每个地区为每种商品建立单一的销售渠道。③ 随着经济改革的发展,国家放松了对销售体系的控制,到1984年取消了对批发销售的控制。国有和私营单位现在可以自由地在行政区间移动。随着商品供给越

---

① 购买者都是买了布再运送到地区市场转销的批发商。许多购买者是小批量经营者,每次购买的货物不多。大的经营者雇用当地的运输公司运送他们的货物,而小的批发商则将货物打成小包,装在通往目的地的公共汽车顶上,以这种方式运送货物。尽管现在的大多毛巾料是通过高阳县的批发市场交易的,李果庄市场一直作为一个专业产品市场保留着。1995年,李果庄有1200台1515织机在生产窗纱和网,该村领导称,李果庄生产的这类产品占全国总产量的70%。我没能检查这一论断的真实性。关于李果庄的数据来自1988年9月和1995年5月的两次访问。

② 1995年,一般的经销佣金是每条毛巾5—7分钱;较大的商品如被单,工厂售价为每条16.50元,其佣金可达每条1元钱。

③ 关于早期的商业改革,见 Dorothy J. Solinger, "Commercial Reform and State Control: Structural Changes in Chinese Trade", *Pacific Affairs* 58, no. 2 (Summer 1985), 197—215。

来越充足,新的批发中心开始建立。一开始许多批发中心就象高阳的毛巾市场一样,接近于生产中心。在地方政府的鼓励下,许多新的销售中心建立起来,地方政府帮助其获取土地和资金用于基础设施的建设。一些新的批发中心设立在乡村工业中心附近,另一些则主要作为地区分销中心而建立。浙江省中部的义乌就是第二种模式,义乌是有名的日用品批发中心。1994年这一地

图8.2 李果庄市场

乡村纺织者在李果庄建立的定期市场上销售棉纱布。该市场建立于20世纪80年代末。(照片由作者拍摄)

第八章 从计划到市场:第三个增长期

图8.3 运货到市场

80年代末乡村纺织者用自行车将成品布运送到李果庄市场上销售。 *210*
(照片由作者拍摄)

图8.4 纺织品交易中心

县政府建立了这个纺织品交易中心,小工厂主在此销售货物。(照片由高阳县政府办公室提供)

245

区分销中心的年交易量超过 10 万亿元。① 高阳生产的毛巾在高阳毛巾市场上销售给批发商，批发商再将货物运往义乌，卖给那里的批发和零售商，这些批发和零售商再将货物转卖到其他地区市场或出口市场。

比较 织布部门最接近于早期的高阳工业模式，生产集中在小的家庭单位内，这些小生产单位分散在 50 多个村庄里。然而尽管织布部门的生产组织与早期模式极为相似，但是整体的工业结构却不一样，已经没有包揽原料购买到成品销售的一体化企业。让我们稍加考虑一下为什么会是这样。战前的布线庄最初以购买纱线起步，然后构建了直接的销售网，开展织定机活动并投资于染整工厂的机械化。在当代高阳，没有一家纱线经销商的经营范围超出批发业务的，大多当代高阳的纱线批发商以合伙的方式起步，两到四个朋友共同集资开始经营。现在，许多企业拥有大量的资源，但是组织结构相当简单。最常见的是，所有的合伙人积极地参与经营，两个以上的合伙人负责处理"外部"业务，从华北和中国西北部的工厂购买原料；其余的合伙人负责在高阳处理与当地客户的交易。没有类似清末批发商起步时能够利用的简易的贷款来源，资金短缺时，他们几乎都是使用利息率较高的银行短期贷款。当代批发商的大多资本投资于纱线存货，很少有多余的财力向客户提供赊销。并且，在大多时候，纱线需求非常高，批发商没必要提供赊销就可以找到购买者。

第二个方面可能是供应商在地理上的分散。战前，几乎所

---

① 关于义乌作为一个销售中心的简介，见《中国乡镇企业年鉴，1995》，北京：中国农业出版社，1995 年，第 361—362 页。

有的纱线不是从国外进口就是从天津、上海的棉纺厂购买。天津的外庄负责购买原料、处理与当地批发商的赊销或当地银钱号的贷款业务。现在的纱线批发商在地理上非常分散,批发企业需要花费更多的代价获取市场信息、协商购买事宜。没有迹象显示哪家纱线批发商渴望将企业扩大为联合生产与销售的一体化企业。

生产环节中的中间角色——织户和染色厂,都是小规模经营的,缺少扩大成一体化企业的能量。尽管较大的纺织厂建立了自己的批发商店,但没有一家超出这一经营范围。只要最大的纺织厂拥有的织机不超过30台,这种情形就不可能改变。

至于销售方面,销售协议也比过去更加复杂。商品流转更加快捷,通过铁路和高速公路运输,销售专家使用现代的通讯工具,包括移动电话和寻呼机,时刻把握市场需求的变化。从第三个增长阶段一开始,小贩在批发市场中发挥了积极的作用。批发交易的一个明显特征是批发商之间的高度竞争。竞争使高阳的小生产者受益:低佣金和高竞争促使批发商们格外努力地工作。整个80年代典型的卖方市场情形也没有刺激高阳的生产者自己从事批发经营,当市场压力使生产者感觉有必要建立销售代理机构时,独立的批发商已经产生了。

批发交易的一个有趣的特征表现在性别分工上。大多纱线批发企业的合伙者都是男性,妇女却大多从事成品的批发销售业务。有两个因素似乎助长了这一分工模式:资金和工作地点。纱线批发需要较大的资金,经常要到外地交易;而布的批发一般在当地进行,且需要的资金较少。在20世纪80年代中期,人们常常可以看到三四十岁的妇女在华北各大城市的街道上贩卖高阳布。妇女在布匹批发业务中的突出可以看作是这种模式的延续。

毛纺织的增长

当代高阳的许多大企业都从事毛纺织业,这是在第三个增长阶段中诞生的新业务。高阳地区不是一个传统的毛织品生产区,高阳的第一家毛纺厂建立于1984年。10年后(1995年),纺锤的生产能力达到精纺2万锤,粗纺2.5万锤,织布能力达1100万米。① 尽管高阳企业都是从事毛织业的新手,但是其增长却非常迅速,在毛织业的不同部门成为主要的生产者。1995年,高阳企业产出大约2.3万吨针织纱线,约占中国针织纱线总产出的6.3%。同时,毛织品产量约占全国总产量的2.6%,其生产能力在90年代中期飞速上涨。②

毛纺和毛织都是由工厂来经营的,它所带来的经济和社会关系与棉纺织业所带来的大不相同。毛纺织业的原始投资需求非常大,为了征集足够的资金创办企业,企业家形成合作关系(采用合伙,或者合股的形式),他们集中劳力和资本建立一家企业。企业的工作地点不在家里,也很少使用家庭内部的劳动力。最小的工厂至少要雇用20名工人,1995年高阳县最大的毛纺厂雇用了3000名工人。毛织品厂同时吸收本地和外地的劳动力,由此在

---

① 除非特别注明,统计数据均来自高阳县乡镇企业局,1995年5月访问时提供。
② 关于中国总产出的统计数据很难得到,而且并不一定可靠。高阳生产的估计都是乡镇企业局提供的。这些数据衡量的是生产能力而不是产出,但是由于1995年时工业接近全力在生产,这些总产出的估计数据似乎是合理的。对全国产出的估计来自两个途径:天津纺织科技学院的杨锁廷教授以及纺织部天津办事处。小规模工业的迅速增长使得统计数据的收集非常困难。国家纺织部的出版物,如每年的纺织业年鉴,提供的数据都是国有单位的。它们不包括迅速崛起的、由低层次的合作单位(乡镇)或大量的私营工厂组建的乡村工业。这些后来的企业——包括几乎所有的高阳企业——最有可能在统计中遗漏。尽管县统计局试图抓住这些生产数据,它们的统计也是不精确的,害怕承担更多税收的企业往往低报自己的产量和利润。因此,在地方上,最准确的估计只能在生产能力上。

高阳产生了一批乡村工人阶级;1995年春,高阳登记的外来工人有1万多人,他们中的大多数是工作在毛纺厂的未婚女青年。

为了理解毛纺织业的飞速增长,我们需要简单考察一下中国毛纺业在20世纪80年代和90年代的整体发展情况。尽管中国毛纺织业自1978年改革以来的发展速度要快于纺织业的其他部门,但是毛织品的人均消费量仍然相当低,每人每年大约消费1/3公斤羊毛。① 毛纺织业的快速扩张大部分是由乡村工业的迅速发展造成的。在90年代初,中国大约有3000家毛纺厂,其中2000家是乡镇企业。1995年,国有企业的产出只占全国总产出的1/3,其余2/3是由乡镇企业生产的。② 在高阳,毛织业普遍存在的现象是,一些乡村企业家使用国有企业放弃的旧设备,因此技术水平相对落后一些;另一些则使用先进的技术,包括计算机控制开关的气流毛纺设备。

毛织业的快速增长是国内外需求变化的结果。尽管毛织品的人均消费量仍然较低,却比改革前要高出九倍多。中国毛织品的需求呈现高收入弹性,随着收入的上升,国内需求量也在上

---

① 关于毛织业的背景资料,来自阿德雷德大学中国研究组的一批澳大利亚经济学家的研究。Christopher Findlay ed., *Challenges of Economic Reform and Industrial Growth: China's Wool War* (Sydney: Allen & Unwin, 1992); Andrew Watson, Christopher Findlay, Du Yintang, "Who Won the 'Wool War'?: A Case Study of Rural Product Marketing in China", *China Quarterly* 118(June 1989), 213—241; Zhang Xiaohe, Lu Weiguo, Sun Keliang, Andrew Watson, Christopher Findlay, "The 'Wool War' and the 'Cotton Chaos' Fibre Marketing in China", *Working Paper* no. 91/14,阿德莱德大学中国研究组,1991年10月;中国纺织工程师协会学术委员会编:《纺织工厂"八五"科技发展战略研究》,北京:纺织工业出版社,1990年,第63—78页。
② 新的毛纺织工业区在浙江、江苏和山东等地出现。

升。① 乡村商人现在大多穿着毛织的西式商业服装,裁剪得体的冬衣在城市和乡村人中越来越流行。时髦的毛绒服取代了早期的带衬里的夹克衫。在出口方面,中国出口的衣服中包含大量的毛织和针织品,同时含有大量毛织地毯和毛毯。所有这些都推进了羊毛加工业在近几年的快速增长。

促进乡村毛织业快速增长的第二个因素是政府关于原料政策的变化。在1978年经济改革政策实施之前,中国的毛纺织业大多是自给的,93%的原毛由国内提供的。② 改革措施以多种方式影响了毛纺织业。牲畜的私有化,以及羊肉需求的不断增加,扰乱了国内的毛织品生产体系。同时,随着集体和私营纺织厂的建立,原毛的需求量也在上升。中国政府的反应是加入世界毛织品市场,大量增加原毛的进口。国有对毛织品销售体系的控制也放松了,尽管爆发了控制国内原毛供给的"羊毛战",国家也不再对其实施垄断。对于原毛使用者(包括新建立的乡村工业企业)来说,这意味着可以按照公开的市场价格购买到国内外的原毛。1994年,高阳是新西兰羊毛最大的唯一的在中国地区消费者,进口量达1.5万吨。尽管近年来的竞争抬高了原毛的价格,但是调查中没有一家企业表示在获取原料方面有困难。③

羊毛粗纺业

高阳的第一家毛纺厂——红旗毛纺厂1984年在赵官佐村成

---

① Ray Byron, "Demand for Wool Products in China", chapter two in Christopher Findlay. Ed., *Challenges of Economic Reform and Industrial Growth: China's Wool War*.
② Andrew Watson, Christopher Findlay, Du Yintang, "Who Won the 'Wool War'", 215.
③ 高阳的毛纺厂使用新西兰羊毛生产手工编织的纱线。新西兰是世界是大的"厚羊毛"出口地之一,这种着毛适合于编织纱线使用。另一些工厂使用澳大利亚羊毛。

立。那一年,该村原有的一家仅拥有 8 台织机的集体纺织厂,已经濒临破产。由郭艳凯带领的一批年轻男子,决定集合他们的财力和人力承包接管该村的工厂。一开始他们想建立一个毛纺厂。当时,附近的蠡县毛纺厂为针织纱线纺人造丝纤维,正处于增长的繁荣期。蠡县提供了一个大的购买原料和销售成品的市场。赵官佐村位于高阳县南部,与蠡县搭界,高阳的许多毛纺厂就在该村建立,直接模仿蠡县的模式。①

根据郭艳凯所说,他和他的合伙人本想建立一家纺针织纱线的工厂,但是他们对该行业知之甚少,错误地购买了只能纺粗线的设备。但他们很快发现,这种可用于制作地毯的粗纱市场需求非常大。高阳第一家地毯线生产厂就这样诞生了。

高阳地毯线业的发展史类似于棉纺织业,同样展现了小规模乡村工业与大规模国有企业之间的直接竞争,并且乡村工业在竞争中处于优势地位。② 高质量的毛织地毯是 20 世纪 20 年代以来华北地区出口的主要项目,20 年代时欧洲企业家在天津建立了首家手工业工厂,专为出口而生产。从 20 世纪 50 年代到 80 年代初,天津和北京的几家大型国有工厂支配着该行业,它们不断提高产品的质量,使天津品牌在国际市场上闻名。尽管国家控制着生产,销售也是严格要求的,外贸局只与几家精心挑选确定的外国代理机构交易。经济改革政策下,中国的对外开放刺激了中国传统出口工业的生产,在美国确定中国享有最惠国待遇后,美国市场对中国地毯的需求暴涨。外贸局开始欢迎新的贸易伙伴的加入,随着地毯需求的增长,天津和北京著名的工厂开始在

---

① 高阳的干部承认蠡县对经济改革的反应要比高阳迅速。
② 关于华北地毯业发展的资料由天津地毯公司的技术专家李林蟠提供。以下讨论中所有的统计和估计都来自 1996 年 9 月 4 日对李先生的访问。

外地建立分支机构，特别是在天津市的行政隶属县——武清县建立代理机构。最初是由母公司训练子公司的工人，监督其生产过程，提供所有的原料，包括地毯线。不久，原料需求的上涨就超过了母公司下属毛纺厂的生产能力。① 就在这种情形下，像高阳红旗厂这样的乡村企业建立起来，与外贸局签约生产，外贸局充当着乡村毛纺厂、城市地毯厂和武清县子公司的中间人。

20世纪80年代末，武清县所建立的分支企业在利润动机的支配下，开始脱离了母公司，独立经营，并且与母公司直接竞争。同时，新的私营企业模仿原分支企业的模式也纷纷成立，增加了与原国有企业竞争的企业数量。地毯业的迅速增长为地毯线纺织者创造了一个充满生机的市场。尽管高阳工厂生产的纱线经常达不到天津最有名的国有工厂所规定的标准，但在价格上却拥有巨大的优势。例如，在1990—1991年间，当国有企业生产的地毯线每公斤售价为23元时，高阳工厂的售价为12—13元。低价原料的使用使武清工厂能以低于天津工厂的价格出售成品，也能获得较大的利润。② 到20世纪90年代初，天津原有的工厂都被迫倒闭了，现在几乎所有的天津地毯都是由武清县的乡村工厂生产的。③

---

① 根据李林蟠所述，在生产的高峰期，天津地毯厂的纺纱能力达到每年大约6000吨纱线。1995年高阳企业生产了2万多吨地毯纱，这一事实可以使我们看到这一部门的增长。
② 当时国有企业生产的地毯价格是每平方英尺16元左右，而乡村竞争者的售价仅为10元每平方英尺。
③ 小规模非国有工厂的胜利归功于天津外贸局的决策，它控制着天津风船地毯品牌。这一品牌以高质量而盈得世界范围的声誉。当天津国有工厂开始将部分生产任务转包给乡村的分支机构时，地毯的切割和最后一道工序仍由母工厂完成，所有的地毯以风船品牌出售，即使在分支机构脱离母工厂独立以后也是这样。结果之一是质量控制迅速下降，1995年开始影响"天津"地毯的需求。

1995年春，高阳有50多家地毯线工厂，高阳成为这类专业产品的主要供应地。由于大多工厂的规模较小，平均每家工厂每年的产量是200吨左右，如此多的小工厂集中在一个地区，使高阳成为主要的华北地毯线供应区。成为工业区的一员也是一件好事，客户们都到高阳寻找地毯线，当其他地区的某家地毯线工厂倒闭时，企业家可以以折扣价购买其设备，并且转移到高阳建立新的工厂。

在20世纪90年代中期，中国地毯的国际销路很好，地毯线需求一直支持着高阳企业的发展。仅在1994年春，就有30家新的地毯线企业成立。1994年高阳县纺纱企业生产了将近两万吨地毯线。①

地毯线工厂处于毛织业技术连续体的末端。大多企业使用的是原国有工厂淘汰的设备，许多企业的质量控制标准也不严格。平均每家地毯线工厂1天可加工大约1吨羊毛线，雇用3个班次的工人，工作环境相当原始。墙壁和屋顶上粘满了废弃的纤维，工棚内灯光暗淡，工人来回地更换装满的纺锤，把断开的线重新系上。尽管在发展的高峰期，高阳地毯线厂生产的产品质量往往不如国有工厂的产品质量高，随着大量的地毯线生产者的加入，竞争越来越激烈，高阳生产厂也将不断地提高自己的技术水平。

羊毛精纺业

高阳工业在第一个增长阶段中的一个关键特征是通过引进新产品和新技术来应对危机。在当代工业中，我们可以看到相似的模式，一些企业从生产相对简单的产品转向高附加值的、需要

---

① 我没能找到可以估计高阳生产比重的中国地毯业的数据。

更复杂技术的产品。当代高阳工业的技术发展道路经历了从使用旧设备生产粗纺到使用新设备生产精纺的过程。一些先驱企业,如红旗厂,以粗纺业务起步,后来增加了精纺生产。一些曾经生产粗纺的工厂已完全转变为针织纱线的生产,一些新企业一成立就直接生产针织纱线。到 1994 年底,高阳县有 41 家精纺毛纺厂,总生产能力每年可达 2 万吨。

图 8.5　毛纺厂

一家毛纺厂的女工。一些毛纺厂生产针织纱线,另一些毛纺厂为毛料衣服和毛毯生产提供纱线。(照片由高阳县政府办公室提供)

高阳县最有名的毛纺厂是三利厂,由王克杰在 20 世纪 80 年代初建立。王克杰在 1982 年辞去了在省会石家庄一家国有工厂的工作回到高阳,他购买了两台针织设备,建立了一个生产针织毛衫的家庭作坊。同村的其他人也开始模仿的做法,1985 年王又开展了一项新业务——针织羊毛头巾。1986 年,他将所有的前期利润投资建立了自己的第一家毛纺厂。1989—1990 年间,由于政府信贷收缩,原料价格下跌,王的工厂经历了一段困难期,但他经受住了这场打击,继续坚持扩大自己的经营。1996 年,三利工业集团旗下几家工厂拥有 1 万个纺锤,工人达 3000 名。三利的纱线年产量达 1 万吨,已经可以归入大型企业之列。① 三利品牌越来越闻名于全国,在积极的广告宣传(包括国家电视台现场广告)下,王致力于超越天津有名的东亚毛纺厂。三利和其他一些较大的精纺厂还增添了染色设备,完成它们控制整个生产过程的技术道路。②

毛织业

高阳毛纺织业的第三个主要部门是毛织业,同样是出现在第三个增长阶段的新生事物。1995 年 43 家企业从事羊毛织物的生产,它们每年的总生产能力达 1100 万米。毛织业生产和投资的规模变动很大。较大的毛织厂是一体化的生产单位,从梳理、纺毛到织成成品。一些工厂还拥有染色业务,另一些则将成品运到专业的染色企业进行加工。最小的工厂有 6—8 台织机,以及相应的梳理和纺毛设备。另一类规模的企业使用计算机控制的气流毛纺设备。一套气流毛纺设备可以供给 40 台织机所需的纱线。高阳第一家使用气流毛纺设备的企业成立于 1992 年,企业经营的第一年获利就超过 150 万元。这类企业显著的成功激发了其他人,到 1995 年已经有 13 家同类的小工厂。

在不到 10 年的时间里,高阳的毛织企业发展迅速。起步时

---

① 根据沈帆等《纺织工业经济管理》,北京:纺织工业出版社,1989 年,第 47 页。拥有 1 万以上纺锤的毛纺厂可归为大型毛纺厂,拥有 5000—10000 纺锤的归为中型毛纺厂,拥有 5000 以下纺锤的毛纺厂称为小型毛纺厂。
② 对于 100%的纯羊毛纱线,要先纺后染色;对于合成纱线,则是先染色后纺纱。

使用旧的纺、织设备,生产低附加值的产品。最初,大多企业只掌握了纺和织的技术,成品要运到其他地方染色。1992年,气流毛纺技术的增加标志着一个重要的飞跃,较先进的企业开始从生产链的低端转向附加值较高的产品的生产。随着这些先进企业转向新的技术,它们也开始使用更好、更昂贵的原料,大多使用从澳大利亚进口的原毛。① 较大的企业还开始增添自己的染色业务,从而控制全部的生产过程。现在,高阳最大的毛织企业都坐落在现代化的大楼内,受过高级培训的职员负责监督生产经营,使用的毛纺设备也是计算机操纵的。

毛纺织业:一些比较

尽管粗纺、精纺和毛织业都各有自己独特的发展模式,但是它们也拥有一些区别于棉纺织业的共有特征。第一个区别是投资规模。即使最小的地毯线工厂也需要至少15万元的固定资产投资,更复杂的、计算机操纵气流毛纺设备的企业,其投资可达几百万元。

毛织企业的第二个特征是生产模式必须调整适应需求明显的季节性差异。毛线和毛织物随时都可以生产,但是其销售却集中在8月底至次年的2月间。② 因此,高阳企业要在3月到8月中旬的大约半年内生产出足够在销售季节出售的存货。这种模式的结果是需要大量的流动资金,使用气流毛纺设备的工厂一般每天可以生产大约1吨纱线。如果我们假设1995年每工作日原

---

① 企业精心挑选它们将在生产中使用的羊毛。一般来说,大宗的澳大利亚羊毛较适合毛纺织,而新西兰羊毛则更适合编织纱线。地毯线企业一般使用国内的羊毛。
② 地毯纱工厂没有经历过类似的需求季节性变化,由于地毯线属于工业原料,它的需求在一年内比较均匀。

第八章 从计划到市场：第三个增长期

毛的使用量是 1 吨，每天仅原料成本就达 2 万元。① 然后我们还要加上工资，1995 年每个工人每天的工资大约是 10 元，还要考虑管理费用。因此，毛织业工厂对短期流动资金有较高的需求，许多企业在经营淡季（费用大但没有什么收入的时候）求助于银行贷款。当融资困难时，一些企业会在淡季停止一到两个月的生产，还有一些企业会转向使用人造纤维，比羊毛便宜一些。无疑，这种需求季节性差异的模式对高阳的小私营企业是真正的挑战。成功的企业家必须花费精力与地方银行或其他能够提供贷款来源的机构建立关系，这样才能保证企业在淡季也能正常生产。

因此，尽管毛织业比棉纺织业能创造出更高的利润，资金需求和风险也比较大。在棉纺织业非常普遍的以家庭为基础的生产单位在快速增长的毛纺织业中没有立足之地。下一章我们将考察这些大企业的管理策略，考虑当代高阳棉毛纺织业的不同投资和生产模式所带来的社会后果。

---

① 这里的例子被大大简化了，没有考虑纺纱过程中的损耗、其他原料投入以有机器的维修费用。

第九章　现代企业中创业的精神遗产

1983年,高阳县领导者敦促乡村党干部们带头组织乡村工业。在一个个村庄里,集体作坊被取缔,村民们用分到的织机建立自己的家庭小作坊。① 不久,一些有进取心的村民开始梦想建立技术更加复杂的工厂。他们意识到这需要大量的资金,20世纪80年代中期,没有一家国有银行或乡村信用合作社愿意借款给农民企业家。而且,20世纪40年代末的土地改革以及其后几十年的农业集体化已经有效地拉平了农户间的收入差异,没有农户富裕到可以从事投资活动的程度。为了克服资金短缺问题,高阳企业家建立了股份合作制,调集股东们的资金从事工业活动。

20世纪90年代,几乎所有的大纺织企业都是股份合作制。②股份合作制结合了中国经济实践中的三个传统:传统商业合伙制(合资)、常见于手工业的自愿劳力合作制(合伙),以及集体工业使用的社会主义实践经验。当代高阳的乡村生产企业对传统的商业实践进行了革新式调整,建立了一种新型的商业合伙制,既包括资金的结合,也包括劳力的结合。尽管当代股份合作制同时

---

① 在许多村庄没有足够的织机分配;那些分不到织机的人会收到一笔现金支付。
② 在高阳县列举的190多家注册资本超过10万元的纺织企业中,103家(52%)是以合伙制注册的,另52家(27%)是以集体企业注册的。在一些村庄里,75%的企业被列为"集体"企业,尽管它们实际上是合伙制。

吸收了合资和合伙的传统,但是人们通常称之为合伙企业。当代企业的合伙人不仅作为管理人员在企业内工作,而且投入了一定的资金。把这种企业称为合伙而不是合资或合股制,无疑与社会主义实践有关,这一实践更容易接受劳力合作的概念,而不是合资这一相对有矛盾含义的概念。①

尽管当代的商业合伙制吸收了过去的企业家传统,但它仍与早期的企业有明显的区别。所有的当代企业都是拥有大量固定资产投资的生产性企业,而战前的批发商号都是以资本集中于流通领域的商业企业起步的。过去,合伙契约一般以3年为期限,3年后合伙人可以自由退出。这种短期协议在资本集中于流通领域时是比较可行的,同样的方式并不适用于制造性企业的投资。当代企业的合伙协议是没有期限的,尽管大多合伙协议允许单个投资者的退出,但是合约保护的是企业整体的利益。

在资本短缺的经济环境下,当代企业的股份合作制被证明是一种有效的组织乡村工业的方式。股东集投资者与管理者于一身,为企业的长远发展创造了强有力的保证,这也导致这些企业出现了类似前两个增长期中的高水平的再投资和高增长率。但是,股份合作制同样有它自身的弱点。由于合伙关系是自愿的,领导集团的意见分歧可能导致某个合伙人撤资,因此合伙企业有潜在的不稳定性。第二个弱点是合伙制企业有一定的中国传统家族企业的特征,由于管理人员都是从投资者中任命的,因此企业所汇集的管理才能存在一定的局限性。

本章将考察合伙制企业的起源、融资安排、组织结构、发展策

---

① 近年来,早期用于描述合伙制的"合资"这一称呼,已经渐渐成为中外合资的专用称呼。

略、长远发展问题以及管理层与工人的关系问题。关于当代高阳商业经营中的主要数据资料来自1995年5月对当地34家企业的调查。这34家企业是从登记的注册资本在10万元以上的194家纺织企业中随机抽取的。① 另外一些资料,包括定性的和定量的数据是在1988、1990、1991、1995和1996年访问高阳时,由高阳县乡镇企业局提供,还有一些资料来自同时期对当地企业家和一批工人的访问。②

第一节　股份合作制企业

股份合作制是当代高阳乡村企业的主要组织形式。绝大多数注册资本超过10万元的企业都是股份合作制,我们调查的34家企业也都是从股份合作制开始的。高阳式的股份企业是一种有限范围内的合伙制,主要是一些朋友、亲戚或村邻集中资金和能力建立一个新企业。一个合伙人在企业中拥有一个股份,大多合伙人都在企业工作,而且通常是企业的领导成员。尽管投资以股份来衡量,投资人被称为股东,但是股份不能出售也不能转手。34家抽样企业中的70%都有禁止股份出售或转让的规定。尽管股份的转让在其他企业中是经官方认可的,但是没有一家企业出现过股份转让的事情。当合伙人之间产生了无法解决的分歧时,拥有股东较多的一方会买断股东较少一方的利益。③

---

① 我曾用190个企业与所抽取的34家企业进行比较,发现它们在大多特征上是相似的。
② 贾建华:《璀璨的群星》,海口:海南出版社,1994年。这里收集了关于高阳企业和它们的管理人员的报告。
③ 即使其中一名合伙人去世了,企业通常的做法仍是买断其股权,而不是将股权转让给新人。

这种方式存在两个显著的特征：第一，股东或合伙人持有均等的股份；第二，股份不能转让给原合伙人以外的个人。这些特征也是战前的合作组织中常见的，与小生产作坊常用的组织形式——合伙制的传统有着直接的联系。① 第一个股份合作制出现在 1984 年。大多合伙人从非农活动中积累了一定的资金。资金积累的通常来源是纺织或其他家庭作坊经营的利润以及从事商业活动的利润。高阳三家最大的当代企业都有这样朴素的开端。东风，大毛纺厂之一，1982 年开始经营时是一家利用国有纺织厂的废弃物生产工业毡的小作坊；三利，高阳最大的毛纺厂，一开始是生产针织衬衫的作坊；振华，最大的毛织厂，其资金来源于从事羊毛交易的利润。从商业或作坊活动中积累的种子资金，在高阳地区相当普遍。没有一个单独的投资者拥有充足的资金，可以购买设备建立一家毛纺或纺织厂。

高阳的股份制企业可以按股东规模分为两类。大多企业拥有不到 10 个股东，但也有一批企业拥有较多的股东（见表 9.1）。由于股份制企业的一个主要目标是积累足够的盈余扩大投资经营规模，因此似乎是股东越多，所能收集到的资金也就越多。但是，记录显示，拥有股东越多的企业，其每一股份的价值反而越低。②

---

① 第三章所描述的小作坊经营也使用了相同的组织原则，就像当代高阳许多小染色作坊一样。
② 在一个拥有 2—9 名股东的企业中，个股的原始价值是 5 万元，在拥有 15 名以上股东的企业中，个股的平均价值是 1 万元。在拥有 10—15 名股东的企业中，个股的原始价值是 2 万元。

表 9.1　样本企业股份情况调查

企业序号	成立时间	股份数	成立时每股价值	1994年股份数	1994年每股价值
1	1987	15	20000	15	50000
2	1985	15	10000	12	240000
3	1993	5	400000	5	500000
4	1991	17	50000	13	150000
5	1988	8	100000	4	未报告
6	1986	15	20000	13	60000
7	1990	5	100000	1	1200000
8	1990	3	100000	1	2000000
9	1984	18	30000	6	未报告
10	1991	13	60000	13	48000
11	1992	10	50000	10	50000
12	1991	1	1000000	1	1000000
13	1987	7	10000	4	5000
14	1985	1	50000	1	3000000
15	1983	3	30000	3	2000000
16	1989	2	50000	2	100000
17	1986	4	100000	4	200000
18	1984	3	100000	3	250000
19	1988	3	50000	3	200000
20	1992	2	200000	2	400000
21	1992	1	400000	1	600000
22	1989	5	40000	1	120000
23	1984	20	10000	3	150000
24	1990	9	20000	9	29000
25	1980	4	5000	8	120000
26	1988	6	15000	3	100000
27	1988	3	20000	1	200000
28	1987	8	50000	10	100000
29	1988	7	20000	1	1000000
30	1990	29	10000	29	60000
31	1989	7	40000	4	73000
32	1987	6	100000	6	500000
33	1982	84	4000	210	30000
34	1982	3	50000	3	150000

资料来源:1994年调查。

第九章 现代企业中创业的精神遗产

最近的考察显示,两类企业间的区别,至少不同股东的投资者数量并不像以上描述中划分得那样清楚。我们抽样中的股东最多的企业(10家)。

拥有原始资本在1万—5万元之间。在20世纪80年代中后期,当大多企业成立时,乡村仍有很多地方的人均收入相当低。这么多的投资者如何获得这么大量的资金呢?调查揭示了一种复杂的繁殖投资的体系,几个小投资者集资成为一家新企业的股东之一。合伙制中的股份称为大股,亲朋们提供的借款称为小股。作为大股的持有人,他往往是一批为他集资的小投资者的代表。由于公司只登记大股,不记录小股东,向小股东汇报就成为该大股所有人的责任。

这种大小股模式在高阳地区的应用非常普遍,作为传统的、在中国南部和台湾常见的信贷合会的一种替代。① 高阳模式与传统信贷合会的区别主要有以下几个方面,首先,在信贷合会,一个信贷组的成员轮流收取其他成员聚集起来的资金;在高阳,为一个大股集资是个一次性交易,尽管个人可能不止为一家企业的小股集资,但是每一次交易都是独立的事件。其次,不像传统信贷合会中常有的复杂的利息计算方法,在高阳,由关系中的核心人物——大股持有人,也即企业的一个合伙人——计算利润和利息,并且汇报给为他集资的小股东。有时候,小股东会定期收到利息;还有一些情形是,大股持有人利用获得的利润返还小股东的本金和利息,这样,几年后他就可以完全拥有这些大股权。

当代高阳企业中这一复杂的持股和次持股模式在农户间建

---

① 王宗培:《中国之合会》,中国合作社,1941年;杨西孟:《中国合会之研究》,商务印书馆,1934年。

立了一种新的关系网络。在许多村庄,几乎每家都在至少一个村级企业中拥有一定的融资利益。这种投资模式有两个后果:它被证明是一种有效的收集和利用资金从事工业投资的方式,同时意味着存在比企业所列的股东数量更多的人在该乡村企业中拥有一份利润分享权。

一些企业选择一种不同的策略,招收更多的股东。在这些企业中,每股的价值较低,所有希望进入该企业工作的人都必须为企业投资。我们抽取的一家成立于1982年的企业,最初拥有84名股东,所有的股东均在企业工作。1992年,当企业希望扩大资本时,它鼓励工人参与购买该企业的股份。新发行的股份每股价值3万元,现在该企业已有210名股东。

这种股份持有形式的工厂中,工人成为所有者,这也创造了一个共同经营企业的工作环境。许多高阳企业受工人频繁跳槽的困扰,工人成为股东的企业就免去了这种苦恼。

第二节 乡村企业融资

战前的乡村工业受普遍存在的信贷的支持,使企业家们在资金有限的情况下也能轻松地开展业务。如我们在第二章中所见,大多时候进口商和生产商销售纱线、颜料和其他原料是以赊销方式进行的,由此为布线商解决了部分经营资金问题。当代的企业面对的是一个相对复杂的信贷环境。首先,购买设备的原始投资相当大,这消耗了大部分资本金。第二,乡村工业的快速增长产生了对原料的巨大需求,造成原料的短缺,由此形成卖方市场,很少有生产者或经销商愿意提供赊销;并且,对于精纺和毛织企业言,需求的季节性需要更多的资金支撑企业在春夏销售淡季时的生产。

因此,当代乡村企业对经营资金的需求非常高。同时,国有金融机构不愿意借款给非国有企业,企业家们也非常谨慎,不指望国有银行的帮助。自经济改革政策实施以来,国家的借款政策变动频繁:当经济过热时,中央政府的第一反应是信贷收缩——信贷收缩的第一个对象往往是非国有企业。① 1989—1990 年,当 50 年代初以来的第一轮持续的通货膨胀引起公众不满时,政府收缩了银根,许多高阳企业同时陷入困境。乡村企业家意识到过于依赖国有金融机构是很有风险的。许多企业家宁愿选择较高利息的再投资和其他非银行渠道的借款。它们使用的许多融资方式与战前的企业十分相似。

传统的中国商业企业吸收职员和其他个人的存款,支付给他们利息。这一模式在战前应用的非常普遍,这部分是由于当地金融体系不完善造成的。当代高阳企业复兴了这一模式。企业吸收的储蓄资金主要来自三个渠道:第一,许多股东将他们投资所获得的红利储存在企业。34 家被调查企业中的大多数(84%)使用了这一方式,从中获得了相当多的资金,1995 年拥有存款最多的企业储蓄额达 600 万元,所有企业吸收存款的平均数是 60 万元。

---

① 这种情形受 90 年代初"三角债"问题的影响更加恶化了。国营出口企业推迟了对国有纺织企业的付款时间。纺织生产企业因而不能支付它们对纤维和纱线供应商的欠款。由于乡村工业企业也是从相同的国有企业获取纱线和纤维,现金交易的压力加大。在 1990—1991 年的信用危机中,地方官员估计小企业的贷款需要是 3000 万元;在 1990 年的第一季度,国家用县级的贷款额度是 20 万元。这些背景是 1990 和 1991 年在与乡镇企业局的讨论中提供的。

企业的雇员同样也在企业储蓄资金。我们调查的34家企业基本是平均分割为两类,一类(17家企业)允许职员在企业存款;另一类(16家企业)没有采取这种形式。① 在这些没有采取这种形式的企业中,一般是由于经理认为经常要计算小额存取款的利息比较麻烦。②

企业吸收存款的第三个来源于某个合伙人的朋友,虽然并不持有该企业股份,但是因为朋友关系将其资金存入该企业。调查中有22家企业(占34家企业的64%)允许这种形式的存款,17家企业报告说,它们经常吸收这样的存款。在这17家企业中,每家企业的平均储蓄达200万元。非企业合伙人的个人的存款可以从几个角度看待,对于企业经理来说,这些存款可看作是私人贷款。对于提供贷款的个人来说,这是一种投资,它可以加强提供贷款的个人与他的亲戚或朋友,也是企业中某一合伙人的人际关系。在每个使用这类存款制度的企业中,内部制度要规定存款的利息率——相对高于银行的利息率——以及撤走资金的条件。几乎所有的企业都要求在撤资前通知企业,根据撤出资金的多少决定等待被认可的期限,从几天到几个月不等。

以这些方式募集的大多资金来自乡村家庭从事工业或商业活动所积累的盈余。作为企业管理者所赚到的工资和按股份分享的利润往往会再投资于该企业。结果是从第三个增长期一开始就出现了蓬勃的发展。我们可以从调查企业(表9.1)股价的上升中清楚地看出来。

---

① 其中一家企业的答复很不清楚。
② 在战前的企业中,向高级职员支付红利的作为年终奖金的做法可能助长了职员在企业存款的实践。在当代企业中,发红利是很少见的。

第三节　企业增长模式

　　当今的高阳是一个专业化的工业区，大多企业的发展模式与其处于地区生产中心的区位优势密切相关。大多小企业专营某种商品生产的一个环节。独立的企业生产过程的不同环节，企业之间联系的媒介是市场或通过加工方式联系。只有最大的企业才从生产某一环节走向一体化经营，从事生产的全过程以及销售业务。由于当代工业中不同工业部门的技术可能性以及发展的局限性不同，让我们首先从考虑不同类型产品的技术细节开始。

　　地毯线工厂呈现的是最简单的组织形式，它的发展空间也是最小的。它们的产品是标准化的，地毯线几乎都是以原色（不经漂白）形式出售，纺织厂买到纱线后再按照自己的设计要求进行染色。在这些因素作用下，地毯线工厂除了扩大生产规模外，几乎没有其他发展的可能性。扩大规模似乎也不能提高企业的盈利能力，产量的增加也没有使单位产品的成本明显下降，或者为企业带来其他的规模效益。由于受到这些限制增长因素的影响，富有进取心的企业领导者都转向精纺业务，这一领域拥有更多的多样化发展空间。常见的企业的发展模式是转向技术需求更为复杂的生产方式。

　　许多高阳的大企业都从事毛纺精纺业务，它们展现了一种代表技术和组织演进的发展模式。精纺领域的一体化生产确实有赖于规模的扩展。大多精纺企业开始时只拥有一套纺纱设备和大约300个纺锤，生产原色纱线直接销售或委托独立的染色厂染色。随着企业的发展，一些企业增加了设备，每日产出也在增加，最终建立起自己的一体化染色作坊。像三利、红旗和东风这样的大企业都是这样发展起来的。

在毛纺织业的第三个部门——毛织业,技术要比毛纺业更加多样化。毛织业既包括只织不纺的企业,一般是小工厂,织机不超过10台,也包括一体的大工厂,拥有自己的纺纱、织布和染色业务。20世纪90年一体化纺织厂的繁荣显示了有进取心的企业家在有意识地选择这一行业经营,因为它似乎拥有最复杂的技术和组织发展空间。

毛织业的大飞跃发生于1992年,第一家使用气流毛纺设备的工厂成立。尽管气流毛纺设备比一般的毛纺设备更加昂贵,但是它在高阳应用得非常普遍,因为它缩短了生产过程。一般的毛纺设备采用一个两阶段的纺纱过程,从粗纺到精纺;气流毛纺设备把两个阶段合为一体,简化了生产和监督过程。最大的毛织工厂还增加了自己的染色工厂,既生产染色织物,也为织成品进行染色加工。

尽管精纺和毛织部门的长期发展趋势是建立至少部分一体化的企业,但是由于技术和资金的限制,约束了小企业朝这个方向前进的可能。在20世纪20年代和30年代,高阳的全面一体化企业的确拥有自己的染色工厂,由受过高等职业院校培训的熟练技术人员操作。但在20世纪90年代,一个企业要想增加染色工厂,必须投资购买新设备,同时聘请有经验的技术人才。只有几家企业找到了外援。例如,当红旗要增加染色工厂时,它与天津一家企业联合经营染色工厂,由天津企业提供有经验的技术专家;当最大的一体化毛织品工厂——飞舟决定建立自己的染色业务时,聘请了以前在江南地区工作过的技术专家。

尽管我们所描述的这些企业的发展过程似乎与战前的一体化企业的发展过程非常相似,但是它们有本质的区别。在战前的模式中,机械化染色设施并不是作为原始企业的内部机构而建立的,而是以相关企业(联号)的形式建立,虽然同属于一个资本家,但是各自的组织是独立的。这样的企业不仅为母企业加工产品,而且为其他的客户加工产品,同时收取加工费。由于相关的染色工厂既为母企业工作,同时也是一个独立的核算单位,因此母企业的规模不是它所关心的问题。几乎所有当代的企业为了向更加一体化的方向发展而建立了自己的附属染色部门。由于毛纺织业具有的时间限制,使得附属部门很难从事赚取佣金的外界业务。母企业必须达到相当大的规模才会考虑建立自己的染色部门。在精毛纺部门,需求的时间性发挥着重要的影响。在春季至夏初的几个月中,毛纺厂不停地生产,并将货物储存在仓库内,等待销售季节的来临。几乎所有的存货都是以未染色加工的原始形态存放在仓库内。到8月底,市场开始繁荣时,批发和零售的代理商选择样品花色,并签下订单。收到订单后,染色作坊开始染色、晒干和打包纱线。拥有染色部门的大企业能够迅速地完成订单任务,这使他们占据了一个优势。但是,由于在旺季(从8月底到到次年的春节期间)的业务十分集中,大企业的染色部门忙于应付自己的订单任务,而无法再承揽其他小企业的加工业务。同时,小企业踌躇于是否该将自己的竞争地位转让给它的大竞争对手的附属部门。只有最大的企业拥有充足的纺纱能力,可以使自己的染色部门盈利。较小的企业仍然依靠独立的染色工厂来加工自己的产品。

　　生产过程的一体化代表企业发展的一个方向。为扩大生产规模而进行的组织革新代表了又一种增长方式。在高阳,组织形式的革新可以从工业集团的形成中看到,工业集团将几个公司联合在一起,接受统一的指挥。1985年后乡村毛纺织业的快速增

236

长引起了政府规划者们的注意，他们正苦恼于市场的混乱和小企业之间为占有市场而进行的残酷竞争。为了取得对这些新工业的一定的控制，河北省政府督促小企业们联合建立一个政府支持的工业集团，把所有的毛纺厂合并到一个统一的管理体系内。私营企业的经理们对政府的倡议没有什么兴趣，它们宁愿保持它们的自由地位，在竞争性市场中寻找发展的机会。

尽管私营企业拒绝了这些官僚控制的努力，但是一些较大的私营企业组建了自己的工业集团。1995年，一家想要建立工业集团的企业必须将几家工厂联合在一起，建立统一的管理结构。把几个生产单位合并在一个管理体制下的私营企业家，目的是要获得扩大生产所带来的规模经济效益。较大的规模可以降低交易成本，因为购买原料时批量较大，在企业的统一支配下，销售也会比较容易一些。较大的生产规模还可以在更广泛的基础上分摊企业的技术服务成本，包括工程师和经理们的薪水，使得高标准质量控制的实现更加容易，也更节约成本。

三利是高阳首家建立工业集团的企业。这一明显受县政府和省政府支持的行动，在1995年春天，以一个几百人参与的仪式为标志而开始。三利的老板和经理王克杰认为，建立三利工业集团有两个主要的动机，第一个目标是改善三利的企业形象，王克杰是第一个重视企业形象和广告的高阳当代企业家。三利的主要产品是针织衬衫用的精纺毛。华北和中国东北地区所有的零售店都有销售，品牌认可是销售中的一个重要因素。王主要在两个方面发挥竞争策略：价格和质量。到20世纪90年代中期，三利已拥有1万个纺锤，年纺纱能力达3000吨，在精毛纺业中被归为大规模生产单位之列。不像较小的企业主要靠价格来竞争，三利想要直接挑战中国最有名的毛纺厂。三利认为它可以生产出与竞争者相同质量但是售价更低的产品。三利自信地炫耀它在国际竞争中获得的质量荣誉，并称自己的品牌为"中国名牌"。建立三利工业集团的行动增强了企业作为一个具有前瞻性的工业领袖企业的形象。三利工业集团开始赞助地方体育活动，在全国电视台播发广告宣传，在不同的大学建立奖学金。

三利建立自己的工业集团的第二个目标是稳定自己的客户基础。它们把固定的客户都邀请来加入工业集团。加入该集团的批发商每年要签订购买指标。作为回报，三利集团为他们提供商业信息，在购买时给予一定的优惠，并且承诺三利集团不会向最接近他们的地区竞争对手提供相同的优惠待遇。

三利工业集团的建立激发了其他的大企业，他们于1996年开始建立自己的工业集团。高阳第二大精毛纺企业——东风，注册成为东风工业集团，红旗企业集团注册为双羊工业集团。① 集团名称的改变代表了对10年内迅速变化的有趣的解说：1984年红旗建立时，它选择了一个具有革命色彩的名字，用一个革命性的修辞来清楚地暗示它的所有制从属关系；企业新名称——双羊，及其经国际羊毛制品博览会认可的商标设计是为了迎合其他消费者的喜好——强调国际质量，这方面更直接地针对当代的消费者。②

在20世纪90年代中期，快速增长的高阳纺织业的所有部门竞争都很激烈，县政府官员们希望竞争可以淘汰一些企业；产品质量较高和管理团队较优秀的企业更适合于生存，而边缘的、收益不太好的企业则可能走向破产。尽管弱质企业会破产，但是没

---

① 红旗的老板高延凯联合了他弟弟经营的两个企业，共同组建新的工业集团。
② 1996年9月，东风工业集团并没有改变企业的名称；"东风"是革命时期以来一个常用的象征。

有理由认为,整个工业的结构,包括大小企业的混合,一体化与专业化企业的混合,会发生改变。如果以战前的工业结构为指导,工业内仍将有大型一体化企业和小的专业化企业同时存在的空间。

第四节　招募管理人才

在战前,大多企业聘请做过商号学徒或在商业学校学习过,拥有专业管理才能的人。随着高阳工业进入第三个增长期,它所面临的一个主要问题是缺乏专业的管理人才。传统的管理培训体系——商号学徒制,被定位为"封建的实践",在20世纪50年代中期的工商业社会主义化的运动中消失了。伴随着传统的商号学徒制的结束,大多专业的管理培训也消失了。尽管新建立的技术学校也提供特殊技能,比如会计等方面的指导,更为广泛意义上的管理培训消失了。在大多工厂和企业,管理职位都给了中国共产党员。虽然工程师和技术人员都受过正式的培训,但是管理技能的培训却被忽略了。因此,乡村工业在20世纪80年代开始发展时,找不到受过培训的管理者。

影响管理人才招聘的第二个因素是股份合作制。在当代企业中,管理层中的绝大多数也是企业的股东。在我们抽样调查的企业中,69%的企业管理人员同时也是股东;除了6家企业外,其他企业管理人员中的绝大多数都是股东。① 这6家企业可以分为两类:其中3家的总经理是股东,但是其他管理者都是公司雇员;另外3家企业中,所有的管理者都是雇员。这6家企业的模

---

① 企业提供了所有管理人员的资料(年龄、教育程度、过去的工作经历)。

式非常接近于战前,由投资者雇用管理人员。但是,在战前的企业中,所挑选的职员都是拥有纺织业经验和技能的。而在我们当代的企业中,这6家企业的管理人员背景与其他28家企业中兼任股东的管理人员没有明显的区别。总体上,70％以上的管理者在加入现有企业之前都是农民。① 其余的管理者中,大约一半曾是工人或干部,还有一小批曾是学生或做过生产区的监工。② 许多工人和生产区监工曾在高阳的国有纺织厂工作过。虽然只有一小部分管理者拥有纺织业的经验,但是他们的平均受教育程度要比他们的乡村邻居高得多。1/3 的管理者是高中毕业,另有6％受过高中以上(post-high)教育,其余的大多数人都是初中毕业。这些数字也许不能给人留下多深的印象,但是有一点必须强调的是,中国在 20 世纪 90 年代才开始实行初中普及义务教育。③

战前企业的投资者如果不是高阳本地人,它们就会聘请与大股东同乡的人任经理。在我们研究的当代企业中,几乎所有的管理人员(194 人中的 190 人)都是高阳本地人。在 20 世纪二三十年代,许多高阳的染整工厂从天津第一技术学校毕业的人员中聘请专职的工程师和技术人员。20 世纪 90 年代几乎没有这样的事例,不是由于当地的企业不愿意聘请外界的人才,而是由于教

---

① 当我在冀中滦城县实地考察时发现,"农民"(务农或农民)的职业归类在当代华北是一个非常难以捉摸的称呼。在白天,村里很少有男人,他们的家庭成员不断强调他们是"农民"。只有在经过多次盘问后,我们才发现,任何一个独立受雇佣或从事私营商业的人都被认为是"农民"。
② 对过去职业的分类显示,73％(139 人)是农民,7％(14 人)是工人,6％(12 人)是干部,2％(4 人)从事商业,2％(4 人)是生产车间的监工,10％(6 人)是学生,还有少量工匠和村干部。
③ 高阳县的教育水平很难评价。该县的两所高中都为中国最好的大学输送了大批的学生。但是,总体数据显示平均教育水平较低。近年来已经有了明显的改善。

育制度把能干的年轻人都从乡村抽走了。很少有受过高等教育的年轻人或城市中有身份地位的人愿意回到乡村工作。

这些因素限制了高阳企业招收和留住专职的专业管理人员的能力。唯一一个重要的例外是曾经在某企业工作过相对较短时间的高技能工程师的招聘。尽管工厂经理们相信,他们的职员经过短期的课程学习和在岗培训后也可以掌握管理技能,但是他们仍然愿意高薪聘请那些有技能的人员。我们调查中的大多数企业(34家中的21家)曾经在一段时间内聘请过技师进行技术帮助。工程技术帮助是比较昂贵的,每月薪水可达2500元,还要包吃包住,许多企业都是短期性地聘请技师。①一些企业不断地重复这一过程,在引进新设备时就聘请专业的技师来培训自己的员工,另一些企业则请技师做它们的长期兼职顾问。

县政府官员们认为,一个最严重的问题是管理能力问题。由于大多企业的管理者都是企业的股东,很自然的存在类似于中国家族式企业中存在的管理技能的局限性问题。限制股东人数的增加,也就减少了企业对有能力人才的选择权。当然,一些合伙制企业在建立时也考虑到了这一问题,它们曾试图把拥有不同技能的人也列为合伙人。尽管有过这些尝试,但是许多企业还是面临着技术人才的紧缺。聘请大学毕业生也出现了不同的结果:尽管一些企业能够保留住这些受过高等教育的人才,但是还是有一部分人会脱离雇主,去开办自己的事业。乡镇企业局曾致力于克服这些管理障碍,它为乡村工业管理人员开办了培训班,提供短

---

① 外来技术人才的服务的平均期限是15.95个月,最短的就业期是1个月,最长的是48个月。薪水从每月300—2500元不等,平均每月是800元。一些企业还提供住宿和饮食。

期的课程学习,同时赞助一些演讲活动。一些企业家在招聘时使用了更加人性化的策略,在高级技术培训学校设立奖学金,加大投资培养自己的孩子成为企业的接班人。① 到1996年夏,一些较大的企业开始为他们的管理和技术人员建立现代化的住房,作为一种吸引年轻的专业人才的方式。

随着企业规模的扩大,企业越来越复杂,管理问题越来越尖锐。不断增强的竞争压力迫使企业要在保持竞争性价格的前提下改进产品的质量。更好的质量控制要靠更加紧密的监督,但是许多企业发现很难招到合伙人以外的高级管理人员。这一问题是合伙制传统带来的一个负效应,这一传统本来是小而相对简单的企业所使用的组织形式。在传统的合伙形式中,合伙人集合资金和劳力,工作基本上是平等的。大多作坊的规模是不需要监督和进行长远规划的。把这种生产形式调整为大规模的、拥有100多名工人的生产企业的尝试所产生的拉力,有时却导致合伙制的崩溃。

第五节 商业合伙制的稳定性

股份合伙制的巨大力量来自于它将分散的资金集合起来投资建立企业的能力。尽管受合伙性质的影响,它所集合的管理能力十分有限,但是每个合伙人都愿意尽最大努力工作,因为他们要分享企业的利润。股份合作制的最大弱点是它内在的不稳定。企业是由个人自愿联合建立的。尽管所有的合伙人都有平等的

---

① 中国高等教育形势的变化使得教育投资更加简便。过去是只有通过考试才能进入大学学习,现在大学也接受分数较低的学生,条件是要支付较高昂的学费。

经济权利,必定有一个合伙人要做指挥企业发展的领袖人物。合伙人并不一定总是与总经理的意见一致,他们之间的分歧可能导致股东撤资。

战前的批发企业也遇到过类似的问题,批发交易的一个特色是进出比较自由。同时,由于大多资本积压在原料和成品上,企业很容易解散,也很容易找到志同道合的合伙人建立新的企业。对于当代的企业来说,合伙人之间意见分歧的危险仍然存在,但是由于大多投资是在生产上,商业合伙的解散就相对困难一些。当企业发生危机时,站在多数立场的合伙人不得不买断少数意见不一致的合伙人的权益。这种过程往往要花费一年或更多的时间,所有的合伙人必须对当前企业资产的估价意见一致,并且制定出买断将要离开企业的合伙人权益的方案。这可能导致企业资金短缺,因为剩余的合伙人往往要取出在企业的存款来买断那些要离开的合伙人的权益。由于一些原始股东的撤资,或者企业购买新的固定资产,都可能导致企业的债务增加,或者更加依赖外来的资金。

尽管我们调查中的大多企业已经存在了10年以上,一半(34家中的17家)企业已经有原始合伙人撤走的经历。造成合伙协议崩溃的最常见的原因是关于管理策略的分歧,希望建立新的工厂,以及不满意于利润率等(表9.2提供了17家企业的具体资料)。下面让我们观察一些案例,看看是什么因素导致企业的分裂。

调查中一些企业(如2号和4号企业)的合伙人撤资是由于在扩大生产上发生了分歧。在几乎所有这类情形中,企业的扩张包含着生产需要转向技术层次较高的方向发展。企业的扩张因此需要固定资产投资的显著增加,同时常常伴随着债务负担的增加。由于企业本来是盈利的,一些合伙人不愿意承担新的风险,从而决定撤出。以 2 号企业为例,当企业决定从地毯线生产转向精毛纺生产时,15 个合伙人中的 3 个撤走了。这一转变需要企业的固定资产投资从 180 万元增加到 300 万元。那些离开的合伙人担心企业缺乏从事新生产的经验。再以 4 号企业为例,企业成立刚刚两年,17 个合伙人就剩 13 个了。该企业最初从事的是毛织业的承包业务。1993 年从毛织业向精毛纺业的转变使固定资产投资增加了 100 万元,银行外债从 30 万上升到 255 万元。

表 9.2 商业合伙制的变化

企业数	成立时间	变化时间	变化的内容	原因
2	1985	1990	15 个股东中有 3 人退出	从粗纺转向精纺业务
4	1991	1993	17 个股东中有 4 人退出	生产扩张造成新债务
5	1988	1994	8 个股东中有 4 人退出	为开办新企业而退出
6	1986	1992	15 个股东中有 2 人退出	从粗纺转向精纺业务
7	1990	1991,1993	5 个股东中有 4 人退出	人际冲突
8	1990	1991	3 个股东中有 2 人退出	未指明
9	1984		18 个股东中有 12 人退出	为建立一个不同的企业
10	1987	1990	7 个股东中有 3 人退出	为建立一个新工厂
22	1989	1994	5 个股东中有 4 人退出	生产策略上的分歧
23	1984	1985,87,89,91,94	20 个股东中有 17 人退出	为建立新工厂
25	1989	1992	原股东只剩 1 个,有新股东加入	为建立一家新工厂
26	1988	1992	6 个股东中有 3 人退出	投资于其他业务
27	1988	1989	3 个股东中有 2 人退出	1989 年信用危机影响
28	1987	1993	新增 2 名股东	扩大生产需要新的资金
29	1988	1989	7 个股东中有 6 人退出	1989 年信用危机影响
31	1989	1993	7.3 个股东中有 3 人退出	利润太低,寻找其他机会
33	1982	1992	股东从 84 增加到 210 名	扩大生产需要新的资金,新工人投资

资料来源:1994 年调查。

合伙企业变化的最常见的原因是其中一个或更多的合伙人想要建立自己的独立企业。这也是高阳地区相当浓厚的企业家精神的体现。尽管合伙人在理论上是平等的,随着股份合作制的建立,其中一名合伙人要成为企业管理层的领导角色。总经理往往视企业为私人财产,社区成员也往往以合伙人中的领导者的名义看待该企业。由于其他的合伙人都是管理成员,我们可以把合伙企业看作是企业家的培训基地。参与合伙为自身提供了在职培训和经验,合伙人也可积累资金,为建立新的合伙企业奠定基础。

战前的纺织业有着相似的企业家精神和实践,许多批发企业的职员后来建立了自己的企业,以他们在大型批发企业工作期间获得的培训和积累的资金为基础。对于企业的总经理来说,这些事情很麻烦。一家领先的纺纱企业经理就曾痛心于保留受过培训、富有经验的职员的困难;一旦年轻的职员学会了交易,并且建立了一套关系网,他们就会离开企业建立自己的事业。他认为,这是高阳地区盛行的"每个人都可以成为老板"这一理念作用的结果。

股东撤资的另一个常见原因是企业不能取得令人满意的利润。几乎所有这类情形都发生在1989年之后。由于学生运动的一个因素是通货膨胀,中央政府指示急剧收缩信用,这一决定对一些企业产生了较强的影响,导致它们利润下降,迫使一些企业暂时中止生产。销售不畅和预期利润的不确定使当时的一些股东撤出企业。

尽管一半以上的调查企业的股东数量发生了变化,但是这些企业克服了困境,仍然在发展。这一现象在中国的其他地方并没有出现。中国关于股份合作制的文献一般认为,商业组织的合伙形式往往会因为股东的分歧而走向失败。① 高阳也存在关于合伙制经常出现失败的讨论,但是他们是以更加积极的态度来解释这一问题。一句地方谚语说,"高阳人容易联合也容易分开",意思是商业合伙制的自然解散并不是一件痛苦的事情。尽管合伙制的解散会给企业带来暂时的危机,但是没有迹象显示建立这类组织的热情有所下降。在高阳人的眼中,集聚资金所带来的优势似乎盖过了合伙企业内部存在的问题,他们认为股份合作制是一种很好的组织新企业的方式。

第六节 劳动管理关系

当代的股份合作制企业继承了三个传统:商业合伙、集体作坊和社会主义公社。以上我们已经考察了前两个传统的渊源。对劳动管理关系的考察将会揭示社会主义传统的影响。

当代高阳企业是社会主义市场经济体制下的私营企业,企业的合伙人大都是共产党员,有的还是或曾经是村里的干部。即使管理者是村干部,工厂也并不属于集体所有。合伙人既雇用同村的村民,同时也雇用邻村或外地来的人。许多私营工厂设有党支部,支部书记负责职员的政治教育工作,管理者和当地的领导都将私营企业视为该村或该地区的经济支柱。②

如上所述,股份合作制是一种复杂的介于集体和私营之间的

---

① 萧卫朝、王民生、刘晴:《合伙私营企业存在的问题及引导对策》,载《改革与理论》,1990年第6期,第34—35页。作者认为失败主要有五个原因:契约协议的不清楚是矛盾的一个起源;对企业的要求过多;落后的管理导致低效率;复杂的血缘和同乡关系导致困境时的分裂;最后,合伙企业过于关注短期利益。
② 私营企业的党支部与国有企业大不相同。在国有企业,支部书记的地位几乎总是高于企业经理的,而在私营企业,很明显是企业经理掌权。

组织形式,关于它的归类存在不一致的看法。一些人引用乡村合作社的解释性条款,认为乡村股份制是一种集体所有制。另一些人认为乡村股份制必须看作是私营经济的一部分。

关于企业性质的这些争议在当代中国不仅仅是一个学术性的问题。"文化大革命"期间,高阳被推动政治向极"左"方向发展的派系斗争所分裂。结果,高阳县的经济改革启动很慢,并且对政府对走资本主义道路的指责非常敏感。在20世纪80年代初,当经济改革刚刚开始确定私营企业的合法地位时,政府指导者强调私营企业的工人不能超过7个;7个以上就被认为具有剥削性。随着经济的增长和私营生产的繁荣,企业的规模越来越大,关于职员数量的限制也消失了。①

关于对这些问题持续的敏感可以从股份合作制不知如何归类的困惑中看出来。当企业向政府申请注册时,它们必须说明企业的属性:个体、合伙还是集体制。尽管我们调查的所有企业都是合伙制,一些是以合伙企业注册,另一些则以集体企业性质注册。没有一家按"集体"性质注册的企业是真正的由集体拥有的企业。而且,并没有明显的模式显示为什么企业要以某种特定的属性注册。②

一些企业试图掩饰自己的个体或集体性质,部分是受早期工厂建立过程的影响,部分是受意识形态环境的影响。在早期,许多工厂的部分所有权归集体拥有。例如,红旗毛纺厂一开始是由一群年轻人承包经营现有的村办工厂。作为对占用土地和建筑,以及使用水电的回报,企业给予村政府一部分股权。随着红旗的

---

① 中国社会科学院农业经济史研究所编:《农村雇工经营调查研究》,1983年。
② 企业成立没有什么相关性,我们只发现一些村庄倾向于将大多企业注册为"集体"或"合伙"企业。

第九章 现代企业中创业的精神遗产

发展,原来的建筑已经无法容纳它的扩张。企业与村集体协商想要更多的土地,于是搬到了村外一个新指定的"工业地带"内。

像红旗这样,给予村集体一定股份,作为使用土地和其他资源的交换的协议,在高阳几乎每个这类企业中都已经进行了重新的谈判。许多村庄现在都有工业区,那里的土地以固定的租金出租给企业使用。这一新体系取代了早期给予村政府一定股份的做法,在整个高阳地区非常普遍,村政府不再占有合伙企业的直接权益。

尽管几乎所有现在的高阳股份制企业都是真正的、没有政府持股的个体企业,这并不是说意识形态的影响消失了。称呼新企业领导者时使用的术语就是一个生动的例子,当县政府官员在正式场合称呼企业的管理者时,他们几乎总是称之为"企业家",这一称呼暗示他们为当地创建了新生事物,并为社区做出了贡献。官员们在非正式场合,或者工人们称呼企业的领导人时用的术语是"老板",这一称呼是战前对企业管理人的称呼。尽管"老板"这一称呼在英文中有相当强烈的阶级含义,但在当代高阳,所有人都认为老板是对企业管理人合适的称呼。

有一次,当我与一批工厂管理者私下谈话时,我称他们为"资本家",我很快发现这是一个他们不太愿意接受的称呼。尽管国外的学术文献和公开杂志讨论中国繁荣的乡村工业时,往往以它们是资本主义企业来讨论,但没有一个高阳人认为他们经营的是资本主义企业。就像乡村工厂周围墙壁上刷的口号,强调乡村工业化与救国之间的联系一样,商人们选择把自己的工作看作一种为发展社区而作的好事,而不是简单地追求个人的财富。[①]

[①] 一个常见的口号是:"推进乡村工业化,建立强大的中国。"

这种对相关称呼的敏感，称管理者为老板而不是资本家，是当代企业劳动管理实践中常见的劳动管理关系的一个更广泛的伦理的反映。尽管许多"老板"实际上是企业的股东，他们要从企业得到不同的利益，每一项努力都是为了在正式场合掩饰这一事实、摆出一副企业对员工的仁慈面孔。为了理解这些事情，我们需要简单地观察一下高阳工厂的工作情形。

　　调查的34家企业的工作情形差异很大。1995年，最大的工厂雇用了370名工人，最小的只雇用了17人。工作时间差异也很大，大多较大的工厂，包括大多纺纱厂的工作时间分为3个班次，每班8个小时，工人每周换班1次。在一些小工厂，工作时间被分为两个班次，每班12小时，同样是1周换1次班。几乎所有的工厂都为工人提供免费的宿舍和自助餐厅；较富裕的工厂建有现代化的多层公寓楼，较穷的工厂只提供简单的单层宿舍，工人都睡在传统的热炕上。

　　工人大都是刚刚学会适应正规的工厂劳动纪律的新人。① 就像世界许多国家都有的纺织工厂一样，雇用一大批年轻的女工，许多是农村未婚女青年。这些年轻女工并没有受过良好的教育；大约一半是小学毕业，其余的都是初中教育水平。许多工人并非高阳人，在我们调查的企业中，平均只有一半的工人是高阳本地人。② 工厂的规章制度针对这些没有多少文化的年轻工人

---

① 对于在工厂工作仍然存在一些心理上的抗拒现象。我们采访的河北和山东乡村的年轻女性表达了对工厂工作的矛盾感受。那些已经选择在工厂工作的人认为比在家里更有意义。那些没有在外面工作过的人则很消极：一位年轻女性认为工厂就像一个没有窗户的笼子。
② 外地工人的比例不断变化，反映了企业不同的管理方式。拥有较多股东的企业雇用的大多是本地人。工人的平均年龄变化不大。在大多工厂，女工的平均年龄是20岁，并且几乎所有的女工都是未婚的。

第九章 现代企业中创业的精神遗产

设立。对于违反制度、旷工和误工的处罚一般是扣工资。没有"铁饭碗"——或终生雇用的保证——来保护工人的权益,工人对老板也很少忠心耿耿。工人跳槽现象很频繁,为了获得较高的工资或更好的工作条件,或者仅仅为了和自己的老乡或朋友工作在一起,就从一家工厂跳到另一家工厂。

为了留住员工,工厂之间也会竞相提高工资待遇。当我在1991年从事一项关于女工的调查时,她们(扣除税费以后的)实得工资是每月170元。1995年,持续的增长和通货膨胀使平均工资上升到女工每月355元、男工每月367元,被认为比较"脏"或需要较高技能的工作的报酬是女工每月520元、男工每月610元。工厂的工资一直不少于——甚至高于——中国大城市的平均工资。① 较高的工资是劳动强化的结果:所有的工厂都采用一种基本工资基础上的计件工资制,这一计酬方式是为了鼓励工人发挥高效的生产力。车间内一直很忙碌,几乎不存在国有工厂常见的消极怠工现象。在8小时工作中,工人只有半个小时的吃饭时间,即使吃饭时机器也没有停止运转,工人们轮流休息,互相照看着机器。

尽管乡村工厂的工资较高,但是工人很少有其他的福利,没有什么劳动保障,工厂可以随时解雇工人。② 然而,并不是所有的工厂老板都是自私地追求个人目标的,大多都会在萧条期也努力提供一些就业机会。例如,一家纺纱厂在夏季从纺羊毛转向纺

---

① 1991年的调查比较了乡村工厂和一家国有工厂的纺织女工的名义和实际工资。即使加上所有的津贴和其他隐性的福利,国有工厂工人的工资还是低于乡村工厂的平均工资。
② 尽管这在20世纪80年代非常频繁,到90年代解雇就很少见了。最大的一次解雇发生在1989—1990年,是受到国家对经济过热现象压制的影响。

合成纤维,由于合成纤维成本较低,使工厂得以在没有解雇工人的情况下支撑过整个夏天。

没有一家工厂有养老金制度,医疗保障也只对员工在上班期间受到的损伤提供治疗方面的优惠。其他所有的疾病或损伤只能由工人自己负责。① 没有一家工厂有诊所或专职的医疗专家。尽管事实是将近60%的工人是年轻女性,但是没有一家工厂有专门照看孩子的托儿所,34家企业中仅有10家提供有时间很短的产假待遇。②

从上述事实中可以清楚地看到,高阳工厂的工作条件离社会主义社会适宜的工作条件还有相当远的差距。不像国有工厂,提供普遍的社会福利、正规的晋升体系以及针对工人及其家庭包括退休人员在内的福利待遇,乡村工厂仅仅提供简单的经济交易:工资是对合同期间工作的回报,没有额外的福利或长期的担保。表面上看,似乎在劳动管理关系上没有什么社会主义的影响。

我们所调查的乡村工厂的管理者们以不同的角度看待这一情形。尽管大多管理者也是股东,他们认为他们与那些外来者,比如工厂的工人们是一样的角色。不像国营工厂的官僚主义经

---

① 许多工厂经理确实声称,如果工人需要不寻常的医疗费用,工厂会给予资助,并且其他工人也会自愿捐款帮助他。在20世纪90年代中期,政府领导者一直在鼓励非国有企业加入政府发起的社会保障和养老金体系,但是由于这一要求并非强制性的,没有几家企业参与。

② 唯一的允许妇女休产假的几家工厂是那些比较难于找到和留住女工的工厂。即使这样,报告中的10家中,只有3家企业在产假期间继续给工人发工资。这3家企业,每家都是支付其基本工资的一部分,从30%到100%不等。但是,由于工人的大多收入来自计件工资部分,即使发放100%的基本工资,也只是接近正常工资的1/3。随着私营工业增长所带来的压力,国有工厂的劳动保障在20世纪90年代中期也开始衰退。关于纺织业这方面的描述,见 Minghua Zhao, Theo Nichols, "Management Control of Labor in State-Owned Enterprises: Cases from the Textile Industry", *The China Journal* 36 (July 1996), 1—21。

理,从不亲自参与生产过程,乡村工厂的管理者经常亲自帮助修理机器,搞得满手油污。乡村工厂的管理者是一个工作中的管理者,他们把大量的时间用在生产车间,对生产技术有很好的理解。他们工作时间很长,往往 10—12 个小时,有时甚至是一整天。与其他工人一样,管理人才每月收到劳动报酬,管理者的工资常常被限定在接近工人平均工资的水平上。1995 年,管理人员中的绝大多数(75%)每月的工资不到 500 元。①

管理人员名义工资不超过工人工资这一做法是为了保持企业的公平形象而有意设计的。大多高阳老板认为自己是仁慈的雇主,没有工资差别是他们仁慈的表现。另外一些表现他们乐善好施的行动包括季节性的奖金,水果、茶叶等特别礼物,或者在春节和其他节日时给予的特殊待遇。由于对剥削问题的敏感,这些做法是为了掩饰工厂繁荣带来的巨大的贫富差距。

新一代工厂管理者也认识到了乡村工业的特别需求。所有本地工人的家庭都仍在从事农业生产,大多工厂会在农忙季节停止生产几个星期,以便于工人们回家协助农业生产。一些村庄的工厂做得更加超前,它们开始帮助农业生产活动。陶口店村是最先发展这种帮助形式的。在 20 世纪 90 年代中期,该村有 15 家工厂。许多工厂是共产党员建立的,该村的党委会就包括 7 家大工厂的经理。村政府与工厂之间的紧密合作导致一种新奇的实验的产生。当人民公社解散后要分割村内的土地时,他们是以劳动组为单位分配土地的。几乎每个在工厂工作或拥有工厂股份的人员的土地都要重新分配,于是土地就按照工厂的隶属关系进

---

① 这只是刚刚比工人的平均工资高一点点。60%的管理者每月收入不到 400 元,几乎等于工人的平均工资。低管理工资的主要例外是那些在企业工作但不持有股份的人;他们的工资往往相对高一些。

行重组。每个工厂都要为所有工人安排好机械化犁地、播种和收获工作。这样工人的农业任务减轻了,节约了工人用在土地上的时间。

陶口店村的制度代表了工厂协助耕种的最有组织的做法,其他拥有大批本地工人的工厂则购买了犁地和收获的设备,免费或收取最少的费用让工人使用。

所有上述做法——给予管理者低工资,给予季节性奖励,工厂参与组织农业生产——都是为了强化企业老板的慈善形象。就像新一代的企业家不愿意把自己看作资本家一样,他们希望展示一个为大众做贡献的形象。这些做法中的一部分可能是为了扭转那些嫉妒新富人的人对他们的批判,还有一部分则可能是为了承担实现乡村社会价值的根本义务。

第七节　企业、乡村和地方政府

战前体系的一个明显的特征是建立了支持高阳工业区增长的共有资源。商会在共有资源的建立中发挥了关键的作用,促进了高阳的经济增长。采访当代高阳的人可以看到高阳县城和村庄,伴随着20世纪八九十年代新的集体资源的建立而发生的变化。铺过柏油的马路连接着乡村工业地带、县城的主要道路和公路,县城周围有旁道,县城东北角的一幢6层大楼容纳了饭店、会议室、招待所和许多县内纺织企业的办事处,乡镇企业局的办公室也在这幢楼上。新建了一个批发毛巾和其他纺织品的销售中心。所有这些可以看到的基础设施(包括公共制度和资源)的发展支持了当代工业区的增长。其他一些是不容易看到,但也是非常重要的。20世纪90年代初电话系统的现代化为当地供应商与外地客户的联系提供大大的便利。在 80 年代末,打通一个到天津的电话要用一个小时的时间,电话系统的现代化带来了快捷的服务。乡镇企业局通过一系列关于新产品、市场趋势和商业管理经验的演讲活动,积极推进技术的进步。每年的 8 月底,伴随着毛纺织业销售旺季的开始,县政府会组织一次纺织品节,把潜在的客户和投资者吸引到高阳来。

尽管公共资源的建立有些类似高阳工业第一个增长期中的模式,但是建立的过程却是不同的,也反映了企业与不同层次地方政府的关系的差异。在清末和民国时期,商会在组织当地经济活动中承担着关键的角色,地方政府机构的影响很弱。地方官的任期都很短,县政府职员很少,县级机构、附属地区和村庄之间的联系很不完善。因此,县里有充分的空间,可以建立一个类似商会的组织来代表商业团体的利益,发动工业组织活动。尽管地方领导者有义务为一系列活动提供财政支持,并不是所有的行动都是与商业利益相关的,在经济领域的行动通常由商会来开展。

在当代高阳,一个不同的制度安排为企业、村庄和政府之间建立了不同的平衡关系。① 共产党制度发展了 50 多年,建立了一个紧密联系县政府、共产党和相应的乡镇机构的、大而有活力的官僚政治体系。其后果之一是,非政府的民间组织消失了。当共产党于 1945 年 12 月建立了一个县级工商业联合会(工商联合

---

① 关于中国地方政府机构的文献很多。我发现的有用的文献在以下几本书中:Vivienne Shue, *The Reach of the State: Sketches of the Chinese Body Politic* (Stanford: Stanford University Press, 1988); Edward Friedman, Paul G. Pickowicz, Mark Selden, *Chinese Village, Socialist State* (New Haven: Yale University Press, 1991); Marc Blecher, Vivienne Shue, *Tethered Deer: Government and Economy in a Chinese County* (Stanford: Stanford University Press, 1996)。

会)时,它有效地取代了旧商会曾经扮演的角色。它不再是一个自发的组织,而是一个政府组织,被赋予监督工商业的责任。① 县机构负责监督、组织,或以其他一些方式指导工商业包括理论是群众性组织的联合会的活动,此外还有两个直接执行监督功能的行政机构:工商局和乡镇企业局。近年来,也曾有尝试在高阳的纺织业主要部门建立企业家协会的活动,但是由于这一活动是由县政府发起的,协会的领导也由县政府官员任命,这种组织并不能真正代表独立的商人个体的利益。② 政府和党组织所建立的正式机构就这样来代表地方的利益,没有为独立的、代表企业家自身利益的集体组织提供发展空间。整天忙于处理自己企业事务的老板们,很少有时间直接向这样的由政府主导的组织发起提出挑战。一些企业家被指派到这些政府发起的"群众组织"任职,担当工业发言人,但是大多企业家只是选择忽视这些组织,除非这些组织直接冲撞了他们企业自身的利益。③

在这种制度环境下,政府和半政府组织创造了一套决定公有资源取舍的方式。但是,集体工业的崩溃和国有工业部门的衰落削弱了地方政府在村庄、城镇和县城的财政地位,它们为了执行计划而耗尽了资源。同时,私营工业部门的快速增长使个体企业

---

① 战争期间曾经有一个与日本占领军合作的商会。没有一个战前的商会成员与这个伪机构有什么关系,但是由于他们使用了商会这一名字,使得共产党对这种自发组织产生了不信任。在《高阳县志》(未刊稿)1995 年关于盛行的组织章节中有关于联合会活动的一些简单描述。
② 中国其他地区也曾开展过建立真正由私营企业家领导的自愿组织的运动,高阳地区的情况非常类似于 Jonathan Unger 对于北京商业组织的研究中的情形,"Bridges: Private Business, the Chinese Government and the Rise of New Associations", *China Quarterly* 147 (Sep. 1996), 795—819。
③ 在与商人们的交谈中发现,许多企业家认为这些新组织更多的是一种摆设,而没有多少功能。

第九章　现代企业中创业的精神遗产

家越来越富裕,他们控制了私营和公共投资的主要资金来源。在20世纪80年代和90年代,各级地方政府与新的工业企业家之间渐渐建立了一种相互依存的关系,地方官员制定目标和计划,企业家们负责提供资金。为了理解这一新型共生关系如何运行,我们需要考察官方和私营利益的结合点。

在推进经济快速增长中,企业家和地方政府官员可以同时获得利益。对于企业家来说,利益是明显的:经济增长增加了个人的财富,同时也为企业家带来了地位和尊严。对于政府官员来说,回报也同样有吸引力,即使有一些复杂。在县级领域,政府官员可以被分为两大类。第一类,人数较少,包括党和县政府的高级干部,是那些任期短的非本地人。县党委第一书记和县长以及一些直接下属都属于这类非本地官员。他们中的大多数是河北省人,从本县调出来到省内任职。[①] 他们定期地从一个县调到另一个县,他们在任职期间取得的成绩作为评价他们工作的依据。在中国的改革期间,行政绩效经常以经济条件来衡量。官员得到晋升的最快的方式是展示他们在引领经济增长方面的才能,表现在高产出和人均收入的上涨上。[②]

县级政府官员中的第二大类包括那些土生土长,在本地任职和晋升的官员们。大多县政府办公室职员和日常办事处的职员属于此类,当然还有一些高级别的官员,如党委副书记、一些副职官员和常务委员会的委员们。本地官员的利益要比那些外来者

---

① 刘峰是1995年高阳的第一任党委书记。他在安国县曾任财政局长,安国县是华北地区最大的传统药材市场。在安国县的政绩使他荣升为蠡县的县长,在蠡县的政绩又使他荣升为高阳县的第一任党委书记。
② 在20世纪90年代中期,一个标准是小康水平,这是以人均收入的提高为代表的人民生活水平全面改善的一个目标。

复杂得多,他们还要考虑官职的晋升,他们的抱负是在有生之年达到什么样的职位以及什么时候退出。他们有更加复杂的本地关系网,倾向于从本地角度看待事情。他们在任职中获得的一些回报是在当地名望的增长,也可能是一些实际的礼物和支持。

没有当地商界的支持,县政府官员们就不能实现他们的抱负,因为他们制定的计划必须靠商人的资金赞助才能完成。由此就产生了官员与企业家之间的共生关系。只有这两者结合在一起,有效地投资于公共资源,才能促进地方的共同发展。不用说,企业家与官员在不同的方案中的相对利益是不同的,不平等的地位和权力使得这一关系更加复杂。企业家们常常发现很难拒绝官员们的要求,即使他们明知自己不会得到多少利益。为了理解其中原因,我们需要简单考察一下资金是如何从企业家手中拿走的。

在中国,资助地方政府是一个历经多个世纪的难题。在清朝末期,土地税是政府收入的主要来源。土地税由县政府收集,大部分要上交国库,省级和县级政府要靠一些特别税和附加费来支持它们的活动。① 1911年辛亥革命后,新的共和国接管了清财政体系的主要部分,包括它所忽略的地方财政。正如杜赞奇(Prasenjit Duara)所说,这导致了"政权的退化",即"正式的政权结构与非正式的结构同时增长——就像一个包税人和雇佣兵"。对于地方财政来说,这导致县政府依赖一种法定以外的税费征集方法,以摊款的形式将沉重的负担压在乡村社区,按照地方政府

---

① Madeleine Zelin, *The Magistrate's Tael: Rationalizing Fiscal Reform in Eighteenth-Century Ch'ing China* (Berkely: University of California Press, 1984).

的要求对乡村进行不合理的评价。① 1949年后,中华人民共和国建立了一种财政体制,把农业税收和国有企业税收结合起来②,解决了这一难题。尽管这一结果几乎不能看作是一个合理的处理不同级别政府之间税收问题的体制,由于不同级别的政府可以通过一个精心设计的党和行政二元控制体系来控制国家工业部门,税收基础基本上得以保障。在地方上,还可以号召免费劳工投资于重要的公共工程,同样可以减轻地方政府的财政负担。③

20世纪80年代的改革政策动摇了中国的公共财政基础。村集体工业解散了,随之而来的国有工业结构的变化大大减少了国有工业的利润,迫使许多企业负债和倒闭。结果,作为国民收入一部分的国家税收收入持续下降,不堪负荷的中央和省政府机构不得不把基础设施建设的财政负担推给地方政府,让它们自己寻找收入来源。④

---

① Prasenjit Duara, "State Involution: A Study of Local Finances in North China, 1911—1935", *Comparative Studies in Society and History* 29, no.1(1987), 132.
② Christine Wong ed., *Financing Local Government in the People's Republic of China* (Hong Kong: Oxford University Press, 1997).
③ 为了大大简化改革前期的形势,我们可以从一个县级财政从县辖企业中提取收入的模型开始。县级负有向高一级政府机构上交一定额度的财政收入的义务。在保定地区,24个县中只有6个县(包括高阳)被要求向上级政府交纳资金。其他18个县由于工业基础薄弱,还要靠接受其他富裕县提供的资金帮助。
④ 一些人可能认为这是一种给予地方政府更多自由的"分权"的表现,我却倾向于 Christine Wong 的观点,认为我们所看到的只是改革所带来的一个意料之外的不良后果。见 Christine Wong, "Central-Local Relations in an Era of Fiscal Decline: The Paradox of Fiscal Decentralization in Post-Mao China", *China Quarterly* 128 (Dec. 1991), 691—715; 以及 "Between Plan and Market: The Role of the Local Sector in Post-Mao China", *Journal of Comparative Economics*, 11 (1987), 385—398. 一个更加乐观的关于改革对地方政府影响的评价,见 Jean Oi, "The Role of the Local State in China's Transitional Economy", *China Quarterly* 144 (Dec. 1995), 1132—1149; 以及 Jean Oi, "Fiscal Reform and the Economic Foundation of Local State Corporatism in China", *World Politics*, 45 (Oct. 1992), 99—126。

在高阳,企业家是地方政府募集资金的一个主要对象,在过去的10年里,县和乡镇政府已经要求他们不断地支持一系列的项目。由于大多乡村企业是私人拥有的,利润属于股东和企业的老板,而不是政府机构,因此政府占有的来自乡村企业的收入是以固定的工业生产税和收入税的形式得到的。为了使税收尽可能的低,大多中国企业——无论是公有的还是私有的——都想逃税。一般来说,一个企业会有两个以上的账本,一本是为上报政府机构准备的,其他的账本是为了更加真实地反映企业的实际财政状况。① 县税收办公室的官员很清楚这些事实,但是大多情况下他们也不能收到全额的税收。这一低税收方式使个体企业处于亏欠地方税收的情形下,它们很容易招致县政府官员让它们为不同的项目"捐献"的要求。企业发现它们很难为这些"捐献"以及其他特别贡献制定出方案,但是由于资金是用于地方的项目,所以拒绝的企业很少。很难搞清楚这类特别要求的负担有多重:县级官员们认为,全部的税收和特别捐献加在一起也不会超过企业实际应缴的全部税收额。从企业家的角度来说,一面抱怨这些捐献的要求,但又不得不支付。由于双方都隐瞒了其中的真实数目,我们无法搞清楚企业究竟应缴纳多少税收,实际又缴纳了多少税收。

在一定程度上,赞助县政府计划的过程类似于20世纪30年

---

① 中国商业和政府机构弥漫着虚假的计算和错误的统计报告。企业和地方政府都制造虚假的经济情况报告。过去高报生产数据是一种盛行的获得嘉奖的手段,现在低报数据同样非常普遍。一个村领导炫耀说,他和他的同事曾低报了将近10倍的收入。在20世纪90年代中期,大多村庄担心县政府要求它们捐献太多,而低报自己的人均收入水平。见 Thomas G. Rawski, "What's Happening to China's GDP Statistics?" *The China Economic Review* (December 2001), 网络版见 http:www.pitt.edu/~trawski/papers2001/gdp912f.pdf.

代时的情形,商人们同样承担了相当一部分地方政府项目的财政负担。但是,它们又有一个非常明显的区别。在战前,商会能够代表其成员的利益,使他们拥有一个相当强大的声音和较强的谈判地位。在当代高阳,个体企业不得不单独与政府谈判。尽管最大最繁荣的企业在县里占据一个相当强大的地位,中等规模的企业仍处于一个相当弱势的地位。①

在过去几年中发展起来的、资助县政府投资的非正式体制,可以看作是地方政府在执行改革政策而又缺乏财力支持的情形下所采取的一种法外税收形式。在无视私营企业低缴税收的前提下,地方政府得以保证在基础设施项目建设中能够得到他们的帮助。

第八节 私营企业和乡村

几乎所有现在的私营企业都位于村庄而不是城镇中。当我们考察企业与"地方政府"的关系时,同样有必要考虑来自村政府的压力和要求。当企业家想要建立一个新企业时,第一个问题是寻找厂址。中国农村的土地是不能出售的,获取土地使用权的唯一办法是取得村庄的许可。大多村庄都指定有"工业地带",包括一些不再用于农业生产、留作建筑工厂用的土地。工厂是村庄的一个重要组成部分:至少工厂的一些合伙人必须是该村人,与它们的许多邻居一样,通过亲属关系联系在一起。它们的许多雇员

---

① 20世纪90年代中期以来发生的两个事件给了我们关于有成就的企业家与地方政府官员之间共生关系的一些暗示。一件是,一个最大的企业家的独子的婚礼上,几乎所有职员以上的县政府官员都来参加,并送上包有现金的红包。第二件是,另一个大企业家的父亲的葬礼花费了20多万元,几乎所有县政府官员都做出了表示。

是邻村人,村庄希望工厂老板们能为乡村生活做出贡献。

大多没有参与企业的村民认为,那些富起来的村民有义务为集体生活做贡献,但是并不是所有的村政府都以同样的方式对待这一问题。我所访问过的高阳村庄可以分为三种类型,以村政府与私营企业之间关系的不同处理方式为依据。第一类是纺织作坊占支配地位的村庄。在纺织村庄里,投资在村民间是相对均匀分布的,村民们看到的是生活水平全面的提高。不存在需要考虑的大角色,村委会可以为村计划制定出一个公平的费用负担。在一个纺织村庄里,最初的负担分派方式是依据作坊拥有的织机数量。后来,该村改变了计算方法,以电力消耗量为依据。由于这类村庄可以把资金要求平均地分摊到村内大部分人身上,它们在协商项目和收集资金方面几乎没有遇到什么困难。

第二和第三类村庄是存在少量的较大规模的经营者,他们雇用了村内的大部分劳动力。在这些村庄里,没有相似的收入的公平分配,村政府不得不寻找使富人们提供资助的办法。尽管大多企业家愿意为集体的计划做出贡献,但他们大多认为他们的财富是靠自己的辛勤工作创造的,他们反对那些穷人认为他们应该承担这些公共投资负担的想法。我以它们处理这些问题的方式来把这些村庄划分为两类。在第二类村庄中存在村政府与企业家的融合,这一融合在某种程度上是工业化开始过程中产生的自然结果。在20世纪80年代初,上级要求地方上的党组织干部带头开展乡村工业活动,以使民众相信企业家的活动是合法的。由村干部开办的许多工厂已经发展起来,它们的经理一直戴着两顶帽子,一顶是村干部的,一顶是工厂经理的。至少有一个村庄里,整个党委会都是由工厂老板组成的。在这些部分或全部党委会由企业家组成的村庄里,往往很容易为投资项目收集资金,因为被要求赞助这些项目的企业家同时也是这一决策的制定人。一旦这些干部/工厂经理在自愿赞助中起了带头作用,社区的其他人也很容易被吸收进来。

在那些存在少量大工厂,并且工厂老板不是党委成员的村庄里,企业家与村干部之间的关系非常紧张。企业家表现出不太愿意资助村里的项目,并不是因为他们缺少合作意识,而是由于他们在决定项目是否必要时缺少发言权。在这类村庄里,会发现党的干部很难操作,因为村民们会要求富人先支付他们应付的份额,他们才支付自己的贡献份额。结果是,即使这些村庄能够在一些基本的项目中得到私营企业的赞助——例如铺路和改善电力供应——它们在建立新学校、从事其他更广泛意义的投资时更加难以得到支持。

无论是第一、第二,还是第三类村庄,村级干部对县政府官员在劝说富有的企业家"捐"资于公共项目时采取的手段知之甚少。他们必须依靠亲属和乡邻关系来劝说企业家拿出一部分利润用于公共项目。在地方政治视野的不同层次上,新的企业家阶层已经建立了自己的声音,可以清楚地表达自己对未来的见解。尽管公共资源已经在建立,但它们是在党和政府机构的管理下,并没有直接来自民众的声音。忙于建立自己企业的企业家,很少关心向国家垄断权力挑战的事情,但是当非正式的税收负担结构为私营工业带来的压力过于沉重时,他们的代表或许能找到一个更加积极的发言权。

结　论

本书考察了高阳工业区从 20 世纪初直到 90 年代近一个世纪的发展历程。我曾认为高阳工业的增长方式代表了中国在漫长的 20 世纪进行的工业革命的一种特殊形式。在本书的结论中，我将考虑作为 19 世纪末 20 世纪初兴起的第一次工业化浪潮的一部分，高阳工业区是如何在经济改革期间呈现一种新的面貌，以及为什么会呈现出新的面貌。从高度社会主义化向改革转变中，哪些因素导致了中国工业区的繁荣？社会主义以前的中国商业经营传统是如何调整适应新的制度需要的？在我们关于整个中国现代经济增长模式的理解中，这种工业组织形式究竟应该处于什么位置？①

当代高阳工业区作为中国社会主义改造过程中的一部分发展起来，在过去的半个世纪里，组织经济活动中市场与计划的冲突成为重组和改革运动的中心，影响着地区的发展。计划和市场仍然在当代中国经济改革中占有重要位置。尽管一些经济学家

---

① 观察中国工业地图集就会发现几百个工业区。一些工业区在英国关于中国的文献中都非常著名——例如集中于塑料制品的温州工业区、小规模钢铁制造的大丘庄工业区等等。从销售角度看，专业化的批发市场同样点缀着中国的画面，作为重要的端口连接着中国生产者和国际市场。举几个例子，义乌和浙江有巨大的日用品批发市场，河北安国县有传统的药材市场。

结 论

认为市场和计划是相互矛盾的组织原则,但是另一些人则被中国建立的新的介于市场和计划之间的发展模式所吸引。①

不管是关注于市场还是计划,毫无疑问乡村工业的快速增长已经成为中国 20 世纪末期"经济奇迹"的一个重要组成部分。尽管经济评论家说"乡村工业"是一个个别现象,但是关于中国不同地区乡村工业化的案例研究揭示了一批以各不相同的结构安排为特色的地方增长模式。现在很清楚的是,宏观范围的经济改革在微观层面取得了不同的反响。随着地方上利用改革的契机,建立一系列的组织乡村工业活动的方式,自由的市场活动与地方政府的控制在不同程度上结合。尽管案例研究中使用了"乡村工业"这一术语,但是在他们描述的组织形式中,政府控制与市场自主的程度很多是不同的。② 一端是共产党领导下的以集体组织为基础的企业为主,另一端是私营企业占主导地位。魏昂德(Andrew Walder)和戴慕珍(Jean Oi)认为,两种模式——一种是政府为中心的法团主义模式,一种是企业家为主的模式——可以追溯到改革开始时不同的渊源。法团主义模式几乎都是继承了团队经营的乡村工业,企业家为主的模式往往起源自较弱的集体企业。

戴慕珍在那些集体活动仍然很重要的地区,建立了一种她称为"地方政府法团化"的分析。戴慕珍认为,财政改革的管理强化了"地方政府"的权力,在地方上建立了新的法团实体。在她的模

---

① 见 1999 年 1 月《中国杂志》关于中国渐进主义的讨论。Wing Thye Woo 认为,中国经济改革的成功可以用新古典主义的市场经济一般原理来解释;而 Thomas Rawski 认为,中国不同经济实践的成功不能仅仅用新古典主义原理来解释。
② Jean Oi and Andrew Walder, *Property Rights and Economic Reform in China* (Stanford: Stanford University Press, 1999),13.

型中,计划经济的衰落并没有导致一个自由的市场经济,却建立了一个新的组织体系,经济控制权向县或乡镇下放。"增长的主要责任在地方政府,它们在自己的行政权限内将企业看作一个更大的法团实体的组成部分。地方官员的角色等价于董事会,有时更直接地担任首席执行官,为这些类似法团的组织掌舵的是党委书记。"①

戴慕珍关于地方政府法团化的模型处于市场与政府控制结合联结点的一端,高阳模式却居于这一联接点的另一端,代表一个地方政府发挥有限作用的地区发展模式。高阳模式不仅是我们在前几章中所讲的企业家传统的产物,而且是高度社会主义化时期的一种特别的经济活动安排,以及社会主义体制改造的一种方式。②

高阳模式与高度社会主义化的传统

当我们把高阳与政府法团化较强的地区比较时,首先会发现的是,在大多政府法团化较强的地区,地方乡镇政府建立有高度社会主义化时期发展起来的集体工业。尽管高阳是战前乡村工

---

① Jean Oi, "The Roleof the Local State in China's Transitional Economy", *China Quarterly* 1132. 关于财政改革与地方政府社团主义的关联的探讨,见 Jean Oi, "Fiscal Reform nd the Economic Foundations of Local State Corporatism in China", *World Politics* 45 (1992)。

② 这一部分受 David Stark 和 Laszlo Brust 关于社会主义解体后的东欧经济转变研究的影响。David Stark 和 Laszlo Brust 认为,"那些寻求新的发展方向的人发现他们的选择受现有制度资源设置的约束。制度限制了活动范围,阻止了一些发展方向,限制了一定的方针。但是制度同样帮助了一些策略的理解和选择"。David Stark、Laszlo Brust, *Postsocialist Pathways*: *Transforming Politics and Property in East Central Europe* (Cambridge: Cambridge Universtiy Press, 1998), 82—83.

业化的领头羊,但是集体拥有(村或公社所有)的乡村工业部门在高度社会主义化时期却相当的少。为了理解这一现象,我们可以找到四个因素:一些因素与宏观经济环境和国家控制有关,一些则与地方政治和经济更为相关。

我们首先来看一下私营工业转变为国有制过程中的遗留物。如我们在第七章所见,工业区的不同部分以不同的方式处理:私营批发商被逐出商业,现代化的染整工厂转变为国有企业,家庭纺织者被组织进入纺织合作社。新的国有企业接着开始重新配置人员,将有经验的管理者和技术骨干重新安置在华北地区的国有纺织工厂内。同时,国家强化了对纺织工业的垄断,开始通过在位于较大的棉花产区的大城市中建立纺织厂来扩大生产。随着新纺织工厂的产出水平不断上升,国家下达的计划不再需要乡村纺织即可完成。随之,纺织合作社在原料的竞争中失去了优势。随着时间的推移,剩余的合作社被限定生产低附加值的产品上,其发展之路受阻。在20世纪60年代初,大多村办纺织染色合作社只作为政府救济的一种形式保留着,而不是一个盈利的经济单位。

这种残酷的形式中有一两个例外。一小批20世纪50年代初建立的合作作坊逃过了这种限制,转向生产高附加值的产品。成功的集体工厂的独立地位没有保持多久,它们的成功往往致使其被并入国有企业,而建立工厂的村(队)或公社也就不能再从工厂盈利中获益。

对于公社和村队来说,乡村工业有几个作用。它首先是为了生产有用的适合地方经济的产品。其次,它还承担着创造利润的任务,这些利润和农业收入和在一起以增加了用以兑现社员赚取的"工分"的现金。最后,乡村工业为集体成员创造了就业机会,就业不仅增加了收入，而且为他们创造了重要的工作技能学习和培训的机会。当一个集体工厂由政府接管后，集体会收到一笔赔偿金。但是，由于国有企业通过国家劳动局招募工人，招收的大多是城市居民，这使得集体失去了就业机会。

高阳毛巾厂的经历正好描述了这一过程。1958年3个村庄建立了一个纺织合作社。一开始，这个小纺织厂雇用了40名村民，操作20台铁轮织机。他们开始试验生产毛巾，并且引起了天津外贸局的关注，外贸局鼓励他们并且帮助他们获取原料。1961年，合作社购买了第一台电动织机，1964年他们用石家庄一家国有工厂淘汰掉的电动织机改装了原有的作坊。毛巾厂的成功吸引了高级组织的注意，1970年9月，县政府接管了毛巾厂，支付给公社100万元作为补偿。

其他成功的集体企业就像毛巾厂的经历一样，都被国家接管了，只剩下一些弱小的、落后的单位归公社和村队拥有。结果，高阳的集体部门在改革初期非常弱，提供不了多少发展的基础。1983年，当县党委开始大力推广乡村工业时，许多集体决定关闭他们的小工厂，将设备分给集体成员们。此时村庄选择了以个体和家庭为基础的行动，而不是集体或法团主义的行动。这种向个体和家庭基础行为的转变是受高度社会主义化时期发展的影响。"文化大革命"时期（1966—1976）激烈的意识形态斗争使高阳地区四分五裂，村庄被发动武装斗争的敌对派系所分割。1976年恢复平静时，已经有300多人死亡，3000多人受伤。这一沉重的代价打消了个体参与集体活动的愿望。当改革允许非农业活动开展时，大多家庭只愿靠自己或与他们信任的亲戚朋友结合成小团体从事非农活动。

20世纪80年代初改革政策开始实施时，小集体工厂已经解散,家庭和朋友之间的小团体开始从事小作坊经营。虽然共产党员往往在鼓励村民参与纺织业中发挥着带头作用,向他们担保从事独立的经济活动不会受到惩罚,但是政府在发展中的作用却是有限的。这时,在城镇的国有工厂是县级经济机关关注的重点。20世纪80年代末是国有纺织企业的最后繁荣期,一开始只生产低附加值产品的小乡村作坊似乎只是一个配角。尽管新的乡镇企业局的干部们非常清楚乡村企业最终会带来的挑战,但是没有一个人预料到会出现命运的逆转,乡村企业很快压倒了强大的国有纺织业。当地方政府意识到发生了什么的时候,私营中小企业体制已经建立起来,地方政府只得在新兴的制度结构中寻找新的位置。

改革期间的私营企业与政府

当代高阳工业几乎无一例外地是由个体投资建立的。尽管村政府最初也做出了一些贡献,有时也用土地和其他资源换来一些股份,但是到20世纪80年代末,集体直接参与工厂的经营管理的现象几乎完全消失了。取而代之的是,工厂向乡村支付土地租金和服务费。在高阳,政治单位——乡镇政府或乡镇党组织——对经济活动没有直接的控制权。地方官员不再占据私营企业的管理位置,除非他是企业的投资人之一。企业的利润在股东之间分配,除了税法规定的权利外,地方政府无权过问企业的利润。尽管地方政府对个体企业的经营管理缺乏直接的干预,但是地方政府确实在当代工业区的发展中发挥着重要的作用,由于这种独特的参与方式,高阳模式可以看作是地方政府法团化的另外一个版本。在当代高阳,地方政府在多方面支持工业发展,这些支持类似于战前商会所提供的支持。商会成员通过自愿支付营业额附加费来支持组织的活动。在当代高阳,地方政府机构承担了促进工业发展和向私营企业家提供服务设施的职能。提供这些服务的资金来自一个复杂的税收和"捐献"体系,这些捐献是很不明确的,并且有可能导致地方官员的寻租行为。

地方政府法团群体在工业区的几个层面上活动,我们需要识别他们的活动范围。一组角色是承担着各种各样支持纺织业任务的县政府机关和办事处的干部们。县里的主要基础设施——公路、改进的电话系统、专业化市场的建立是他们努力的结果,同样重要的是宣传和销售工作,包括纺织交易,以及建立与高级政府官员的联系的工作。① 在这些方面我们可以看到,县政府官员承担了战前商会曾承担的一些职能,向相关的省政府和中央政府机关寻求赞助和支持。与商会领导者不同的是,县政府官员是从官方获得权力的来源,而不是从企业界的支持中获得权力。

另一组重要的角色是村级领导们。他们比县领导更接近企业,以更加暧昧的身份活动。当经济改革政策首次宣布时,共产党领导者被要求在开展新的经济活动中承担带头作用,并使人们相信政策确实发生了改变。它所带来的一个结果是,许多村级党干部持有私营企业的股份或与企业的股东或经理有亲戚关系。村政府也为工业企业提供了一些设施,包括以合理的租金提供的土地、组织道路的铺设、改善电力供应,提供这些服务的资金往往来源于企业。

在这样的乡村里,干部和企业管理者、村民被一个交织的关

---

① 高阳县政府现在为了向当地工业提供信息,赞助了几个网站。其中一个是"高阳热线":www.gyinfonet.cn;另一个被描述为一个网上销售中心:www.gaoyang.gov.cn,提供"无限的商机"。

系网联接在一起，这张关系网包含了村干部、村民、雇主和雇员、亲戚、同学、邻居、党员、股东们以及过去同一生产队的同事们之间的相互联系。乡村社区就是这些复杂联系的总和，很难划出一个独立于整个社会或社区范围的经济范围。尽管在当今的高阳没有一个投资村办集体企业的正规体制，但却存在一种乡村法团。这种地方法团化与戴慕珍分析的地方政府法团化之间有重要的区别。在戴慕珍所举的例子中，地方政府拥有乡村工业，地方政府干部是管理队伍的成员。两者有一些结果是相似的，比如乡村工业积累的资金用于改善基础设施和提供社会服务，但是管理和资金控制的方法却不同。在高阳模式中，企业资金通过税收规则、不规则的贡献以及捐献形式从私营企业流向村和县政府。如我们在第九章中所见，后者与革命前华北地区普遍的非正常摊款估价的做法相似，所有法团化形式都存在政府官员寻租的风险，政府官员可能利用职权索取贿赂或其他费用，这些都发展在个体和集体利益难以区分的环境中。

与中国许多其他增长模式一样，高阳模式明显不能阻止腐败和寻租行为，但是持续的高增长率表明这一体系能够提供充足的动力，汲取个体和公共部门的支持。在非常短的时间内，它创造了巨大的财富，充足的财富鼓励社区人们继续投资，鼓励公共部门继续施展提供必要服务设施的能量。

当代中国的工业区模式

简单考察了私人投资与地方政府结合的当代高阳模式形成的逻辑后，我们转向工业区结构的第三部分——考察工业区及它们是如何融入当代中国经济结构中的。与大多中国乡村工业区一样，高阳从事的是可以在任何地方生存的小规模生产。与许多乡村加工业一样，它将大量闲置的劳动力与唾手可得的技术和原料结合起来。一旦某个企业带头成功建立了一种工业模式，不久就会有其他的企业家和地区纷纷效仿。结果是，过度的投资和生产，这又增加了原料和销售市场的竞争，利润压力加大，导致该行业的许多企业倒闭。兰斯·戈(Lance Gore)认为，这一过程部分是计划经济的产物，它驱使这些地区即使在前景非常不乐观的情形下，仍继续大量投资。① 兰斯·戈对1995年的估计显示，几乎所有存在模仿和过度投资的地区的轻工业都表现出生产力水平的低效率。在改革时期的中国，地区和团体间的竞争使得高度社会主义化时期的过度投资现象延续下来。在21世纪初出现的结果是竞争的加剧，价格下跌，以及许多中国产品进口国出现的通货紧缩现象。

在小规模乡村工业为生存而进行的艰苦斗争中，工业区的组织形式可能作为一种优势帮助了其成员的生存。正如我们在本书中所看到的，作为工业区一部分的小企业由于从属于一个专业化生产中心而获益。技术、人才、工业经验及其他许多资源的共享帮助企业设计出更好的产品、更好的广告信息和更好的销售策略，寻找熟练的技师和从事生产与管理革新都非常容易。就像我们所讲述的高阳纺织业发展史一样，我们不断地看到这一过程的出现。竞争性挑战促使生产和管理革新，使企业得以生存和发展。在当代高阳，乡村小制造商就可以延伸到国内国际市场，部分原因就是企业集中于一个工业区内。尽管没有一个单独的高

---

① Lance L. P. Gore, "The Communkst Legacy in Post-Mao Economic Growth", *The China Journal* no. 41, (Jan. 1999), 25—54.

阳毛巾、羊毛线、地毯线、或毛毯制造商可以强大到吸引住国际国内销售代理的注意力,但是几十家小企业的集合——在某些行业甚至是几百家——使得高阳成为中国一个最大的毛巾、毛毯和羊毛线生产基地。

参考文献

日文部分

阿部洋:《清末学堂考——以直隶为中心》,载《文化论集》,福冈高大,第1集,1966年。

阿部武司:《日本产地棉织业的展开》,东京:东京大学出版会,1989年版。

《大日本棉花审查协会月报》。

滨下武志:《中国近代经济史研究》,东京:东洋文化研究所报告,1989年版。

北支经济调查所编:《潍县土布业调查报告书》,大连:满铁调查部,1942年版。

今津健司:《从工业化的结果看劝业政策的角色——农商务省商工专业技师的培养》,载南亮进、清川雪彦编《日本的工业化与技术发展》,东京:东洋经济新报社,1987年。

石田秀二:《张家口棉布贸易》,1919年,三井文库藏。

石井正:《丰田佐吉与纺织技术的发展》,载《发明》第76卷,1979年1—6月号。

笠原十九司:《义和团运动与民族产业:以上海为中心》,《讲座中国近现代史》第4卷、《五四运动》,东京:东京大学出版会,1978年。

川胜平太:《亚洲棉花市场的结构与展开》,《社会经济史学》51卷,第1号,1985年4月。

菊池贵晴:《财政危机与辛亥革命的发生》,载东京大学东洋史学研究室亚洲研究会、中国近代史研究会编《中国近代化的社会结构:辛亥革命的历史的位置》,东京:教育书籍,1960年版。

清川雪彦:《中国纤维机械工业的发展与在华纺的意义》,载《经济研究》

第 34 卷,第 1 号,1983 年 1 月。

——《技术差异与引进的实施过程:以纤维产业的经验为中心》,载大川一司、南亮进编《近代日本的经济发展:关于〈长期经济统计〉的分析》,东京:东洋经济新报社,1975 年。

——《日本织物业动力织机化的进展》,载《经济研究》第 35 卷,第 2 号,1984 年 4 月。

清川雪彦、南亮进编:《日本的工业化与技术发展》,东京:东洋经济新报社,1987 年。

小林英夫:《"大东亚共荣圈"的形成与崩溃》,东京:御茶水书房,1975 年版。

小浜正子:《近代上海的公共性与国家》,东京:研文出版社,2000 年版。

陆支密大日记:《抗日势力的诸工作与新政权的活动状况调查报告:华北省正定及高阳县为中心》。

久保亨:《中国经济 100 年的步伐》,东京:创研出版,1991 年。

——《南京政府的关税政策及其历史意义》,《土地制度史学》,第 86 期,1980 年 1 月。

草野文雄:《中国战后的动态》,京都:教育出版社,1947 年版。

谷本雅之:《日本在来的经济发展与织物业——市场形成与家族经济》,名古屋:名古屋大学出版会,1998 年版。

满铁北支事务局调查部编:《河北省税制调查报告》,1938 年。

满铁天津事务所调查课:《支那的酸碱与窒素工业》,1936 年。

南满铁道调查部:《天津的银号》,1942 年。

南里知树编:《中国政府雇用的日本人·日本人顾问名表与解说》,东京:龙溪书舍,1976 年。

三谷孝编:《中国农村的变革与家族·村落·国家——河北农村调查的记录》第 2 卷,东京,汲古书院,2000 年版。

长野朗:《土匪·军队·红枪会》,东京:支那问题研究所,1931 年版。

中村隆英:《近代日本的华北经济工作——从塘沽协定到卢沟桥事件》,载《近代日本和东亚》,东京:山川出版社,1980 年。

南洋劝业会日本出品协会编:《南京博览会各省出品调查》,东京:1912 年。

根岸佶:《商事相关的例行调查报告书:合股的研究》,东京:东亚研究所,1943 年版。

日本出口棉织物同业组合联合会:《关于本国出口棉织物的国内外市场现状》,附·取引事情,1929 年。

西川博史:《日本帝国主义与棉业》,京都:密涅瓦ミネルヴァ书房,1987年版。

西川喜一:《棉工业与棉纱棉布》,上海:日本堂书房,1924年版。

大阪府立商品陈列所创立三十周年纪念协赞会编:《回顾三十年》,大阪,1920年版。

大岛正、桦山幸雄:《事件下的高阳织布业》,载《满铁调查会月报》,1942年。

Shôgyô Kaigisho Shuhô《日本商会杂志》,天津。

曾田三郎:《清末"商战"论战的展开与商业局的设置》,载亚洲政经学会《亚洲研究》,38卷1号,1991年。

铃木智夫:《洋务运动研究》,东京,汲古书院,1992年版。

高村直助:《近代日本棉业与中国》,东京:东京大学出版会,1982年版。

《天津地区的纺织机》,《天津日本商会半年报》,1916年。

东亚同文会编:《支那经济全书》,东京:东亚同文会,1907年版。

《东亚 bôseki 七十年史》,大阪,1953年。

《日本商业领事报告》

内山清:《贸易视角的支那风俗研究》,上海:日本堂书房,1915年版。

英文部分

Alfred C. Chandler, Jr. 1962. *Strategy and Structure*. Cambridge: Harvard University Press.

——. 1977. *The Visible Hand*. Cambridge: Harvard University Press.

——. 1990. *Scale and Scope: The Dynamics of Industrial Capitalism*. Cambridge: Harvard University Press.

Amin, Ash. 1989. Flexible Specialisation and Small Firms in Italy: Myths and Realities. *Antipode* 21 (1):13—34.

Anderson, Kym. 1992. *New Silk Roads: East Asia and the World Textile Markets*. Cambridge: Cambridge University Press.

Berg, Maxine, Pat Hudson, and Michael Sonenscher. 1983. *Manufacture in Town and Country before the Factory*. Cambridge: Cambridge University Press.

Berger, Suzanne, and Michael Piore. 1980. *Dualism and Discontinuity in Industrial Societies*. Cambridge: Cambridge University Press.

Bergere, Marie-Claire. 1989. The Consequences of the Post First

World War Depression for China Treaty-Port Economy, 1921—23. In *The Economy of Africa and Asia in the Inter-war Depression*, edited by I. Brown. London: Routledge.

———1989. *The Golden Age of the Chinese Bourgeoise, 1911—1937*. Cambridge: Cambridge University Press.

Blaugh, Mark. 1985. *Economic Theory in Retrospect*. Fourth Edition ed. Cambridge: Cambridge University Press.

Blecher, Marc, and Vivienne Shue. 1996. *Tethered Deer: Government and Economy in a Chinese County*. Stanford: Stanford University Press.

Blecher, Mark, and Vivienne Shue. 1996. *Tethered Deer: Government and Economy in a Chinese County*. Stanford: Stanford University Press.

Bray, Francesca. 1997. *Fabrics of Power in Late Imperial China*. Berkeley: University of California Press.

Brewer, John, and Roy Porter, eds. 1993. *Consumption and the World of Goods*. London: Routledge.

Brook, Timothy, and Hy V. Luong. 1997. *Culture and Economy: The Shaping of Capitalism in Eastern Asia*. University of Michigan Press.

Burnett, W. H., ed. 1898. *Report of the Mission to China of the Blackburn Chamber of Commerce, 1896—7*. Blackburn: The North-East Lancashire Press Co.

Byrd, William, and Lin Qingsong. 1990. *China's Rural Industry: Structure, Development and Reform*. Oxford: Oxford University Press.

Bythell, Duncan. The Handloom Weavers (1969).

Chan, Wellington K. K. 1982. The Organization Structure of the Traditional Chinese Firm and its Modern Reform. *Business History Review* 46 (Summer):218—235.

Chao, Kang. 1977. *The Development of Cotton Textile Production in China*. Cambridge: Harvard University Press.

Clark, Gregory. 1987. Why Isn't the Whole World Developed? Lessons from the Cotton Mills. *Journal of Economic History* XLVII:141—173.

Clark, W. A. Graham. 1914. *Cotton Goods in Japan and Their Competition on the Manchurian Market*. Washington: Government Printing Office.

Cochran, Sherman. 1980. *Big Business in China: Sino-Foreign*

Rivalry in the Cigarette Industry, 1890—1930. Cambridge: Harvard University Press.

 Cohen, Jerome. 1949. *Japan's Economy in War and Reconstruction*. Minneapolis: University of Minnesota press.

 Cooper, Eugene, and Jiang Yinhuo. 1998. *The Artisans and Entrepreneurs of Dongyang County: Economic Reform and Flexible Production in China*. Armonk, New York: M. E. Sharpe.

 Corley, T. A. B. 1993. The Entrepreneur: The Central Issue in Business History. In *Entrepreneurship Networks and Modern Business*, edited by J. Brown and M. B. Rose. Manchester: Manchester University Press.

 The Developmentof the Producing-Center Cotton Textile industry in Japan between the Two World Wars. 1992. *Japanese Yearbook on Business History* (september):3—27.

 Douglas, Mary, and Baron Isherwood. 1978. *The World of Goods: Towards an Anthropology of Consumption*. New York: Basic Books.

 Duara, Prasenjit. 1987. State Involution: A Study of Local Finances in North China, 1911—1935. *Comparative Studies in Society and History* 29 (1).

 Ellinger, Barnard, and Hugh Ellinger. 1930. Japanese Competition in the Cotton Trade. *Journal of the Royal Statistical Society* 93 (Part 2): 185—231.

 Elvin, Mark, and Skinner, eds. *The Chinese City Between Two Worlds*.

 Emmanuel, Arghiri. 1982. *Appropriate Or Underdeveloped Technology?* Chichester: John Wiley & Sons.

 Findlay, Christopher, ed. 1992. *Challenges of Economic Reform and Industrial Growth: China's Wool War*. Sydney: Allen & Unwin.

 Fong, H. D. 1932. *Cotton Industry and Trade in China*. Tianjin: Nankai Institute of Economics.

 Friedman, Edward, Paul G. Pickowicz, and Mark Selden. 1991. *Chinese Village, Socialist State*. New Haven: Yale University Press.

 Gaubatz, Piper Rae. 1996. *Beyond the Great Wall: Urban Form and Transformation on the Chinese Frontiers*. Stanford: Stanford University Press.

Greenhalgh, Susan. 1988. Families and Networks in Taiwan's Economic Development. In *Contending Approaches to the Political Economy of Taiwan*, edited by E. A. Winckler and S. Greenhalgh. Armonk: M. E. Sharpe.

Grove, Linda. Rural Manufacture in China's Cotton Industry, 1890—1990. In *Cotton as a Prime Mover in Global Industrialisation, 1600—1990*: Oxford University Press.

——. 1974. Creating a Northern Soviet. *Modern China*: 243—270.

——. 1975. Rural Society in Revolution: the Gaoyang District, 1910—1947. Ph. D. , the University of California, Berkeley.

——. 1993. Mechanization and Women's Work in Early Twentieth Century China. In *Yanagita Setsuko Sensei Koki Kinen Chugoku no Dento Shakai to Kazoku*. Tokyo: Kyuko Shoin.

——. 1994. International Trade and the Creation of Domestic Marketing networks in North China, 1860—1930. Atami: Networks in Asia.

——. 2001. International Trade and the Creation of Domestic Marketing Networks in North China, 1860—1930. In *Asian Commercial Networks*, edited by S. Sugiyama and L. Grove. London: Curzon.

Guthrie, Douglas. 1998. The Declining Significance of Guanxi in China's Economic Transition. *China Quarterly*: 224—282.

Hamilton, and Nicole Woolsey Biggart. 1988. Market, Culture and Authority: A Comparative Analysis of Management and Organization in the Far East. *American Journal of Sociology* 94: S52—S93.

Hamilton, Gary, ed. 1991. *Business Networks and Economic Development in East and Southeast Asia*. Hong Kong.

——ed. 1991. *Business Networks and Economic Development in East and Southeast Asia*. Honk Kong: Centre of Asian Studies University of Hong Kong.

Hamilton, Gary G. 1977. Chinese Consumption of Foreign Commodities: A Comparative Perspective. *American Journal of Sociology* 42: 877—891.

Hamilton, Gary, and Cheng-Shu Kao. 1990. The Institutional Foundations of Chinese Business: The Family Firm in Taiwan. *Comparative Social Research*: 135—151.

Hao, Yen-P'ing. 1969. Cheng Kuan-ying: The Comprador Reformer. *Journal of Asian Studies* 29 (1): 15—22.

Harvey, David. 1989. *The Condition of Postmodernity*. Oxford: Basil Blackwell.

Hershatter, Gail. 1983. Flying Hammers, Walking Chisels: The Workers of Santiaoshi. *Modern China* 9 (October): 387—419.

Howe, Christopher. 1996. *The Origins of Japanese Trade Supremacy: Development and Technology in Asia from 1540 to the Pacific War*. London: Hurst and Company.

Huang, Philip C. 1985. *The Peasant Economy and Social Change in North China*. Stanford: Stanford University Press.

Ishii, Tadashi. 1979. Toyota Saekichi to shokki gijutsu no hatten. *Hatsumei* 76 (January-June).

Jequier, Nicolas, ed. 1976. *Appropriate Technology-Problems and Promises*. Paris: Development Centre of the Organisation for Economic Co-Operation and Development.

Kang, Chao. 1977. *The Development of Cotton Textile Production in China*. Cambridge: Harvard University Press.

Ketlar, C. 1902. *The Tragedy of Paotingfu*. New York: Fleming H. Revell Co.

Kriedte, Peter, Hans Medick, and Jurgen Schlumbohm. 1981. *Industrialization before Industrialization*. Cambridge: Cambridge University Press.

Lindsay, Michael. 1975. *The Unknown War: North China 1937—1945*. London: Bergstron & Boyle Books.

MacKinnon, R. 1980. *Power and Politics in Late Imperial China-Yuan Shikai in Beijing and Tianjin, 1901—1908*. Berkeley: University of California Press.

Marshall, Alfred. 1920. *Principles of Economics*. Eighth Edition ed.

Martinelli, Alberto. 1994. Entrepreneurship and Management. In *The Handbook of Economic Sociology*, edited by N. J. Smelser and R. Swedberg. Princeton: Princeton University Press.

Meyers, Ramon. 1970. *The Chinese Peasant Economy*. Cambridge: Harvard University Press.

Mintz, Sydney. 1985. *Sweetness and Power: The Place of Sugar in*

313

Modern History. New York: Viking.

Myers, Ramon. 1989. The World Depression and the Chinese Economy 1930—36. In *The Economies of Africa and Asia in the Inter-War Depression*, edited by I. Brown. London: Routledg.

Myers, Ramon H. 1989. The World Depression and the Chinese Economy, 1930—36. In *The Economies of Africa and Asia in the Interwar Depression*, edited by I. Brown. London: Routledge.

Naughton, Barry. 1992. Implications of the State Monopoly Over Industry and Its Relaxation. *Modern China* 18 (1):14—41.

——. 1995. *Growing Out of the Plan—Chinese Economic Reform 1978—1993*. Cambridge: Cambridge University Press.

Numazaki, Ichiro. 2000. Chinese Business Enterprise as Inter-family Partnership: A comparison with the Japanese Case. In *Chinese Business Networks: State, Economy and Culture*, edited by C. K. Bun: Prentice Hall.

Odaka, Konosuke, and Minoru Sawai. 1999. *Small Firms, Large Concerns: The Development of Small Business in Comparative Perspective*. Oxford: Oxford University Press.

Oi, Jean. 1992. Fiscal Reform and the Economic Foundation of Local State Corporatism in China. *World Politics* 45.

——. 1995. The Role of the Local State in China's Transitional Economy. *China Quarterly* 144.

——. 1999. *Rural China Takes Off: Institutional Foundations of Economic Reform*. Berkeley: University of California Press.

Piore, Michael J., and Charles Sabel. 1984. *The Second Industrial Divide*: Basic Books.

Pyke, Frank, and Werner Sengenberger, eds. 1992. *Industrial districts and local economic regeneration*. Geneva: International Institute for Labour Studies.

Rawski, Thomas C. 1989. *Economic Growth in Pre-war China*. Berkeley, California: University of California Press.

Rawski, Thomas G. 2001. What's Happening to China's GDP Statistics? *paper prepared for the China Economic Review*.

Rawski, Thomas, and Lillian Li, eds. 1992. *Chinese History in Economic Perspective*. Berkeley: University of California Press.

参考文献

Remer, C. F. 1933. *Foreign Investment in China*. New York: MacMillan Co.

Reynolds, Douglas. 1987. *A Golden Decade Forgotten : Japan-China Relations, 1898—1907*. Vol. 2, Transactions of the Asiatic Society of Japan.

——. 1993. *China, 1898—1912: The Xinzheng Revolution and Japan*. Cambridge: Harvard University Press.

Robinson, Austin, ed. 1979. *Appropriate Technologies for Third World Development*. London: the Macmillan Press Ltd.

Rostow, W. W. 1964. *The Stages of Economic Growth*. Cambridge: Cambridge University Press.

Rothstein, Natalie. 1977. The Introduction of the Jacquard Loom to Great Britain. In *Studies in Textile History in Memory of Harold B. Burnham*, edited by V. Gervers. Toronto: Royal Ontario Museum.

Rowe, William. 1984. *Hankow*. Stanford: Stanford University Press.

——. 1990. The Public Sphere in Modern China. *Modern China* 16 (3):309—329.

Rozman, Gilbert. 1973. *Urban Networks in Ch'ing China and Tokugawa Japan*. Princeton: Princeton University Press.

Sabel, Charles, and Jonathan Zeitlin. 1985. Historical Alternatives to Mass Production: Politics, Markets and Technology in Nineteenth-century Industrialization. *Past and Present* 108 (August):133—176.

——. 1997. *Worlds of Possibilities : Flexibility and Mass Production in Western Industrialization*. Cambridge: Cambridge University Press.

Saito, Osamu. 1988. The Other Faces of the Industrial Revolution. *Keizai kenkyô* 39 (2):180—184.

Salais, Robert, and Michael Storper. 1992. The four 'worlds' of contemporary industry. *Cambridge Journal of Economics* 15:169—193.

Scranton, Philip. 1983. *Proprietary Capitalism : The Textile Manufacture at Philadelphia, 1800—1885*. Philadelphia: Temple University Press.

——. 1989. *Figured Tapestry: Production, Markets and Power in Philadelphia Textiles, 1885—1941*. New York.

——. 1991. Diversity in Diversity: Flexible Production and American Industrialization, 1880—1930. *Business History Review* 65 (Spring):

27—90.

——. 1997. *Endless Novelty: Specialty Production and American Industrialization, 1865—1925* . Princeton: Princeton University Press.

Shirk, Susan. 1993. *The Political Logic of Economic Reform in China*. Berkeley: University of California Press.

Shue, Vivienne. 1988. *The Reach of the State : Sketches of the Chinese Body Politic*. Stanford: Stanford University Press.

Skinner, ed. 1977. *The City in Late Imperial China*. Stanford: Stanford University Press.

Solinger, Dorothy. 1985. Commercial Reform and State Control: Structural Changes in Chinese Trade. *Pacific Affairs* 58 (2).

——. 1991. *From Lathes to Looms - China's Industrial Policy in Comparative Perspective, 1979—1982* . Stanford: Stanford University Press.

Storper, Michael, and Robert Salais. 1997. *Worlds of production : The action framework of the economy*. Cambridge: Harvard University Press.

Sugihara, Kaoru. 1986. Patterns of Asia's Integration into the World Economy, 1880—1913. In *The Emergence of a World Economy, 1500—1914* , edited by Fischer. Stuttgart.

Sugiyama, Shina. 1988. *Japan's Industrialization in the World Economy, 1859—99* . London: Athlone Press.

Symposium: Public Sphere/Civil Society in China? 1993. *Modern China* 19 (2).

Szelenyi, Ivan. 1988. *Socialist Enterpreneurs-Embourgeoisement in Rural Hungary*. Madison: University of Wisconsin Press.

Tao, Qng. 1997. Establishing the Chinese archaeological school: Su Bingqi and contemporary Chinese archaeology. *Antiquity* 71:31—39.

Thompson, E. P. 1968. *The Making of the English Working Class*. London: Penguin Books.

Timmins, Geoffrey. 1993. *The Last Shift : The Decline of Handloom Weaving in Nineteenth-century Lancashire*. Manchester: Manchester University Press.

Unger, Jonathan. 1996. Bridges: Private Business, the Chinese Government and the Rise of New Associations. *China Quarterly* 147:

795—819.

Wang, Yuru. 1992. Economic Development in China Between the Two World Wars (1920—1936). In *The Chinese Economy in the Early Twentieth Century: Recent Chinese Studies*, edited by T. Wright. New York: St Martin's Press.

Watson, Andrew, Christopher Finlay, and Du Yintang. 1989. Who Won the 'Wool War'?: A Case Study of Rural Product Marketing in China. *China Quarterly* 118:213—241.

Wong, Bin. China Transformed.

Wong, Christine. 1997. *Financing Local Government in the People's Republic of China*. Hong Kong: Oxford University Press.

Wong, Christine P. W. 1987. Between Plan and Market: The Role of the Local Sector in Post-Mao China. *Journal of Comparative Economics* 11.

——. 1991. Central-Local Relations in an Era of Fiscal Decline: The Paradox of Fiscal Decentralization in Post-Mao China. *China Quarterly* 128.

Wong, John, Rong Ma, and Mu Yang. 1995. *China's Rural Entrepreneurs: Ten Case Studies*. Singapore: Times Academic Press.

Wong, Siu-lan. 1985. The Chinese family firm: a model. *The British Journal of Sociology*.

Yan, Yunxiang. 1996. The Culture of Guanxi in a North China Village. *The China Journal* 35.

——. 1996. *The Flow of Gifts: Reciprocity and Social Networks in a Chinese Village*. Stanford: Stanford University Press.

Yang, Mayfair Mei-hui. 1994. *Gifts, Favors and Banquets—The Art of Social Relations in China*. Ithaca: Cornell University Press.

Young, Susan. 1995. *Private Business and Economic Reform in China*. Armonk, New York: M. E. Sharpe.

Yu, Tony Fu-Lai. 1997. *Entrepreneurship and Economic Development in Hong Kong*. London: Routledge.

Zeitlin, Jonathan. 1992. Industrial districts and local economic regeneration: Overview and comment. In *Industrial Districts and Local Economic Regeneration*, edited by F. Pyle and W. Sengenberger. Geneva: International Institute for Labour Studies.

Zelin, Madeleine. 1984. *The Magistrate's Tael: Rationalizing Fiscal Reform in Eighteenth-Century Ch'ing China*. Berkeley: University of California Press.

Zhang, Xiaohe, Weiguo Lu, Keliang Sun, Christopher Findlay, and Andrew Watson. The 'Wool War' and the 'Cotton Chaos': Fibre Marketing in China. *China Quarterly* 91.

Zhao, Minghua, and Theo Nichols. 1996. Management Control of Labor in State-Owned Enterprises: Cases from the Textile Industry. *The China Journal* 36:1—21.

中文部分

鲍觉民:《解放前的南开大学经济研究所》,《天津文史资料选辑》19辑,1982年3月。

保定中共党委宣传部、保定党史研究室编:《保定地区抗日战争历史资料汇编》,1995年。

北京市编:《1954年全国个体手工业调查资料》,北京:三联书店,1957年。

北京市立高级职业学校编:《天津丽丽工厂调查》,载《平津工业调查》,1937年。

天津社会科学院历史研究所天津近代史编写组:《天津简史》,天津:天津人民出版社,1987年版。

中央工作组调查材料:《高阳县经济基本情况:解放后高阳县手工织布业中的私人资本》,1954年,高阳县档案馆藏。

冀中行政办事处:《对高阳工场机器处理保管意见》,手稿,1948年,河北省档案馆。

——《机器统计表》,手稿,1948年,河北省档案馆。

——《冀中行署关于高阳游击工厂处理意见》,手稿,1949年,河北省档案馆。

——《冀中纺织业》,手稿,1948年,河北省档案馆。

中心工作组:《高阳县经济的基本情况:解放后高阳乡手工织布业中的私人资本》,手稿,1954年,高阳县档案馆。

陈克寒:《模范抗日根据地晋察冀边区》,重庆:《新华日报》,1939年。

陈美健:《高阳织布业简史》,《河北文史资料》第19卷,1987年。

陈维稷编:《中国纺织科学技术史——古代部分》,北京:科学出版社,1984年版。

参考文献

陈耀庭:《高阳织布业的沿革及特点》,载《中国近代纺织史研究资料汇编》,1990年。

丁世洵:《天津棉纱批发商和事略》,载《南开学报》,1981年第4—5期。

——《1934—1949年的高阳布业》,载《南开学报》,1981年第1期。

中国农村模式研究编委会:《中国农村市场模式研究》,北京:新华书店,1993年版。

天津纺织局编委会:《旧中国时期的天津纺织工业》,载《北国春秋》1960年。

方显廷:《论华北经济及其前途》,南开经济研究所

——《中国棉纺织业之危机》,载《大公报·经济周刊》,1933年4月19日。

——《天津织布工业》,《工业综刊》,天津:南开大学经济研究所,1931年

——《中国乡村工业的出路》,载《大公报》,1935年2月27日。

——《中日经济提携与华北》,载《商业会刊》5,1937年,1—12。

方显廷、毕相辉:《由宝坻手织工业观察工业制度之演变》,《政治经济学报》4卷2号,1936年。

冯华德:《河北省高阳县的乡村财政》,载《大公报》,1933年11月29日。

傅崇兰:《中国运河城市发展史》,重庆:四川人民出版社,1985年版。

傅费雯、权裕源:《乡村手工业调查》,《经济周刊》第65期,1934年。

傅勤贤:《天津棉花之产销状况》,载《国货研究月刊》,1932年5、6、7号。

高阳县党委、高阳县档案馆编:《河北省高阳县组织史资料,1930—1987》,石家庄:河北人民出版社,1992年版。

高阳县政府:《高阳工商业的初步调查》,手写稿,1948年,高阳县档案馆藏。

中共高阳县委党史研究室编:《高阳县革命斗争大事记》,亚洲出版社,1992年版。

中共高阳县委党史研究室:《新国民运动对高阳人民的残害》,《河北文史资料选辑》,1985年第15辑。

《高阳染厂厂史》,油印手稿,1988年。

《高阳县第三区延福乡棉织手工业基本情况调查报告》,1954年,高阳县档案馆藏。

高阳县棉织联社:《高阳县组织起来的棉织手工业调查报告》,1954年,

高阳县档案馆藏。

《高阳私立甲种商业学校则》，载《全国商会联合会会报》。

高阳县人民政府财政经济办公室：《高阳县1954年手工业调查工作总结》，油印复件，1954年，高阳县档案馆藏。

《高阳县之经济概况》，《中外经济周刊》，1926年。

郭蕴静编：《天津古代城市发展史》，天津：天津古籍出版社，1989年版。

郭蕴静：《清代天津商业城市的形成初探》，《天津社会科学》，1987年第4期。

《河北经济年鉴1995》，北京：中国统计出版社，1995年版。

河北省政府：《河北省工商统计》，天津：河北省政府，1931年版。

《河北省商业志》，石家庄：河北人民出版社，1988年版。

《河北省立工学院校友录》，1947年。

衡志义：《清代直隶总督研究》，北京：中国文联出版社，1999年版。

胡光明：《论早期天津商会的性质与作用》，《近代史研究》，1986年第4期。

——《华北——津京商会史》，未刊论文，1991年。

——《开埠前天津城市化过程及内贸型商业市场的兴盛》，《天津社会科学》，1987年第3期。

胡仁奎：《游击区经济问题研究》，山西：黄河出版社，1939年版。

纪华：《国货售品所始末》，《文史资料选辑》31辑，1962年版。

贾建华：《璀璨的群星》，海口：海南出版社，1994年版。

景瑞：《爱国商人宋则久》，载《天津工商史料丛刊》，1986年第5期。

冀中一日运动写作委员会：《冀中一日》，天津：百花文艺出版社。

李秉熙：《直隶高阳布业之沿革纪略》，载《全国商会联合会会报》1—3。

李大本：《高阳县志》，重印，台北：程文出版社，(1931)1967年版。

厉风：《五十年来商业资本在河北乡村棉织手工业中之发展进程》，载《中国农村》第3期，1934年12月。

李金铮：《试析二三十年定县农民耕地之不足》，载《河北大学学报》1991年第2期。

傅立民、贺名仑编：《中国商业文化大字典》，北京：中国发展出版社，1994年版。

李锐：《河北省各县年来之军事支应》，《大公报》，1933年9月20日。

李喻一：《清末民初中国各大都会男女装饰论集，1899—1923》，香港：中山图书公司，1972年版。

李世曾：《谈我的家乡》，《李世增先生文集》，台北：中国国民党党史委员会,1980年。

梁国昌:《高阳私立职业中学一览》,1934年版。

梁熙会:《工商发展与人口之关系》,《大公报》,1937年3月31日。

赵亮:《高阳抵制美货经验》,《冀中导报》,1947年2月15日。

林百举:《近代南通土布业》,南京大学学报编辑部,1984年版。

刘凤翰、李宗侗:《李鸿藻先生年谱》,第二卷,台北:"中国学术著作奖助委员会",1969年。

刘佛丁、陈争平:《高阳织布业的历史和现状》,天津:南开大学经济研究所,1984年。

刘佛丁、王玉茹:《高阳农村联户办企业的发展》,载《南开经济研究所季刊》,1988年第4期。

刘秀生:《清代棉布市场的变迁与江南棉布生产的衰落》,载《中国社会经济史研究》,1990年第2期。

——《清代商品经济与商业资本》,北京:中国商业出版社,1993年版。

罗夫、李铁林:《高蠡暴动》,载《北国春秋》1960年第1期。

马敏:《官商之间——社会巨变中的近代绅商》,天津:天津人民出版社,1995年版。

马敏、朱英:《传统与近代的二重变奏——晚清苏州商会个案研究》,成都:巴蜀书社,1993年版。

彭泽益:《民国时期北京的手工业和工商同业会》,载《中国经济史研究》1990年第1期。

——《中国近代手工业史资料》,第4卷,北京:三联书店,1962年版。

——《中国工商行会史料集》,第2卷,北京:中华书局,1995年版。

齐如山:《齐如山回忆录》,台北:中央文物供应社,1956年。

叶青:《辛集皮毛名天下》,《河北文史集萃》,经济卷:河北人民出版社。

金国宝:《中国棉业问题》,上海:商务印书馆,1936年版。

全国政协文史办:《中国近代国货运动》,北京:中国文史出版社,1995年版。

商业部纺织品局编:《新中国的纺织品商业》,北京:中国商业出版社,1983年版。

商业部商业经济研究所编:《革命根据地商业回忆录》,北京:商业出版社,1984年版。

沈帆等:《纺织工业经济管理》,北京:纺织工业出版社,1989年版。

水利水电科学研究院水利史研究室编:《清代海河滦河洪涝档案史料》,北京:中华书局,1981年版。

国家统计局:《我国钢铁、电力、煤矿、机械、纺织、造纸工业的今昔》,北京:统计出版社,1958年版。

宿白:《苏秉琦先生纪念集》,北京:科学出版社,2000年。

苏秉璋、李福田:《江南实业参观记》,高阳:私人出版,1936年。

孙雪梅:《清末民初中国人的日本观——以直隶省为中主》,天津:天津人民出版社,2001。

滕茂春:《论花纱布公司管理政策》,载《工业月刊》5卷4号,1948年。

天津档案馆、天津社会科学院历史研究所、天津市工商业联合会:《天津商会档案汇编》,10卷本,天津:天津人民出版社,1989—1998年。

《天津工商业》,天津特别市社会局,1930年。

天津历史博物馆、南开大学历史系编:《五四运动在天津》,天津:天津人民出版社,1979年版。

天津社会科学院历史研究所:《直隶工艺总局资料选编》,《天津历史资料》第16辑,1982年。

天津社会科学院历史研究所天津史编写组:《天津简史》,天津:天津人民出版社,1987年版。

天津市纺织工业局编史组:《旧中国时期的天津纺织工业》,载《北国春秋》,1960年。

王怀远:《旧中国时期天津的对外贸易》,《北国春秋》(1960年)第1、4、7期。

王玲:《北京与周围城市关系史》,北京:北京燕山出版社,1988年版。

王药雨:《耕地所有权的分配和田场分割状态:一个实例的研究》,载方显廷编《中国经济研究》,长沙:商务印书馆,1938年。

王宗培:《中国之合会》,中国合作社,1941年。

吴承明:《中国民族资本的特点》,载《经济研究》,1956年第6期。

吴知:《从一般工厂制度的演进观察高阳的织布工业》,《政治经济学报》,1934年10月。

——《高阳之土布工业》,载方显廷编《中国经济研究》,长沙:商务印书馆,1938年。

——《工农立国下中国乡村工业新评价》,《大公报》,1935年。

——《乡村织布业的一个研究》,上海:商务印书馆,1936年。

肖维民、王民生、刘清:《合伙私营企业存在的问题及引导对策》,《改革与伦理》1990年第6期。

《新中国的纺织品商业》,1989年。

徐鼎新:《上海总商会史(1902—1929)》,上海:上海社会科学院出版社,

1991年版。

许涤新、吴承明主编:《中国资本主义发展史》第2卷,北京:人民出版社,1990年版。

徐景星:《天津近代工业的早期概况》,《天津文史资料选辑》1(1978年12月):124—161。

徐纯性:《河北城市发展史》,石家庄:河北教育出版社,1991年版。

许新吾:《江南土布史》,上海:上海社会科学出版社,1992年版。

——《中国和日本棉纺织业资本与之梦雅的比较研究》,载《历史研究》,1988年第6期。

严中平:《定县手工棉织业之生产制度》,载《社会科学杂志》第7期,1937年。

杨西孟:《中国合会之研究》,商务印书馆,1934年版。

虞和平:《商会与中国早期现代化》,上海:上海人民出版社,1993年版。

于建玮:《中国经济发展中的中期波动》,载《天府新论》,1989年第4期。

张洪祥、王永祥:《留法勤工俭学运动简史》,哈尔滨:黑龙江人民出版社,1982年版。

张利民:《天津早期的纺纱厂——利生纱厂》,《中国近代纺织史研究资料汇编》8,1990年。

张培刚:《1936—1937清苑的农家经济》,载《社会科学杂志》7—8(3月、6月、3月)。

张世文:《定县农村工业调查》,定县:中华平民教育促进会,1936年。

张思:《19世纪末天津的洋纱洋布贸易》,载《天津史志》1987年第4期。

郑克成:《安国县药市调查》,载《社会科学杂志》1932年3(1、2)。

直隶商品陈列所:《第一次调查实业报告书》,天津:直隶省商品陈列中心,1928年。

中共高阳县委党史研究室编:《高阳县革命斗争大事记》,徐水:亚洲出版社,1992年版。

中共天津市委党史资料证书委员会编:《中国资本主义工商业的社会主义改造》,北京:中共党史出版社,1991年版。

中国第二历史档案馆:《北洋军阀统治时期的兵变》,南京:江苏人民出版社,1982年。

中国纺织经济研究中心:《中国纺织工业年鉴》,北京:中国纺织出版社,1994年。

中国社会科学院经济研究所编:《北京瑞蚨祥》,北京:三联书店,1959

年版。

中国人民大学工业经济系编:《北京工业史料》,北京:北京出版社,1960年版。

中国社会科学院农业经济研究所编:《农村雇工经营调查》,1983年。

中国资本主义工商业社会主义改造资料丛书编辑部:《中国资本主义工商业社会主义改造》,北京:中共党史出版社,1991年。

中央工作组调查材料:《高阳线经济基本情况:解放后高阳县手工业织布业中的私人资本》,手写稿,1954年,高阳档案馆藏。

中央农业部计划司:《两年来的中国农村经济调查汇编》,上海:中华书局,1952年版。

周尔润:《直隶工业志初编》,天津:直隶工艺局印刷处,1907年。

周锡保:《中国古代服装史》,北京:中国戏剧出版社,1984年版。

卓言:《周学熙以公款办实业发家的内幕》,《文史资料》53,1965年。

周志军:《北洋实业家周学熙》,南开大学历史系,1977年。

朱春富:《周学熙与北洋实业》,《天津文史资料选辑》1,1978年12月。

——《北洋军阀对天津近代工业的投资》,载《天津文史资料选辑》4,1979年10月。

朱尚英:《高阳布业调查记》,载《纺织周刊》,1935年6月15日。

《河北工商月报》

《河北省银行月刊》

《河北月刊》.

《冀-察调查统计综刊》

《解放日报》

《晋察冀日报》

《冀中导报》

《直隶实业杂志》

《申报》

《全国商会联合会会报》

索 引

A

账务（account）：赊销、赊买（credit/debit），61；低报利润（profit underreporting for），52；还款期限（repayment schedules of），61—62；账务三期结算（trimester settlement for），61

代理（agencies），见 sales agencies

农业（argiculture）：农业合作化（cooperativization of），191n38；发展农业（development for），197，220n6；农户规模（farm size），下降（decline in），40n35；五小工业（"five small industries" for），191—192n41；农业收入对工业收入（Income from, v. industry），178—179，191n36；农业投资（investment in），生活水平（for living standard），197—198，220n9；农业内卷化（as involution），24；耕地分配（land distribution in），24，40n35；生活水平（living standard from），197—198，220n9；贫穷（poverty within），24，197—198；农业劳动力供给改革（reforms on labor supply in），195；关于农业生产力的报告（report on productivity in），197，220n6—7；织布收入对农业收入（weaving v., for income），24

纯人造丝织物（all-rayon）：发展（development），33—34；丰厚的利润（high profits of），34；生产（production of），繁荣期（for boom period），33；附属行业（subsidiary industries from），34

美国（America）：棉花（cotton），中国棉纺织的成本（for Chinese production costs），189n16；来自美国的染料（dyestuffs from），抵制（boycott for），189n17

"抗日呢（anti-Japanese worsted）"，本土起源（native origin of），37

学徒（apprenticeship）：竞争招募（competitive），对介绍招募（introduction）59；企业家遗产和学徒（entrepreneurial legacies and），home, at business for，54；学徒的生活方式（lifestyle of），75n15；掌柜来自学徒（managers, from），51，75n14；技术培训（technical education），64；对织户里的学徒（of weavers），87—88

吴知研究中的批发庄的资产和负债(assets and liabilities, wholesalers, in Wu Zhi study), 60, 75n25

B

银钱号(banks):从银钱号获得信用(credit from), 62, 207;银号倒闭(failure of),织布增长周期中的银钱号(for weaving growth cycles), 28;将商号当作银号(firm as), 76n31;工业化中的金融机关(for industrialization), 46, 74n7;帮(native), 50

吃火锅(bankruptcy):投资者和吃火锅(investor and), 63, 75n29;战时(in war), 149—151

繁荣期(boom period):人造丝织物的繁荣期(all-rayon production for), 33;外国竞争对繁荣期(foreign competition v.), 31

抵制(boycott):抵制美国染料(for American dyestuffs), 189n17;共产党关于抵制(CCP on), 190n21;共产党对国民党抵制(CCP, v. Nationalist Party on), 171;织布工业在抵制中增长(fabrics industry boost from), 37, 116;强制销售(forced sale, for,) 172, 190n22;国有企业对私营企业(state-owned v. private firm and), 171—172;纱线供给对抵制(yarn supply, v.), 35;抵制的念头,总结(years, summary of), 173—174

商业(business):高阳对天津的优势(advantages, in Gaoyang, v. Tianjin), 70;环境(environment), 73;历史(history),大型商业企业(large firms in), 6;经济模型对商业(model, economic v.), 6;商业传统的复制(replication of tradition in), 13;传统(traditions of),缺陷(deficiencies in), 71

商业(business),当代(contemporary),传统的复制(traditions replicated in), 13

商业传统(business traditions):来自商业传统的竞争(competition from), 201;和商业传统有关联的当代经营实践(contemporary practice link to), 1—2, 13;商业传统中的信用制度(credit system from), 63—64;缺陷(deficiencies of), 71;企业家、地域性的(entrepreneurs, regional, in), 43—44, 74n2;保守的财务政策(finances, conservative in), 71;商号规模(firm size from), 59;织工的家(home for workers in), 54;创新和网络(innovation and networks from), 1—2;关系网(network of connections from), 201—202, 222n22;近年合资的概念对商业传统中的合资概念(partnership(hezi), recent, v.), 255n3;商业传统中高阳的政治习惯(political practices in Gaoyang from), 142—143;传统限制商号的规模

(practices limiting firm size in),59;复制(replication of),13;对股份合作制结构(shareholding partnership structure v.),227—228;股份合作对商业传统中的信贷合会(shareholding partnership v. credit association in),231;继任难题(successor problem in),71

C

资本(capital):每天的资本消耗,219,226n57;粮食贸易(grain trade for),46—47;批发商业中的人力资本(human,for wholesalers),45;投资,织户的资本(investment,in weavers),54,86,96n9;私人资本对国有企业资本(in private,v. state enterprises),168,183;风险因素对资本(risk factors v.),219—220;股份合作里的资本(for shareholding partnership),228,232—233,256n10;(for types of weavers),85—86;来自工资和红利的资本(from wages and bonuses),49;批发企业(wholesale firms from),206—207

职业官员(career bureaucrats),251,258n37,258n38

地毯工业(carpet industry):地毯工业内的竞争(competition within),215—216,225n49—50;高阳作为地毯工业中心的增长(growth of Gaoyang as center for),216,225n52;居于毛织业技术低端的地毯工业(as low end operation),216;最惠国待遇(Most Favored Nation status for),215;非季节性的、地毯工业中的原料(non-seasonal,for raw materials in),226n56;原料需求(raw material demand for),215,226n55—56;分包(subcontracting within),216,225n51;羊毛粗纺业(wool spinning industry for),215;(yarn firm growth,in),235

中国共产党CCP(Chinese Communist Party):抵制(on boycott),190n21;控制市场需求(control,for market demand),169,189n13;和政府角色的区别(distinction of,v. state roles),188n2;工厂、乡、政府里的共产党(in firms,villages,state),248,258n33;高阳商会和共产党(Gaoyang Chiamber of Commerce and),258n34;共产党领导的织布运动中的性别(gender in weaving campaign by),171;解放(liberation by),188n5;抵制方面,国民党对共产党(Nationalist Party v. ,for boycott),171;农民运动(peasant uprising in),88—93;股份合作制中的共产党(in shareholding partnerships),243—244,245,257n22;有党员的股份合作制(shareholding partnerships with),243—244,257n22

天津总商会(Chamber of Commerce,Tianjin):档案来源(archival sources from),11;天津总商会中的高阳人(Gaoyang natives in),145n51;天津总

327

商会的反对(protest in),146n54

商会(chambers of commerce):捐功名(degrees purchased in),144n14;商会的出现,源于行会的商会(emergence of, from guilds),124—125;商会中的绅商(gentry-merchants in),125;民族认知(national recognition for),123,143n7;屈尊俯就(patronization in),126,144n16

中国共产党(Chinese Communist Party),见CPP

市民组织对地方政府(civic organizations, local governments v.),138—139

内战(civil war):损毁的记录(destruction of records in),15n16;内战时的高阳(Gaoyang during),168—170;内战时的生产和工业(production and industry in),168,见CCP

阶级身份,阶级的烙印(class status, stigma of),161,163n3

布,布的纱线模式(cloth, pattern of yarns, for),189n20

集体代表(collective representation):降低铁路运费(reduction of rail rates),134;货物运输中的税费(taxes, on transit goods),132—134

集体/合作化(collectives, cooperatives),80—81;早期的合作运动(acitvities of, early),191n38;农业合作(agriculture in),191n38;集体化合作的结束(break-up of),221n11,227;资本主义思想对集体主义思想("capitalist thinking" v.)合作化发展的周期(development cycle of),263;家庭小作坊(family-run workshop for),227,255n1;五小工业("five small industries" for),191—192n42;合作化和政府推动的联系(as link to state initiatives),166;集体化中的织机(loom for),227,255n1;转向集体化的政策(policy shift to),177;私营生产对集体化生产(private production v.),182;生产的灵活性(prodction flexibility in),185;产品质量队合作化中的国家(prodct auality v. state in),263;原料对合作化的威胁(raw material threat to),184;集体化中的国家(state involvement in),264—265;国家接管集体化工厂,对集体工厂中的工作(state takeover of, v. jobs in),263—264;强烈的政府法团化(strong state corporatism),262—263;免费劳工(unpaid labor from),252;薄弱的集体化,在高阳(weakness of, in Gaoyang),263—264;作为织户的替代选择的集体化(as weavers' alternative),180,见社会主义化;社会主义过渡(socialism; socialist transition)

高阳的商业学校(commercial school, of Gaoyang),127—131;学校里的沟通训练(communication training in),12,144n22;课程(curriculum for),128—129;认可(recognition for),129;对学校的支持(support for),127—129

索 引

商业战争(commercial war):畅销书(best-seller popularity for),143n1;来自中国的报道(from Chinese press),121;进口对国货(imports, v. national products, in),121—22

商品市场,商品市场中的专业化(commodity marketing, specialization of goods in),107

批发庄内的信息传递(communication, in wholesale organizations),59

竞争(competition):地毯工业内部(within carpet industry),215—216,225nn49—50;化学染色(from chemical dyes),27;当代企业中的竞争(in contemporary firms),238;商会中的合作竞争(with cooperation, in Chamber of Commerce),126;染色作坊的竞争(dyeing workshops for),208;企业家传统中的竞争(in entrepreneur tradition),201;印花工业中的竞争(in fabric-printing industry),175—176;织物价格和竞争(fabrics price and),31—32;进口品的竞争(foreign imports for),31,101,115—117;商号的横向扩张(in horizontal firm expansion),57;进口替代(import substitution for),25,27,115—117;学徒关系中的熟人介绍对考核竞争(introduction v., for apprenticeship),59;经营管理中的竞争(in management),240—241;公有商行和独立织户的竞争(in public firms v. independent weavers),181;销售代理制度(sales agency system for),99,118n2;专业化产品对进口品(specialty goods, v. imports),113;国有企业和私人企业间的竞争(between state v. private firms),199—201;织布工业中的国家对私人(state v. private, in weaving industry),206;竞争中的城市工业和乡村工业(urban v. rural industry for),94;来自潍县的竞争(from Wei County),31—32;在张家口和进口品的竞争(Zhangjiakou v. imports in),110—112

当代企业的成长(contemporary firm growth):成长中的约束(constraints in),235—36;精纺业务(fine-spinning business in),235;产业集团(industrial groups for),237;一体化,战前对当代(integration, prewar v.),235—36;生产一体化,战前对当代(production integration, prewar v.),235—36;生产规模(on scale of production,237—38);毛纺织业(in wool weaving),235

当代经营管理(contemporary management):家庭的教育投资(education investment for family of),240,257n20;管理教育(education of),239,256n18;本地人对非本地人(natives v. non-natives in),239—40;职业出生(occupations, former, of,)239,256n17;从事经营管理的农民/股东(peasant/shareholders as,239,256n16);职业训练的缺乏(professional

329

training lack for),240;从事经营管理的股东（shareholders as),239,256n15。又见"经营管理"（See also management)

当代技术人才（contemporary technical personnel),240,256n19

当代工人（contemporary workforce）：工人的来源地（background of)246,257n27；工人待遇，乡村工厂对国有工厂（conditions, in rural v. state factories),247;从经营管理上支持农业（farming support, from management),248;工人待遇的残缺（lacks within,246—47,257—58nn30—31,257n29）；管理者薪水（manager salaries in),247—48,257n32;医疗费用（medical expense support for),257n30;工资和性别（wages and gender in),246,257nn27—28;工作条件（working conditions for),245—48;工人中的管理者（working managers in),247,258n32

契约（contract）：formal 对赊销（formal, v. trust),61;织卖货对织定机（independent v., for weavers),85—87;批发庄的织定机（looms, for wholesalers),54,75n20;从事收货的管理人员（of managers),52;撒机子制度（putting-out system, as),31;织户和批发庄交易关系（with wholesalers, for weavers),52—53

棉纺织工业（cotton industry）：需求，地理分布（demand for, from geography),100;外国对民族（foreign v. native),171,189n16;损失（losses, from imprints),42n63;机械化（mechanization of),2;市场需求和价格（price of, from market demand),189n16;生产的原料（raw, production of),168—69,188n7;日本占领期的情形（value of, in Japanese occupation),151—53,157n12;毛织工业（wool industry v.),213,219—20

信用（credit),231;信贷的获得，联号（acquisition of, in family division),59—60;信贷合会对股份关系（association for, v. shareholding partnership),231;获取银行信贷（from banks),207;来自钱号的信贷，很少（from banks, as rare),62;提供信贷的银行（banks for),207;商号和借款（commercial firms and),63—64;当代信贷对早期产业信贷（in contemporary v. early industry),211—12;合同对赊销（contract v. trust for),61;大亨号账簿，借和贷（debit and, in DaHeng accounts),61;作为扩张的推动力（as expansion impetus),59—60;赊款者（investor for),62;日本为促进生产增长的信贷计划（Japanese, for production growth);27—28,41n46—47;日本对信贷的影响（Japanese influence on),35;联号中的信贷（lines of, in horizontal expansion),59—60;信用网络（nexus for),20;信贷模式（pattern process and),61—62;赊销原料（raw materials from),60—63;信贷来源（sources of),61,63,76n30,77n31;信用期限结

330

构(structure of)29,41n47;传统商业习惯 system from tradition,63—64;源自传统商业习惯的制度(system of,from traditions),63—64

"文化大革命"(Cultural Revolution):"五小工业"("five small industries" in),191—92n41;村庄内的斗争(hostility in villages during),264;大规模运动的传统(mass mobilization tradition from),198

流通(currency):拨条(promissory notes[hatiao]as),62;流通的铜钱串(strings of cash as),40

进口税(customs).见税收,针对过境货(See taxes,on transit goods)

D

大亨(Da Heng):信贷(credit for),61;管理问题(management troubles at),56;联号(related firms(lianhao) for),56,75n22

债务(debt):破产和债务(bankruptcy and),75n29,149—51;请求支付债务(call for payment of),61—63;债权人(investor,for),62—63

欺骗(deception):瞒报利润(in profit underreporting),52;虚假报告和计算(in reports and calculations),258n44

作坊企业的发展模式(development,patterns of,in workshop firms,)70—71

"捐献"("donations"):企业对地方项目的捐献(of firms, for local projects),265—67;高阳的税收和捐献(taxes and,in Gaoyang),252—53

二元经济理论(dual-economy theories):国家计划者对地方利益(state planners v. local interests in),14n9;传统部门对大规模生产(traditional sector v. mass production in),6—7;转移("transfer" of),6—7

二元价格体系的消失(dual price system,disappearance of),200

染色(dyeing):美国的染料(American dyestuffs for),189n17;使用化学染料的布匹竞争情况(chemical, competition from),27;没收,整理工厂(confiscation of, and finishing factories),174—75;染色工厂,接管(factories, confiscation of),174—75;公私合营(joint state-private ventures in),175;私人企业对国有(private firms v. state for),175—76;织户/染色者的财力(resources of weavers/dyers in),212;小规模染色工厂(small-scale factories for),67—68;羊毛染色对合成纱线染色(of wool, v. synthetics),226n54;染色作坊,竞争(workshops for, competition in),208;当代染色作坊(workshops in, contemporary),223n33. 又见李氏家族与合记(See also Li Family, He Ji Dyeing Factory)

染色作坊(dyeing workshops):竞争(competition in),208;合伙人(generations of workers in),207—8,223n33

331

染料(dyes):抵制美国染料(American, boycott for),189n17;德国燃料,合记(German, for HeJi Dyeing Factory),69,76n38

E

经济发展,贸易对生产(economic development, trade v. production for),34

经济改革政策(economic reform policies):高阳(for Gaoyang),194—97;乡村改革目标(rural reform aim of),194

经济(economy):全球经济,乡村生产(global, rural production and),27;机械化,转型(mechanisms, of transformation),3;问题,人口(problems, and population),18;小型企业的增长(small firm growth in),6

恩记染色印花作坊(En Ji Dyeing and Fabric Printing Firm),67—68

企业家(entrepreneur(s)):没收(confiscation for),175—77,190n28—30,191n33;当代企业家协会(contemporary associations for),250;258n35;捐献("donations" from),252—53;印花工业(fabric-printing industry),175—76;商号扩张(firm expansion from),76n36;in 日本入侵中的企业家(Japanese invasion),156n4;模式,企业家文化变迁(as models, of cultural change),43;和企业、乡村、政府中的官员(with officials in firms, villages, and state),259n45;在战后政策制定中的企业家(in postwar policy-making),167—68;地方的,商业传统(regional, from business traditions),43—44,74n2;企业家关系(relationships of),8—9;归还(restitution for),191n33;精神(spirit of),3,44,161—62;策略(strategies of),9;五反时期,来自企业家的证据(wu-fan period, from),191n39

企业家遗赠物(entrepreneurial legacies):学徒(apprenticeship from),161;熟练工人的核心(core of skilled workers in),16,163n4;取代对消失(displacement v. death of),161;复活因素(factors for revival in),160—62;企业家传统保存的实践(practices for preservation of),162;"文化大革命"后的阶级烙印(stigma of, after revolution),161,163n3

企业家传统(entrepreneur tradition):与国有企业的竞争(for competition with state firms),201;关系网络(network of connections from),201—2,222n22;地区中的企业家传统(in regions),43—44

设备(equipment):德国设备,李氏家族企业(German, for LiFamily firm),69;生产改进(product improvement with),196—97

水平化扩张,水平之间商号竞争(expansion, horizontal, competition within firm in),57

出口卡特尔,日本信贷(export cartel, Japanese credit in),27

出口(exports),17,200,221n15

F

印花工业(fabric-printing industry),67—68,175—76

织物(fabrics):竞争(competition in),31—32;不同织物的描述(descriptions of various),40n41;高附加值(higher-value-added),32,36;由抵制引致的工业繁荣(industry boost, from boycott),37,116;织物图案(patterns for),32,65—67,92,134;人均消费量(per capita consumption of),103,200;风格,新式(styles,new,for),30,102

工厂(factories):当代工厂的福利(conditions in contemporary),247;建设(construction of),191n35;性别(gender and),257nn27—28;增长(growth of),180;市场需求工厂扩张(market demand on expansion of),178,191n35;经营(operations in),149,156—57n6;技术(technology for),19;乡村中的工厂(in villages),253.又见工业发展;李氏家族合记染色工厂;小规模工厂;同和;批发商号;作坊(See also industry development; Li Family, HeJi Dyeing Factory; small-scale factories; Tong He Factory; wholesalers; workshop firms)

以家庭为基础的作坊(family-based firms):织布作坊(weaving workshops of),205

家族联号(family division):信贷的获得(credit acquisition in),58—60;经济的不稳定对联号(economic instability v.),57—58;商号规模,最优化(firm size,optimal,in),59;水平扩张(horizontal expansion for),57—58;风险规避(risk avoidance in),58

家族企业 family firms:周期(cycle of),71—72;经济学,地区和家族企业(economics,regions,and),73;家庭内的织机数量(loom numbers within),96n2;模式(model of),71.又见水平扩张(See also horizontal expansion)

家庭作坊(family-run workshops):集体作坊解散后的家庭作坊(from collective workshops),227,255n1;分工中的性别(gender, in labor division for),81—83;雇佣劳动(hired labor in),83—84;当家(manager (dangjia) in),81,96n4

吴知研究中的布线庄的资产负债情况(financing, for wholesale firm, in WuZhi study),60

精纺(fine spinning):发展(development of),217—18;毛织物染色对合成纱线染色(dyeing of wool, v. synthetics in),226n53;高附加值产品(higher-value-added goods from), 217—18; 大规模企业对小规模企业 (large-v. small-scale firms in), 218, 225n53

商号 (firm(s)), 76n31; 当代独立的企业 (independent, contemporary), 206; 规模, 传统实践 (size, traditional practices on), 59; 国有企业职工福利 (state-owned, worker welfare from), 201, 222n19—20. 又见当代企业增长; 家族企业, 私营企业, 批发商, 作坊 (See also contemporary firm growth; family firms; private firms; wholesalers, workshop frims)

企业, 乡村和政府 (firm, village, and state), 248—53; 中国共产党对企业的影响 (CCP influence on), 248, 258n33; 企业、乡村和国家之间的平衡关系 (contemporary balance different in), 248, 258n33; 官员和企业家的共生 (symbiosis, officials and entrepreneurs in), 259n45

弹性生产, 政策终结 (flexible production, policy ending), 185

外国进口 (foreign imports): 和外国进口的竞争 (competition with), 101, 115—17

工业区的对外贸易 (foreign trade, for industrial districts), 8

蚨丰 (Fu Feng): 外庄 (branches of), 53, 55—56, 74n9; 织户数量 (numbers of weavers at), 75n20; 增长模式 (patterns of growth), 55—60; 杨木森 (Yamng Musen at), 23, 47—48, 55—58

G

高阳 (Gaoyang): 金奖 (awards, for quality textiles from), 131, 144n31; 地毯工业增长 (carpent industry growth in), 216, 225n52; 解放战争时期的高阳 (in civil war years), 168—70; 集体/合作 (collectives/cooperatives in), 263—64; 对高阳的描述 (description of), 3, 26; 捐献和税收 ("donation" and taxes in), 252—53; 经济改革政策 (economics reforms policies on), 3—4, 194—97; 基础设施投资 (funds, for infrastructure in), 4; 有关常关税的保证 (guarantee, on taxes for transit goods in), 133; 工业收入对农业收入 (income in, from industry v. agriculture), 178—79; 工业区 (industrial district of), 6, 25—26, 262, 268—69n5; 基础设施增长 (infrastructure growth in), 248—49; 有关记录缺损 (loss of records for), 9, 15n16; 高阳模式 (model of), 4, 135—37, 145n48, 265; 传统政治习惯 (political practices from traditions in), 142—43; 天津和高阳的经营 (Tianjin v., for business), 70; 毛巾生产 (toweling production in), 205, 207—8, 211, 223n27; 高阳的工资对天津的工资 (wages in, v. Tianjin), 97n24

高阳商会(Gaoyang Chamber of Commerce)：高阳商校(commercial school from)，127—29；合作的竞争者(competitors, yet cooperation in)，126；民主(democracy in)，141—42；高阳商会中缺少精英(elite, lack of, in)，139；高阳商会中没有绅士(gentrification, lack of, in)，135，144n16；商会成长(growth of)，126；对工业的推动(industrial promotion from)，121—22；开展的工业培训(industrial training from)，127；商会的积极作用对弱政府(initiatives from, v. weak state)，249；商会持续开办的教育机构(institute for continuing education from)，130—31；日本占领时期和共产党主政时期的高阳商会 Japanese occupation and CCP on，258n34；绅商的缺乏 lack of gentry-merchants in，124—25；成员，同类行业 members of, in same trade，126；国民政府和高阳商会 Nationalist party and，136；全国性组织 national organizations for，136—37；高阳商会自我促进中的国家自救(national salvation in self-promotion for)，126；和政府的协商(negotiation with government by)，142；官方对于商业发展态度的转变(official shift, to commercial growth for,) 121—22；组织(organization of)，23；维持社会治安(preservation of social order by)，141；政府的支持(state support for)，127—28；地方政府的结构(structure of local government, on)，139；(税收，总商会)on tax status, to general chamber，132，144—45n33；技术培训学校(technical training school from)，130—31；自发性成立(voluntary origins of)，124—25；地方政府的软弱(weakness of local government on)，141；高阳商会的领导人杨木森(Yang Musen, leader in)，48

高阳工业区分布分布(Gaoyang Industrial District, location and weaving details of)，26

高阳模式(Gaoyang model)：竞争效法(emulation of)，136，145n48；模式推销(selling of)，135—37；政府的角色(state roles in)，265

性别(gender)：共产党发起的手纺纱运动中的性别(CCP spinning campaign and)，171，189n18—19；工厂工人和性别(factory workers and)，257nn27—28；手工纺纱促进和性别(hand spinning promotion and)，172—73，189n19；促进政策(promotion policies and)，171—73；当代工人的工资和性别(wages of contemporary workforce and)，246，257n28；织户和性别(weavers and)，20

性别，劳动分工(gender, in division of labor)，212；家庭手工作坊(family-run workshops)，81—83；投资和性别(investment and，20，83)；铁轮织机和性别(iron gear loom for)，82—83，96n7；性别逆转(reversal in)，82

335

地理(geography)：对棉的需求分布(cotton demand from)，100；高阳在中国的位置(Gaoyang, location in China of)，26；销售分布(retail marketing in)，107

全球经济和乡村生产(global economy, and rural production)，27

黄金十年("golden decade")，41n43

政府(government)：市民组织对地方政府(civic organizations v. local)，138—39；企业家购买织机对政府购买织机(entrepreneurs v., for looms)，169，188nn10—11；企业、商会和政府的协商(firm v. chamber for negotiations with)，253；政府对机器和织机的关注(focus of, in machines and looms)，188n10；政府和高阳商会(with Gaoyang Chamber of Commerce)，142；政府对工业的保护(industry protection from)，9；国家和关税自主(Nationalist, and tariff autonomy)，36；1954—1955年间政府的命令(orders, 1954—1955, 185)；战后政府的政策目标(policy aims of, postwar)，179；股份关系中的政府(in shareholding partnerships)，245—46；国有部门的存活(state sector survival of)，191n40；政府的结构和高阳商会(structure of, on Gaoyang Chamber of Commerce)，139；政府对生产的支持(support, of production by)，199；过渡政策目标(transitional policy aims of)，179；高阳商会和弱势政府(weakness of, on Gaoyang Chamber of Commerce)，141. 又见地方政府(See also local governments)

H

手工业("handicraft industry")：倒退的生产(as backward production)，185；高阳乡村工业被包括在手工业中(Gaoyang included for)，192n42

手纺促进计划和性别(hand spinning promotion, and gender)，172—73，189n19

历史学家提出的工业增长模式(historians, industrial growth patterns from)，6

水平扩张(horizontal expansion)：景气年份(boom year as impetus for)，58；赊账(credit lines as impetus for)，59—60；家族支系(family division with)，57—58；商号规模(firm size as impetus for)，58；风险规避(risk avoidance as impetus for)，58

黄宗智,过密化(Huang, Philip, on involution)，24

汇昌(Hui Chang)：学徒(apprentices at)，59；管理风格(management style of)，59；发展模式(pattern of development at)，57

索 引

I

进口(imports):来自进口的竞争(competition from),18,30—31,101,115—17,131—33;专业化商品和进口品的竞争(competition in specialty goods, v.),115—17,120n34,121—22;乡村织布工业和进口(rural textile industry v.),18;1912年"一战"进口的减少(withdrawal of, 1912 through World War Ⅰ),30

作为促进政策的进口替代和外国商品(import substitution, as policy promotion v. foreign goods),18,27,115—17;

收入(income),41n32,115,191n36,195;需求下降(decline in demand),34;高阳的工业收入和农业收入(industry, v. agriculture, in Gaoyang);178—79;税收(taxes on),252;纺织的收入(textile production for),18,38n2,179;织布的收入和农业的收入(weaving for, agriculture v.),24.(又见利润率;工资)See also profit rate; wages

工业区(industrial district):由几代人建立(building by generations),3;经营文化(business culture of),5;定义(definition of),5;对外贸易(foreign trade for),8;作为组织形式(as form of organization),7;高阳的工业区(of Gaoyang),5—6,26;作为工业区的高阳(Gaoyang as),6,26;分布,日本(location of, in Japan),257n23;马歇尔关于工业区的论述(Marshall, Alfred, on),7;工业区战前的成功(prewar success in),155—56;社会主义过渡(socialist transition for),177

工业区模式(industrial district model):地方政府法团主义(local state corporatism in),262;市场对计划,原理(market v. plan, principles of, in),261,268n2;专业化生产(specialized production in),267—68;政府对高阳工业区的影响(state influence on Gaoyang as),262,268—69n5;政府和市场结构(state v. market structures in),261—62;遍布中国(throughout China),261,268n1

工业集团(industrial groups):当代企业的优势(advantages of, in contemporary firms),237—38;集团名称(name/image in),238,256n14

工业化的融资体系(industrialization, banking system for),46,74n7

工业化国家(industrializing nations),6

产业组织,弹性生产(industrial organization, flexible production in),6

"二战"前的工业实践(industrial practices, prewar practices as),12

工业(industry):由抵制而来的繁荣(boost, from boycott),37,116;战时崩溃(collapse, from war),37;衰退(decline of),18;高阳来自工业的收

337

入和来自农业的收入(Gaoyang income from, v. agriculture), 178—79; 增长, 来自人造丝织物的(growth, from all-rayon), 34; 增长, 来自铁轮织机(growth, from iron gear loom), 22; 进口替代(import substitution for), 27; 日本的影响(Japanese influence, on/from), 27—28; 日本占领期的工业(in Japanese occupation), 149—51; 日本纺织的增长(Japanese spindle growth on), 27, 41n44; 机械化(mechanization of), 171, 189n16; 来自政府的保护(protection, from government), 9; 生存和资本(survival, from capital), 9; 和城市的竞争(urban, for competition), 94。又见乡村工业, 纺织工业, 织布工业(See also rural industry; textile industry; weaving industry)

工业崩溃(industry collapse): 企业家(entrepreneurs in), 148, 156n4; 崩溃时期企业家的空间重置(entrepreneurs' relocation during), 148, 150—51, 154—55, 157n10; 工厂经营(factory operations in), 149, 156—57n6; 日本入侵(from Japanese invasion), 147—55; 空间重置(relocation during), 148, 150—51, 157n10; 乡村和城市的动态(rural v. urban dynamics in), 155—56; 安全和反抗(security and resistance during), 148

工业发展(industry development): 销售网络(marketing network for), 155; 商人核心(merchant core in), 155; "推"和"拉"("push" and "pull" in), 155, 157n23; 地区的商业人才和技术人才(regional business and technical skills in), 156; 一元化的方向(unified direction for), 155

从非正式的调查看到的变化、形成的认识(investigation, informal, views and changes from), 12—13

投资(investment), 157n12, 191n35; 农业投资(in agriculture), 107, 197—98, 220n9, 297—98; 织工的资本(capital, in weavers), 54, 86, 96n9; 教育投资(in education), 240, 257n20; 投资中的性别(gender in), 20, 83; 来自当地的投资(local sources of), 4; 织机投资(in looms), 169, 188n10—11; 来自本地人的投资(from natives), 50; 利润(of profits), 66, 76n36; 股份合作关系(in shareholding partnership), 230—31; 小规模工厂的投资(in small-scale factories), 65—66, 69; 投资的分摊(split of), 95; 国家的投资(by state), 178; 技术投资(in technology), 20; 毛纺工业的投资(for wool industry), 218—19

投资者(investors): 散伙, 吃火锅(and bankruptcy [chi huoguo]), 63, 75n29; 投资者提供的信用, 赊销(credit from), 62; 债务(debt for), 62—63; 掌柜对东家(manager v.), 51—52; 外来的投资者(nonnative),

49—50

过密化,黄宗智(involution, Huang, Philip, on) 24

铁轮织机(iron gear loom):适应性特点(appropriate nature of),21—22;性别和铁轮织机(gender and),22,82—82,96n7;高生产率(higher productivity of),20,24;给织户贷款购买铁轮织机(loans to weavers for),98n29;制造来源(manufacture source of),22—23;金属制造工业的发展(metalwork industry growth from),22;数量(number of),1947,189n18;操作(operation of),21—22;普及(popularity of),22;原料的增加(raw materials increase from),20;从日本引进的技术(technology from Japan for),18—19,27,41n43;在日本的使用(use of, in Japan),39n15

J

提花织机(jacquard loom):图案(patterned weaving from),65;人造丝的使用(use of rayon for),33

日本的影响(Japanese influence),10—11,17—19,36,152;抵制和棉纱供给(boycott v. yarn supply),35;对信贷的影响(on credit),35;黄金时期的日本的影响(in "golden decade"),27—28,41n43;侵略和织布危机(invasion, and weaving crisis),34;投资的影响(from investment, in china),157n12;对生产增长的影响(for production growth),41n46—47;配额(quotas for),28;日本纺锭的增加(spindle growth from),27,41n44;关税影响(tariffs impact from),34—35,4In60,41In63

日本占领(Japanese occupation):日本占领时的商会(chamber of commerce in),153,157n19;棉花价值(cotton Value in),151—53,157n12;高阳商会(Gaoyang Chamber of Commerce under),258n34;生产恢复(production revival in),154,157n22;织户(weavers under),151—53;织布工业的重建(weaving industry restoration in),153;织布工业(weaving industry under),153—54;商号出身的企业和作坊出身的企业(wholesalers v. workshop-based firms),149—51

L

劳动力(labor):劳动力吸收政策(absorption policies for),18,201;供给(supply),195

雇工收入和织户的收入(laborer, income of, v. weavers),41n32

雇工和掌柜的关系(labor-management relations):争端(disputes in),

339

97n20；社会主义传统（socialist tradition in），243

李氏家族合记染厂（Li Family, He Ji Dyeing Factory）；代理德国染料的商号（German dyestuff firm for），69，76n38；购买德国设备（German equipment for），69；本地合作者和非本地合作者（native and non-native partners in），69，76n40；技术进步（technology advances in），68—71；技术培训（training, technical, for），70

地方政府（local, governments）；一系列活动和商会（activity range of, v. chamber），265—66，269n6；市民组织对地方政府（civic organizations v.），138—39；结构（structure of），139；其中的乡村企业家（village entrepreneurs in），266

织机（looms）：来自集体作工厂的（from collective workshops），227，255n1；当代工业中的（in contemporary industry），205—6；毁坏（destruction of），153，187；政府购买的和企业家购买的（from government v. entrepreneurs），169，188nn10—11；GY42英寸动力织机（GY 42—inch [power loom]），205—6，223nn30—31；改进和市场需求（improvements and market for），205—6，223n29，223n31；家庭拥有数量（number of, for family labor），96n2. 又见铁轮织机，提花织机（See also iron gear loom; jacquard loom）

M

经营管理（management）：竞争（competition in），240—41；教育（education of），239，256n18；所有权和管理（ownership, v.），50；小规模工厂中的（in small-scale factories），67；批发商的风格（style, in wholesalers），59

汇昌的经营资本家（managerial capitalists, at Hui Chang），48—49

掌柜（managers）：出身学徒的掌柜（apprenticeship for），51，75n14；掌柜的工作协议（contracts of），52；掌柜的信用网络（network, for credit），63；东家和掌柜（owner-proprietor v.），51；偿还欠款（payment of debt by），62—63；薪水和人股（salary and share (rengu) for），51—52

市场（market）：共产党控制下的市场（CCP control of），180n13；市场信息沟通（communication at），88；棉花地理分布和市场（for cotton, geography link for），100；利润增长的刺激（incentives, from profit increase），196；市场的地理网络（networks, from geography），180—81；东北市场的失陷（northeast, loss of），35，41n60；边疆市场的开拓（opening of, in frontier），188n5；生产对市场的支持（production, support for），199；地区批发（regional wholesale），208；市场的稳定性（stabilization of），

179，210

市场周期，对织户的产品需求（market cycles, weavers' good for），75n18

市场需求（market demand）：共产党控制下的北方需求（CCP control in north for），169，189n13；工厂扩张（on expansion of factories），178，191n35；市场需求增长的因素（factors for growth of），102—3；对织机的投资（investment in looms from），169，188nn10—11；战后的利润增长（postwar profit increase with），169，189n14；棉花需求价格（price of cotton from），189n16；需求价格（price from），182；原料缺乏和市场需求（raw material lack v.），169；战后恢复时期原料缺乏和市场需求（raw material lack v., in postwar recovery），169；销售代理体系（sales agency system for），32，99；社会主义过渡（on socialist transition），178；稳定性，布匹的质量（steadiness of, from cloth quality），173；供给产品（supply production on），102

市场扩张（market expansion）：地区中心（centers, regional, for），107—8；扩张模式（patterns of），106—10，209；推动市场扩张的产品（products as impetus to），108

销售（marketing）：销售配给（rationing for），186，192n43；销售简化（simplification of），186；社会主义过渡时期的销售（in socialist transition），181—82；专业化和地理（specialized, v. geographic），107；销售体系（systems for），104；当代纺织工业的销售（textile industry, contemporary, in），208—11

销售代理，商品销售（marketing agency, commodity marketing from），107

直销体系（marketing, direct），30

销售策略（marketing strategies）：仿制原产品（disguise, of product origin），114—15；爱国诉求（patriotic appeals as），115—18；盗版（pirating in），114；零售（retailing of），113—15

为市场生产的"五小工业"（market production, "five small industries" for），191—92n41

群众运动传统，"文化大革命"（mass mobilization tradition, Cultural Revolution for），198

群众组织，来自政府的对企业家（mass organizations, from state, v. entrepreneurs），250，258n36

大规模生产（mass production）：流通有限的产品和大规模生产（limited-circulation products v.），7；政策决策（policy decisions for），7；小企业的角色（small firm role in），6

341

社会主义过渡时期的国家垄断(monopoly, national, in socialist transition),
  184
最惠国待遇(Most Favored Nation status), 215

N

国民党(Nationalists Party):共产党和国民党,抵制(CCP v., for boycott),
  171;商会(Chamber of Commerce for), 136;关税自主(tariff autonomy
  for), 36
全国性组织(national organizations):其中的高阳商会(Gaoyang Chamber of
  Commerce in), 136—37;对于高阳商会野心的抗议(protests over
  ambition for), 136—37, 146n54
国货("national products"):进口和国货(imports v.), 115—17
爱国布("national cloth"):市场变化(market changes for), 41—42n60;织法
  (weave in), 40n41
民族工业,进口(native industry, imports v.), 18, 115—17
用进口原料织就的国货(native products, raw materials imports as),
  120n34
网络(network):原料的来源(access to materials from), 203, 222n25;商业
  传统(business traditions for), 1—2;小规模工厂中的织定货(of contract
  weavers, in small-scale factories), 68;企业家传统(entrepreneur
  tradition for), 201—2, 222n22;市场信息(market information from),
  203—4;乡缘(native distribution in), 202, 222n23;关系研究(personal,
  study of (guanxi)), 203;技术培训(technical training from), 202—4,
  222n22, 223n26
吴知研究中的非本地商人(non-native merchants, in Wu Zhi study), 49

O

组织(organization):产业组织,灵活生产(industrial, flexible production in),
  6;吴知研究中的生产组织(of production, Wu Zhi on), 80;小商号
  (small firm in), 4—5;当代纺织工业组织(of texile industry,
  contemporary), 206

P

合伙(partnerships):当代纺织工业中的(in contemporary textile industry),
  206—7;解散(dissolution of), 52;失败(failure with), 72;批发商号中

合伙的比例（percentage of, in wholesale firms），75n12；和利润（and profits），63；近代的合伙和传统的合伙（recent v. traditional），255n3

爱国诉求，抵制（patriotic appeals, boycotts for），37，116

典当业，工业的资金来源（pawnbroking, funds for industry from），74n7

农民（peasant）：生活方式（lifestyle of），25；乡村纺织者（weaving for），24—25

农民起义（peasant uprising）：共产党领导（by CCP），88—93；阶级斗争（class-based resistance in），91，97n20；纲领（demands of），89—90，97n17；对商人的敌视（hostility to merchants in），90，97n18；组织者（organizers for），89，96n16；参与方式（patterns of participation in），89—91；团结方式和农民起义（patterns, of solidarity v.），93；斗争对象（target choices for），90，96n15；乡村繁荣和农民起义（village prosperity v.），91—92；织户的支持（weaver support for），89—91；工人的满意度和农民起义（worker satisfaction, v.），89，91，97n20

政治统一（political reunification）：私人资本和国有企业（private capital v. state enterprises in），168；沿海工业和乡村生产（rural production with coastal industry in），168

人口（population）：人口的农业产出（agriculture output for），24—25，194；乡村纺织工业的衰落（decline of rural textile industry on），17—18；日本占领时期的人口（in Japanese occupation），152；人均消费量（per capita consumption in），103，200；从事纺纱的人（for spinning），189n18

战后政策制定（postwar policy-making）：其中的矛盾（contradictions in），167；企业家的作用（entrepreneur role in），167—68

战后恢复（postwar recovery）：共产党解放区（CCP liberation in），188n5；需求对原材料（demand v. raw material in），169—71，189n17；工业增长（industry growth in），180；恢复工业的政策（policy to restore industry in），168，179；生产扩张模式（production expansion pattern in），169；利润增长（profit increase in），169，189n14；原材料缺乏（raw materials lack in），169—70

农业内的贫困（poverty, within agriculture），24，197—98

来自传统实践的信用制度（practices, traditional, credit system, from），63—64

价格（prices）：织物的价格竞争（competition in, for fabrics），31—32；纱线价格的波动（instability of yarn），31，41n55；市场需求（market demand for），182；私营对国有（private v. state firms on），182

343

小规模工厂的价格战(price war, in small-scale factories), 69—70
私营企业(private enterprise):发展(development of), 193, 220n3;压制(suppression of), 198
私营商号(private firms):抵制,国家和私营商号(boycott for, state v.), 171—72;资本主义思想,政府和私营商号("capitalist thinking," state v.), 183—84;国有商号资产对私营商号资产(capital of, state v.), 172;集体和私营商号(collectives/cooperatives v.), 182;集体/乡村股份制 with collectives in shareholding partnerships, 243—44;有党员的集体企业(collective v., with CCP), 244, 257n24;国有企业和私营商号之间的竞争(competition between state v.), 199—201;国有和私营商号的图案设计(design, state v.), 199. 201;国营和私营商号的 印花、染整(fabric-printing, dyeing, and processing, state v.), 175—76;手纺运动,国营商号和私营商号(hand spinning promotion, state v.), 172—73;市场的逃离(market flight of, state v.), 184;国营商号和私营商号的销售(marketing, by state v.), 181;国营商号和私营商号的模式(models, of state v.), 170—71;国家垄断和私营商号(monopoly, for state v.), 172;国营商号的价格和私营商号的价格(on prices, state firms v.), 182;国营商号的生产决策和私营商号的生产决策(product choices, for state v.), 199;国家对生产控制和私营商号(production control, of state v.), 182;国有企业生产和私营商号(production, for state-owned v.), 166—67;国有商号的利润率和私营商号(profit rate, for state v.), 176;国有商号的利润相对私营商号的(profits, of state v.), 182—83;省委员会的禁令(provincial committee ban, for state v), 184;国营商号的质量管理和私营商号的(quality control, for state v.), 182;有党员的私营商号中的股份合伙(shareholding partnership, with CCP in), 243—44, 257n22;社会主义过渡时期的(in socialist transition), 181—82;国有企业资产和私营商号的(state enterprises v., for capital), 168, 183;国有商号中织工的利益对私营商号中的(weavers' interests, in state v.), 206;批发和零售问题(wholesale and retail problems, in state v.), 191n37. 又见国有企业和私营企业(See also state, v. private firms)
地区产出,众多小生产者(producers, critical mass of, for regional output) 7—8
生产(production):生产集聚(accumulation in), 6;人造丝(all-rayon for), 33;内战时期的生产(in civil war), 168;小规模工厂的商业性生产(with commerce, in small-scale factories), 68—69;生产集中(concentration

of),20;生产控制(control of),182;纺纱成本(cost, for spinning, in),189n16;信用(credit for),61—62;危机是刺激生产变革的因素(crises as stimulus to),29;产业组织,生产的灵活性(flexibility of, in industrial organization),6;进口品和土布(foreign v. native cotton, in),171,189n16;手工业("handicraft industry" in),185,192n42;生产改进(improvements for),30—32,41n53;来自生产的收入(income from),18;生产的低成本(low cost of),95;市场需求(market demand, for),102;生产组织(organization of),80—84;生产组织的类型(organization styles, in),80,96n2;战后生产扩张模式(postwar, expansion pattern of),169;单位产出利润率(profit rate per unit of),31;原棉的生产,战时对高峰时期(of raw cotton, wartime v. peak),168—69,188n7;战时生产的空间重置(relocation of, wartime),150—51,154—55;作为乡村收入的生产(as rural income),18;乡村生产和城市工业(from rural v. urban industry),94;销售代理体系(sales agency system for),32;向高附加值产品的转变(shift, to higher-value-added),32;生产简化(simplification of),186;生产的技术要求(skill requirement for),31;生产中国有企业的角色(state firms, role in),182;毛巾生产(toweling in),205,207,223n27;毛织工业的季节性生产(wool industry as seasonal for),219;全国毛织工业(wool industry, national, in),213,224n41

重建中的生产(production, in reconstruction):组织的新形式(organization, new forms of),166;私营企业和国有企业(private enterprise v. state-owned),166—67;国家指导和国家控制(state guidance v. state control of),167;国家干预形式(state intervention, forms of),166;国家和市场中介(state v. market mediation on),165

利润率(profit rate),34,63,169,189n14;估计(estimates of),74n8,74n10;将利润用于投资(investment of),66,76n36;管理人员得到的利润分成(managers on),52;市场激励形式(form market incentives),196;单位产出(per production unit),31;私营对国有形式(private v. state forms),176,182—83;改革和利润率(reforms and),200,222n18;同和工厂利润的再投资(reinvestment of, in Tong He factory),66,76n36;国有商行和私营商号的利润率(of state v., private firms),182—83;股份合伙利润的不确定(uncertainty in, for shareholding partnership),243;低报利润(underreporting of),52;织户的利润(for weavers),173;190n26

促进政策(promotion policies):性别和促进政策(gender and),171;手纺和

性别(hand spinning and gender in), 172—73, 189n19; 进口替代和进口 (on import substitution, v. imports) 18, 115—17; 促进政策,劳动力吸收(labor absorption as), 18, 201; 购买织机(loom purchase in), 169; 乡村工业(rural industry), 198—99; 政府和地方个人的作用(state role v. local individuals in), 20; 税收(taxes as), 132

国家工业结构和公共财政(public finances, state industrial structure on), 252, 258n43

撒机子体系(putting-out system): 非正式契约制度(informal contract system of), 31; 其中的原料(raw materials for), 20; 工资(wages in), 39n15; 纺织者合作(weavers' collectives in), 191n38; 批发商的垂直一体化(in wholesale vertical growth), 54

Q

质量控制(quality control): 集体企业对国有企业(in collectives/cooperatives, v. state), 263; 政府关注的内容(as government concern), 179; 国有企业对私营企业(state v. private firms on), 182; 织户的工资和质量控制(wages v., for weavers), 115

R

纺织配给(rationing, of textiles): 放弃(abandonment of), 200; 垄断和纺织配给(monopoly and), 178; 其中的标准产品(standard products in), 186; 不同的配给率(varying rate of), 192n43

原料(raw materials): 来源及通道(access of), 195—96; 布线庄赊销(credit, in wholesale firms), 60—63; 用进口原料生产国货(imports of, as native products), 120n34; 社会主义过渡期原料缺乏(lack, in socialist transition), 178; 战后恢复期原料缺乏(lack of, in postwar recovery), 169—71. 189n17; 撒机子制度(putting-out system for), 20, 39n15; 乡村劳动力和原料(rural labor and), 2; 纺纱原料(in spinning), 189n16

人造丝(rayon): 抵制进口人造丝(boycott of imports in), 37; 提花织机 (jacquard loom for), 33; 日本人造丝工业(Japanese industry for), 36; 进口损失(losses, from imports), 42n63; 人造丝走私(smuggling of), 36—37, 42n68, 117; 小工厂里使用人造丝的织户(weavers of, in small factories), 96n3. 又见纯人造丝织物(See also all-rayon)

改革(reforms): 高阳改革(for Gaoyang), 194—97; 关于农业劳动力供给的改革(on labor supply in agriculture), 195; 利润率和改革(profit rates and), 200, 222n18; 改革中的毛纺织工业(wool spinning industry in), 215, 225n47

地区共同掌权, 人际关系网(regional collegiality, networks of connections as), 73

地区经济发展, 敌伪资产(regional economic development, "enemy" asset-base on), 166, 188n3

当代纺织工业的地区批发市场(regional wholesale markets, for textile industry, contemporary), 208

日本报告, 对吴知研究的确认(reports, Japanese, confirmation of Wu Zhi study in), 10—11

研究(research): 数据时间的扩展(expanded time frame of data), 10; 研究结果(findings of), 12; 个体商号的历史(histories of individual firms), 10, 74n8; 口述史(oral history interviews for), 11; 吴知研究的缺点(weaknesses, of Wu Zhi study), 10

零售贸易(retail trade): 零售中对毛织品的需求(demand for wool products in), 214; 毛巾(towels in), 211; 低价出售(underselling in), 191n37; 季节性销售的毛纺织业(wool industry as seasonal for), 219

乡村工业(rural industry): 聚集和城市(clustering of, v. urban), 8; 当代和战后(contemporary v. prewar), 12; 五小工业("five small industries" for), 191—92n41; 来自政府的促进(promotions, from state), 198—99; 19世纪80年代的重新发展(redevelopment in 1980s), 199, 221n12—13; 乡村工业的总产值(total output value from), 201, 222n21; 乡村工业传统, 群众运动传统(tradition of, mass mobilization tradition v.), 198; 城市规模生产对乡村工业(urban mass production v.), 6

农村劳动力(rural labor), 2

乡村织布工业, 吴知的研究(rural weaving industry, Wu Zhi study of) 10—11, 45, 49—50, 60, 80

S

外庄(sales agencies): 信息沟通(communication from), 105, 119n16; 收入维持(income maintenance for), 115; 市场需求(market demand from), 32, 99; 直销(marketing, direct, from), 30; 网络扩张(network expansion of), 106; 人际关系网络(network, of connections from), 104; 销售产品的外庄(for production), 32; 稳定性(stability of), 108, 110; 外庄结构(structure of), 104—5, 119n15. 又见直销(See also marketing, direct)

销售代理制度（sales agency system）：竞争优势（competition advantages of），99，118n2；市场需求（market demand from），99

外庄（sales branches）：易货贸易（barter trade in），74n9；蚨丰的外庄（for Fu Feng），53，55—56；国际市场（international market of），56；分布（location of），109

熊彼特传统（Schumpeterian tradition）：企业家（of entrepreneurship），43—44

菲利普·斯科兰顿（Scranton, Philip）：业主资本主义（proprietary capitalism），50—51

股份合伙制（shareholding partnership）：自然成长过程中的解体（breakups as natural growth in），243；资本（capital for），228，232—33，256n10；党支部（with CCP），243—44，257n22，257n24；信用合作，传统的对股份合作（credit association, traditional v.），231；储蓄金来源（deposits, sources for），232—33，256n12；建立自己的企业的渴望（desire for own firm in），242；剥削（exploitation in），224；特征（features of），229，255n7；政府利益（government interest in），245—46；私人和集体的混合（as hybrid of private and collective），243—44；产业资本（industry capital from），227，225n2；不稳定性（instability of），241—43；投资模式（investment patterns from），231；大/小投资（large/small investment in），230—31；政治的正确性（political correctness for），245，257n25；prewar entrepreneur spirit and，242；in private v. collective v. uncertainty in），243；调查（research for），228，255n4；样本企业（in sample firms），230；结构（structure of），229—31，255n6；传统结构和近来的结构（tradition v. recent structure of），227—28；其中的工人所有者（worker ownership in），231—32

小规模工厂（small-scale factories）：商业生产（commerce with production in），68—69；商业训练和技术培训（commercial v. technical training in），64；织订货网络（contract weaver network in），68；恩记染色印花坊（En Li Dyeing and Fabric Printing Firm），67—68；织物花色（fabrics, patterns for, in），65；高阳对天津的（GaoYang v. Tianjin in），70；德国的创新（German innovation for），66；投资（investment in），65—66，69；李氏家族和合记（Li Family and He Ji），68—71，76n38，76n40；经营实践（management practices in），67；价格战（price war in），69—70；苏氏家族和同和（Su Family and Tong He），64—67；技术技能（technical

348

skills for），66；工艺技术（technologies for），69；工资结构（wage structure in），67；其中的织工（from weaving in），80—81，96n3. 又见国家,小规模工业（See also state, v. small—scale industry）

走私,天津/冀东（smuggling, Tianjin/East Hebei for），36—37，42n68，117

社会主义,保留个体技能的"驻留轨道"（socialism, "parking orbits" for skill preservation in），162

社会主义劳动者,股份合伙制（socialism labor, in shareholding partnership），243—33，357n22

社会主义过渡（socialism transition：conflicts in，177—79；反抗（hostilities in），263；工业区（industrial district in），177；市场需求（market demand on），178；国家垄断和社会主义过渡（national monopoly and），184；原材料缺乏（raw material lack on），178；私营商号的角色（role of private firms in），181—82；国营商号的角色（role of state firms in），182

社会主义化（socialization）：商业社会主义化的开始（of commerce, beginnings of），191n39；国有工业部门（state industrial sector in），188n3

团结,共享的证据（solidarity, sharing as evidence of），92—93

专业化（specialization）：产品多样性（products diversified in），29—32；地区和位置（regional v. locational），8

纺锭的增长能力（spindles, capacity growth of），27. 41n44

纺纱者（spinners）：激励（incentives for），189n19；每台铁轮织机需要的纺纱者的数量（number of, per iron gear looms），189n18

纺纱（spinning），214，225n47；地毯业（carpet industry for），215；精纺,当地企业的成长（fine—, in contemporary firm growth），235；性别和纺纱（gender and），171—73，189n18—19；生产成本（production cost of），189n16；原料（raw materials for），189n16；轮子,纺纱的改进（wheels, improvements for），189n18，190n24. 又见精纺；毛纺织工业（See also fine spinning; wool spinning industry）

政府、共产党,政府红头文件（state, v. CCP roles, state rubric in treatment of），188n2

政府,私营商号（state, v. private firms）：抵制（boycott for），171；资本主义思想（"capitalist thinking" in），183—84；资本（capital in），183；布料的采买（cloth purchase for），172；设计（design by），182—83；直接竞争（direct competition between），199，201；印染、整理（fabric-printing, dyeing, and processing in），175—76；手纺促进运动（hand spinning promotion for），172—73；市场流失（market flight of），184；销售（marketing by），181；模式（models of），170—71；垄断（monopoly for），172；生产决策（product choices for），199；生产控制（production control of），182；利润（profit of），182—83；省商业禁令（provincial committee ban and），184；质量控制（quality control in），182；织工利益（weavers' interests in），173—74，180；批发和零售问题（wholesale and retail problem in），191n37

国家和小规模工业（State, v. small-scale industry），185—87，191—92n41；垂直的权力体系（vertical lines of authority in），186；乡村作坊（village workshop in），186

国家/企业家关系（state/entrepreneur relationship）：主动性和财政角色（initiatives and financing roles of），250—51；共同利益（interests common within），250—51

苏氏家族，见同和工厂（Su Family. See Tong He factory）

供给/销售服务的发展（supply/marketing services, growth of），20

南开经济研究所的战前调查（survey, prewar, from Nankai Institute of Economics），9—11

T

关税（tariff）：中国关税（from Chinese state），36—37；日本的关税影响（Japanese, impact of），34—35，41n60；41n63

税收（taxes）：国家税收制度（country system for），252，259n42；捐献（"donations" as），265—67；要求废除苛捐杂税（elimination of, in demand），97n17；反偷税漏税运动（evasion, campaign against），191n39；偷税漏税（evasion of, by industry），252—53；征收的税粮（grain for），191n36；土地税（for land），140，251—52；对乡村工业和收入开征的税（on rural industry and income），252；乡村对城市工业（rural v. urban industry），94

过境税（taxes, on transit goods）：集体请愿（collective representation for），132—34；高阳担保（Gaoyang guarantee, in），133；对于国货的争论（"national product" debate on），133—34；土货和进口（native v. imports），131—33；促进政策（promotion policy as），132

技术教育（technical education）：学徒对技术教育（apprenticeship v.），64；高阳培训学校（at Gaoyang training school），130—31

技术培训,商业培训,小规模工厂（technical training, commercial v., in

small-scale factories），64

技术投资（technology, investment in）：性别（gender and），20；劳动力的组织形式（labor organization from），20

技术转移计划（technology transfer program）：适用性和创新性（adaptation and innovation of），19—20；时机（opportunities from），1；组织变革（organization change, from），20

织布工业（textile industry）：发展（development of），17；地区利益的发展对国家（development of local interests v. state），14n9；和全球经济的联系（global economy link to），2；作坊和工厂的成长（growth of workshops and factories），180；进口对织布工业（imports v. ），18；日本出口（Japanese exports for），17；复兴,日本的影响（revival, from Japan），36；乡村对出口（rural, v. imports），18；专业化（specialization of），36

当代纺织工业（textile industry, contemporary），204—20；商业关系（business partnership in），206—7；批发商号的资本（capital, in wholesale firm of），206—7；来自银行的信贷（credit, from banks, for），207；染坊的竞争（dyeing workshop competition in），208；工厂的出路（factory outlet for），208—9；以家庭为基础的织布作坊（family based weaving workshop for），205；独立的企业（firms independent within），206；近代染坊主（generation of dyers for），208；销售（marketing in），208—11；组织（organization of），206；动力织机（power looms in），205—6；地区批发市场（regional wholesale markets for），208；信用关系（relations of trust in），207；零星销售和批量销售（small—lot sales v. volume in），208；国有和私营的竞争（state v. private competition in），206；部门（subdivision of），204；毛巾,最大的部门（toweling, as largest division of），205；销售的贸易中心（trading centers as markets for），209—10；织布工业（weaving industry in），205—13；专业化批发（wholesale specialists for），209；纱线批发（yarn wholesale in），206—7

天津/冀东（Tianjin/East Hebei）：高阳的经营优势（business advantages, Gaoyang) v.，70；商会（Chamber of Commerce in），11，145n51，146n54；走私（smuggling in），36—37，42n68，117；条约口岸（treaty port of），18，38n3；工资,高阳对天津（wages in, Gaoyang v.），97n24

同和工厂（Tong He factory）：经营革新（management innovation in），66；牌名的重要性（name significance of），76n35；利润的再投资（reinvestment of profits in），66. 76n36；薪水创新（salary innovation in），65—67；技术革新（technical innovations in），66；技术培训（technical training for），

76n34；工人利益(workers benefits in)，67

毛巾(toweling)：高阳生产(Gaoyang production of)，205，207—8，211，223n27；最大的纺织部门(as largest textile division)，205

当代经营中的传统(tradition, of practices, in contemporary business)，13

培训(training)：学徒的培训(for apprenticeship)，75n15；商业的和技术的(commercial v. technical)，64；沟通中的培训(in communications)，129，144n22；来自高阳商会的培训(from Gaoyang Chamber of Commerce)，127；职业培训的缺乏(lack of, professional)，238—39；来自网络的技术培训(technical, from network)，202—4，222n22，223n26；技术学校(technical school for)，130—31；技术的对商业的(technical, v. commercial)，64；作坊中的培训(in workshop firms)，64

条约口岸(treaty port)：外国商业(foreign commerce through)，18，38n3；天津(Tianjin, as)，18，38n3

U

城市工业集聚，乡村工业集聚(urban industrial clustering, rural industrial clustering)，v.，8

V

乡村(villages)：共产党的影响(CCP influence in)，248，258n33；合作社区(corporate community of)，254，266；企业家/党干部(entrepreneur/party cadre in)，254，266；工厂(factories in)，253；官员和企业家(officials and entrepreneurs in)，259n45；党干部对企业家(party cadre v. entreoreneurs in)，254—55；织布工业中的计划集资(project funding, in weaving)，254；繁荣和农民起义(prosperity v. peasant uprising in)，91—92；国家和小规模工业(state v. small-scale industry in)，186

良性循环的建立(virtuous circle, creation of)，197

W

工资(wages)：需求(in demands)，97n17；高阳和天津(Gaoyang v. Tianjin for)，97n24；织工的工资(for producers (weavers))，39n15；撒机制度中的工资(in putting-out system)，39n15；小规模工厂的工资(in small-scale factories)，67；织工的工资和质量控制(for weavers, v. quality control)，115

织布，平纹布和其他样式布(weave, plain v. variations of)，40n41

织工(weavers): 不同的雇佣形式(alternatives for employment of, 180; 学徒(apprenticeship for), 87—88; 织机投资(capital for, in "looms" of cloth), 86, 96n9; 花费在织工身上的投资(capital investment in), 54; 织工合作社(collectives of), 191n38; 契约网络(contract network for), 68; 织定机和织卖货(contract, v. independent), 85—87; 与布线庄的合同(contract with wholesalers for), 52—53; 由信用导致的增长周期(cycles of growth, from credit), 28—29; 经济激励(economic incentive for), 24, 41n32; 性别和织工(gender and), 20; 织户(households of), 80; 织工收入和雇工(income of, v. laborer), 41n32; 独立的百分比(independent, percentage of), 96n12; 独立织户和公有商行(independent v. public firms), 181; 吴知研究中的独立织户(independent Wu Zhi study on), 96n12; 用以购买铁轮织机的贷款(loans to, for iron gear looms), 98n29; 蚨丰中织工的数量(numbers of, in Fu Feng), 75n20; 小工厂中织工的百分比(percentage of, in small factories), 96n3; 人造丝,织工的利润(rayon, profits for), 34; 工资和质量控制(wages, v. quality control), 115

日本占领期的织工(weavers, in Japanese occupation): 被毁坏的织机(loom destruction by), 153; 计划(programs for), 153; 原料短缺(raw material shortage for), 153—54; 织布和农业(weaving v. agriculture for), 152; 以批发商号起家的企业和以作坊起家的企业(wholesales v. workshop-based forms in), 153—53

织布增长周期(weaving growth cycle)s, 28—29; 银钱号倒闭的影响(bank failure link of), 28; 进口的减少(imports withdrawal in), 30; 增长周期模式(pattern of), 29, 211—12

织布工业(weaving industry): 日本占领时期的(under Japanese occupation), 153—54; 恢复的障碍(obstacles for revival of), 169; 复兴,商业战争(revival of, for "commercial warfare,") 122; 农村的就业(rural underemployed for), 25; 小规模工厂(small-scale factories for), 80—81, 96n3; 当代纺织工业中的织布工业(in textile industry, contemporary), 205—13

当代织布工业(weaving industry, contemporary): 衣料批发商(cloth wholesalers in), 224n36; 委托销售(commission sale in), 209, 224n37; 与早期模式的比较(comparisons with earlier patterns in), 211—12; 早期信用对当代信用(credit in, v. earlier), 211—12; 染坊(dyeing workshops in), 207—8; 223n33; 工厂的销售出路(factory outlet

353

marketing for),208—9;性别和劳动分工(gender and labor division in),212;织机改进和市场(loom improvements and market in),205—6,223n29,223n31;销售(marketing in),207—11;产品(products for),205,223n27;织工/染工的来源(resources of weavers/dyers in),212;产品组合的转变(shift in product mix for),206;国有企业和私人企业的竞争(state v. private competition in),206;组织结构(structure of organization in),205,223n28;早期织布工业的结构和当代的(structure of, v. earlier),211;运输(transportation in),208,210,224n236;纱线批发商(yarn wholesalers for),206—7,233n32

批发组织(wholesale organization):信息沟通(communications with),59;私营的和国有的(private v. state-owned),170—72,189n15;规模,最优(size, optimal, of),59

批发商(wholesalers),45—64;资产和债务(assets and liabilities of),60;作为资本的花红(bonuses, as capital),49;资本(capital for),46;来自外贸的资本(capital, from foreign trade),46;信息沟通(communication for),59;织定机(contract looms for),54,75n20;与织工的契约(contacts, with weavers),52—53;原材料赊销(credit, for raw materials for),60—63;进入和退出(entrance to and exit from),45;吴知研究中的融资(financing, in Wu Zhi study),60;商号的扩张(firm expansion and),51;成长模式(growth patterns of),53n54;人力资本(human capital in),45;东家和掌柜(investors v. managers in),51—52;贷款给织户(loans to weaver by),98n29;吴知研究中的管理结构(management structure of, in Wu Zhi study),50;人股(manager share (rengu)),51—52;组织结构(organization structure of),50,52—53,75n12;所有权(ownership of),50;合伙的比例(percentage of partnerships in),75n12;撤机制度(putting-out system for),54;贸易范围(range of trade),45;薪水和花红制度(salary and bonus system),51;国有,监督(state-owned, supervision of),170,189n15;经营管理风格(style, of management),59;以批发商号起家的企业和以作坊起家的企业(workshop based firms v.),149—51;作坊企业和批发商号(workshop firms, v.),44;吴知关于其的研究(Wu Zhi study on),45;布线庄(yarn and cloth firms),45;织布工业众多纱线批发商(for yarn, in weaving industry),206—7,223n32

毛织工业(wool industry),213—20;每日资本消耗(capital consumption per day in),219,226n57;资本和风险因素(capital v. risk factors in),

219—20；需求（demand for），214；发展（development of），213—14，225n43；投资规模（investment size in），219；国民生产中的毛织工业（in national production），213，224n41；季节性生产（production, seasonal, in），219；原料（raw materials for），214，225n46；对羊毛的选择（wool selection from use in），226n55

毛纺工业（wool spinning industry）：地毯工业（carpet industry from），215；乡村工业对国有工业的竞争（competition, rural industry v. state），215；企业家的铸造（entrepreneurs' founding of），214—15；对经济改革的反应（response to economic reforms in），215，225n47

毛织（wool weaving）：发展（development of），218—19；投资的不同规模（variety of scale, investment in），218

工人（workers）：同和工厂中工人的利益（benefits in Tong He factory），67；性别和工人（gender and），257n27—28；在家完成工作（home at business for），54；所有权（ownership in），231—32；满意度和农民起义（satisfaction, v. peasant uprising），89，91，97n20；企业家遗留物中的熟料核心（skilled core of, in entrepreneurial legacies），162，163n4；熟练工人的转移（skilled, transference of），185

工人调查，企业发展模式（workers surveys, development patterns of firms from），12

国有企业工人福利（workers welfare, state-owned firms for），201，222n19—20

作为公司股份的人股（working contribution (rengu), as company share），49

作坊企业（workshop firms），44；工厂的产品（factory production from），64—71；发展模式（patterns, of development in），70—71；培训（training in），64

"五反"运动（wu-fan ("five antis") campaign）：其中的私营商业（private commerce in），184—85；从"三反"开始（"three anti," as beginning for），191n39

吴知的研究，乡村织布工业（Wu Zhi study, rural weaving industry），10—11；资产和负债，批发商（assets and liabilities, wholesalers），60，75n25；织机数量的估计（estimation of loom numbers in），188n11；布线庄的融资（financing, in wholesale firm），60；独立织户（independent weavers in），96n12；非本地商人（non-native merchants），49；生产的组织（organization, of production），80；研究的不足之处（research weaknesses

355

of),10;织工的工资(wages for weavers in),40n32;批发的管理结构(wholesale management structure in),50;批发商(wholesaler in),45

Y

杨木森(Yang Musen):工厂投资者(factory investor),23;商会发起人(founder, chamber of commerce),124,126,129;蚨丰号(Fu Feng Enterprises by),47—48,50,55—58

纱线(yarn):成本,布价(cost of, cloth price v.),190n26;纱线的支数(count in),40n41;烘干(drying of),207;价格的不稳定(instability in price of),31,41n55;质量(quality of),41n53;纺纱技术限制(shortage of technology for),190n24;供给和抵制(supply of v. boycott),35

纱线批发商(yarn wholesalers):当代纺织工业中的(in textile industry, contemporary),206—7

袁世凯,直隶总督(Yuan Shikai, Zhili governor-general),17—19,21—23

Z

直隶(Zhili):名称改变,1928年(河北)name change 1928(Hebei),38n1;高阳所在省(province of Gaoyang),3;直隶总督袁世凯(Yuan Shikai, governor-general),17—19,21—23

直隶工艺局(Zhili Industrial Institute(Zhili Gongyiju)):民族工业促进(promotion of native industry by),18

周学熙,民族工业促进和进口(Zhou Xuexi, promotion of native industry v. imports by),18—19

"海外中国研究丛书"书目

1. 中国的现代化 [美]吉尔伯特·罗兹曼 主编 国家社会科学基金"比较现代化"课题组 译 沈宗美 校
2. 寻求富强:严复与西方 [美]本杰明·史华兹 著 叶凤美 译
3. 中国现代思想中的唯科学主义(1900—1950) [美]郭颖颐 著 雷颐 译
4. 台湾:走向工业化社会 [美]吴元黎 著
5. 中国思想传统的现代诠释 余英时 著
6. 胡适与中国的文艺复兴:中国革命中的自由主义,1917—1937 [美]格里德 著 鲁奇 译
7. 德国思想家论中国 [德]夏瑞春 编 陈爱政 等译
8. 摆脱困境:新儒学与中国政治文化的演进 [美]墨子刻 著 颜世安 高华 黄东兰 译
9. 儒家思想新论:创造性转换的自我 [美]杜维明 著 曹幼华 单丁 译 周文彰 等校
10. 洪业:清朝开国史 [美]魏斐德 著 陈苏镇 薄小莹 包伟民 陈晓燕 牛朴 谭天星 译 阎步克 等校
11. 走向21世纪:中国经济的现状、问题和前景 [美]D.H.帕金斯 著 陈志标 编译
12. 中国:传统与变革 [美]费正清 赖肖尔 主编 陈仲丹 潘兴明 庞朝阳 译 吴世民 张子清 洪邮生 校
13. 中华帝国的法律 [美]D.布朗 C.莫里斯 著 朱勇 译 梁治平 校
14. 梁启超与中国思想的过渡(1890—1907) [美]张灏 著 崔志海 葛夫平 译
15. 儒教与道教 [德]马克斯·韦伯 著 洪天富 译
16. 中国政治 [美]詹姆斯·R.汤森 布兰特利·沃马克 著 顾速 董方 译
17. 文化、权力与国家:1900—1942年的华北农村 [美]杜赞奇 著 王福明 译
18. 义和团运动的起源 [美]周锡瑞 著 张俊义 王栋 译
19. 在传统与现代性之间:王韬与晚清革命 [美]柯文 著 雷颐 罗检秋 译
20. 最后的儒家:梁漱溟与中国现代化的两难 [美]艾恺 著 王宗昱 冀建中 译
21. 蒙元入侵前夜的中国日常生活 [法]谢和耐 著 刘东 译
22. 东亚之锋 [美]小R.霍夫亨兹 K.E.柯德尔 著 黎鸣 译
23. 中国社会史 [法]谢和耐 著 黄建华 黄迅余 译
24. 从理学到朴学:中华帝国晚期思想与社会变化面面观 [美]艾尔曼 著 赵刚 译
25. 孔子哲学思微 [美]郝大维 安乐哲 著 蒋弋为 李志林 译
26. 北美中国古典文学研究名家十年文选 乐黛云 陈珏 编选
27. 东亚文明:五个阶段的对话 [美]狄百瑞 著 何兆武 何冰 译
28. 五四运动:现代中国的思想革命 [美]周策纵 著 周子平 等译
29. 近代中国与新世界:康有为变法与大同思想研究 [美]萧公权 著 汪荣祖 译
30. 功利主义儒家:陈亮对朱熹的挑战 [美]田浩 著 姜长苏 译
31. 莱布尼兹和儒学 [美]孟德卫 著 张学智 译
32. 佛教征服中国:佛教在中国中古早期的传播与适应 [荷兰]许理和 著 李四龙 裴勇 等译
33. 新政革命与日本:中国,1898—1912 [美]任达 著 李仲贤 译
34. 经学、政治和宗族:中华帝国晚期常州今文学派研究 [美]艾尔曼 著 赵刚 译
35. 中国制度史研究 [美]杨联陞 著 彭刚 程钢 译

36. 汉代农业:早期中国农业经济的形成　[美]许倬云 著　程农 张鸣 译　邓正来 校
37. 转变的中国:历史变迁与欧洲经验的局限　[美]王国斌 著　李伯重 连玲玲 译
38. 欧洲中国古典文学研究名家十年文选　乐黛云 陈珏 龚刚 编选
39. 中国农民经济:河北和山东的农民发展,1890—1949　[美]马若孟 著　史建云 译
40. 汉哲学思维的文化探源　[美]郝大维 安乐哲 著　施忠连 译
41. 近代中国之种族观念　[英]冯客 著　杨立华 译
42. 血路:革命中国中的沈定一(玄庐)传奇　[美]萧邦奇 著　周武彪 译
43. 历史三调:作为事件、经历和神话的义和团　[美]柯文 著　杜继东 译
44. 斯文:唐宋思想的转型　[美]包弼德 著　刘宁 译
45. 宋代江南经济史研究　[日]斯波义信 著　方健 何忠礼 译
46. 一个中国村庄:山东台头　杨懋春 著　张雄 沈炜 秦美珠 译
47. 现实主义的限制:革命时代的中国小说　[美]安敏成 著　姜涛 译
48. 上海罢工:中国工人政治研究　[美]裴宜理 著　刘平 译
49. 中国转向内在:两宋之际的文化转向　[美]刘子健 著　赵冬梅 译
50. 孔子:即凡而圣　[美]赫伯特·芬格莱特 著　彭国翔 张华 译
51. 18世纪中国的官僚制度与荒政　[法]魏丕信 著　徐建青 译
52. 他山的石头记:宇文所安自选集　[美]宇文所安 著　田晓菲 编译
53. 危险的愉悦:20世纪上海的娼妓问题与现代性　[美]贺萧 著　韩敏中 盛宁 译
54. 中国食物　[美]尤金·N.安德森 著　马嬛 刘东 译　刘东 审校
55. 大分流:欧洲、中国及现代世界经济的发展　[美]彭慕兰 著　史建云 译
56. 古代中国的思想世界　[美]本杰明·史华兹 著　程钢 译　刘东 校
57. 内闱:宋代的婚姻和妇女生活　[美]伊沛霞 著　胡志宏 译
58. 中国北方村落的社会性别与权力　[加]朱爱岚 著　胡玉坤 译
59. 先贤的民主:杜威、孔子与中国民主之希望　[美]郝大维 安乐哲 著　何刚强 译
60. 向往心灵转化的庄子:内篇分析　[美]爱莲心 著　周炽成 译
61. 中国人的幸福观　[德]鲍吾刚 著　严蓓雯 韩雪临 吴德祖 译
62. 闺塾师:明末清初江南的才女文化　[美]高彦颐 著　李志生 译
63. 缀珍录:十八世纪及其前后的中国妇女　[美]曼素恩 著　定宜庄 颜宜葳 译
64. 革命与历史:中国马克思主义历史学的起源,1919—1937　[美]德里克 著　翁贺凯 译
65. 竞争的话语:明清小说中的正统性、本真性及所生成之意义　[美]艾梅兰 著　罗琳 译
66. 中国妇女与农村发展:云南禄村六十年的变迁　[加]宝森 著　胡玉坤 译
67. 中国近代思维的挫折　[日]岛田虔次 著　甘万萍 译
68. 中国的亚洲内陆边疆　[美]拉铁摩尔 著　唐晓峰 译
69. 为权力祈祷:佛教与晚明中国士绅社会的形成　[加]卜正民 著　张华 译
70. 天潢贵胄:宋代宗室史　[美]贾志扬 著　赵冬梅 译
71. 儒家之道:中国哲学之探讨　[美]倪德卫 著　[美]万白安 编　周炽成 译
72. 都市里的农家女:性别、流动与社会变迁　[澳]杰华 著　吴小英 译
73. 另类的现代性:改革开放时代中国性别化的渴望　[美]罗丽莎 著　黄新 译
74. 近代中国的知识分子与文明　[日]佐藤慎一 著　刘岳兵 译
75. 繁盛之阴:中国医学史中的性(960—1665)　[美]费侠莉 著　甄橙 主译　吴朝霞 主校
76. 中国大众宗教　[美]韦思谛 编　陈仲丹 译
77. 中国诗画语言研究　[法]程抱一 著　涂卫群 译
78. 中国的思维世界　[日]沟口雄三 小岛毅 著　孙歌 等译

79. 德国与中华民国　[美]柯伟林 著　陈谦平 陈红民 武菁 申晓云 译　钱乘旦 校
80. 中国近代经济史研究:清末海关财政与通商口岸市场圈　[日]滨下武志 著　高淑娟 孙彬 译
81. 回应革命与改革:皖北李村的社会变迁与延续　韩敏 著　陆益龙 徐新玉 译
82. 中国现代文学与电影中的城市:空间、时间与性别构形　[美]张英进 著　秦立彦 译
83. 现代的诱惑:书写半殖民地中国的现代主义(1917—1937)　[美]史书美 著　何恬 译
84. 开放的帝国:1600年前的中国历史　[美]芮乐伟·韩森 著　梁侃 邹劲风 译
85. 改良与革命:辛亥革命在两湖　[美]周锡瑞 著　杨慎之 译
86. 章学诚的生平及其思想　[美]倪德卫 著　杨立华 译
87. 卫生的现代性:中国通商口岸健康与疾病的意义　[美]罗芙芸 著　向磊 译
88. 道与庶道:宋代以来的道教、民间信仰和神灵模式　[美]韩明士 著　皮庆生 译
89. 间谍王:戴笠与中国特工　[美]魏斐德 著　梁禾 译
90. 中国的女性与性相:1949年以来的性别话语　[英]艾华 著　施施 译
91. 近代中国的犯罪、惩罚与监狱　[荷]冯客 著　徐有威 等译　潘兴明 校
92. 帝国的隐喻:中国民间宗教　[英]王斯福 著　赵旭东 译
93. 王弼《老子注》研究　[德]瓦格纳 著　杨立华 译
94. 寻求正义:1905—1906年的抵制美货运动　[美]王冠华 著　刘甜甜 译
95. 传统中国日常生活中的协商:中古契约研究　[美]韩森 著　鲁西奇 译
96. 从民族国家拯救历史:民族主义话语与中国现代史研究　[美]杜赞奇 著　王宪明 高继美 李海燕 李点 译
97. 欧几里得在中国:汉译《几何原本》的源流与影响　[荷]安国风 著　纪志刚 郑诚 郑方磊 译
98. 十八世纪中国社会　[美]韩书瑞 罗友枝 著　陈仲丹 译
99. 中国与达尔文　[美]浦嘉珉 著　钟永强 译
100. 私人领域的变形:唐宋诗词中的园林与玩好　[美]杨晓山 著　文韬 译
101. 理解农民中国:社会科学哲学的案例研究　[美]李丹 著　张天虹 张洪云 张胜波 译
102. 山东叛乱:1774年的王伦起义　[美]韩书瑞 著　刘平 唐雁超 译
103. 毁灭的种子:战争与革命中的国民党中国(1937—1949)　[美]易劳逸 著　王建朗 王贤知 贾维 译
104. 缠足:"金莲崇拜"盛极而衰的演变　[美]高彦颐 著　苗延威 译
105. 饕餮之欲:当代中国的食与色　[美]冯珠娣 著　郭乙瑶 马磊 江素侠 译
106. 翻译的传说:中国新女性的形成(1898—1918)　胡缨 著　龙瑜宬 彭珊珊 译
107. 中国的经济革命:二十世纪的乡村工业　[日]顾琳 著　王玉茹 张玮 李进霞 译
108. 礼物、关系学与国家:中国人际关系与主体性建构　杨美惠 著　赵旭东 孙珉 译　张跃宏 译校
109. 朱熹的思维世界　[美]田浩 著
110. 皇帝和祖宗:华南的国家与宗族　[英]科大卫 著　卜永坚 译
111. 明清时代东亚海域的文化交流　[日]松浦章 著　郑洁西 等译
112. 中国美学问题　[美]苏源熙 著　卞东波 译　张强强 朱霞欢 校
113. 清代内河水运史研究　[日]松浦章 著　董科 译
114. 大萧条时期的中国:市场、国家与世界经济　[日]城山智子 著　孟凡礼 尚国敏 译　唐磊 校
115. 美国的中国形象(1931—1949)　[美]T.克里斯托弗·杰斯普森 著　姜智芹 译
116. 技术与性别:晚期帝制中国的权力经纬　[英]白馥兰 著　江湄 邓京力 译

117. 中国善书研究　[日]酒井忠夫 著　刘岳兵 何英莺 孙雪梅 译
118. 千年末世之乱:1813 年八卦教起义　[美]韩书瑞 著　陈仲丹 译
119. 西学东渐与中国事情　[日]增井涉 著　由其民 周启乾 译
120. 六朝精神史研究　[日]吉川忠夫 著　王启发 译
121. 矢志不渝:明清时期的贞女现象　[美]卢苇菁 著　秦立彦 译
122. 明代乡村纠纷与秩序:以徽州文书为中心　[日]中岛乐章著　郭万平 高飞 译
123. 中华帝国晚期的欲望与小说叙述　[美]黄卫总 著　张蕴爽 译
124. 虎、米、丝、泥:帝制晚期华南的环境与经济　[美]马立博 著　王玉茹 关永强 译
125. 一江黑水:中国未来的环境挑战　[美]易明 著　姜智芹 译
126. 《诗经》原意研究　[日]家井真 著　陆越 译
127. 施剑翘复仇案:民国时期公众同情的兴起与影响　[美]林郁沁 著　陈湘静 译
128. 华北的暴力和恐慌:义和团运动前夕基督教传播和社会冲突　[德]狄德满著　崔华杰 译
129. 铁泪图:19 世纪中国对于饥馑的文化反应　[美]艾志端 著　曹曦 译
130. 饶家驹安全区:战时上海的难民　[美]阮玛霞 著　白华山 译
131. 危险的边疆:游牧帝国与中国　[美]巴菲尔德 著　袁剑 译
132. 工程国家:民国时期(1927—1937)的淮河治理及国家建设　[美]戴维·艾伦·佩兹 著　姜智芹 译
133. 历史宝筏:过去、西方与中国妇女问题　[美]季家珍 著　杨可 译
134. 姐妹们与陌生人:上海棉纱厂女工,1919—1949　[美]韩起澜 著　韩慈 译
135. 银线:19 世纪的世界与中国　林满红 著　詹庆华 林满红 译
136. 寻求中国民主　[澳]冯兆基 著　刘悦斌 徐硙 译
137. 墨梅　[美]毕嘉珍 著　陆敏珍 译
138. 清代上海沙船航运业史研究　[日]松浦章 著　杨蕾 王亦诤 董科 译
139. 男性特质论:中国的社会与性别　[澳]雷金庆 著　[澳]刘婷 译
140. 重读中国女性生命故事　游鉴明 胡缨 季家珍 主编
141. 跨太平洋位移:20 世纪美国文学中的民族志、翻译和文本间旅行　黄运特 著　陈倩 译
142. 认知诸形式:反思人类精神的统一性与多样性　[英]G.E.R.劳埃德 著　池志培 译
143. 中国乡村的基督教:1860—1900 江西省的冲突与适应　[美]史维东 著　吴薇 译
144. 假想的"满大人":同情、现代性与中国疼痛　[美]韩瑞 著　袁剑 译
145. 中国的捐纳制度与社会　伍跃 著
146. 文书行政的汉帝国　[日]富谷至 著　刘恒武 孔李波 译
147. 城市里的陌生人:中国流动人口的空间、权力与社会网络的重构　[美]张骊 著　袁长庚 译
148. 性别、政治与民主:近代中国的妇女参政　[澳]李木兰 著　方小平 译
149. 近代日本的中国认识　[日]野村浩一 著　张学锋 译
150. 狮龙共舞:一个英国人笔下的威海卫与中国传统文化　[英]庄士敦 著　刘本森 译　威海市博物馆 郭大松 校
151. 人物、角色与心灵:《牡丹亭》与《桃花扇》中的身份认同　[美]吕立亭 著　白华山 译
152. 中国社会中的宗教与仪式　[美]武雅士 著　彭泽安 邵铁峰 译　郭潇威 校
153. 自贡商人:近代早期中国的企业家　[美]曾小萍 著　董建中 译
154. 大象的退却:一部中国环境史　[英]伊懋可 著　梅雪芹 毛利霞 王玉山 译
155. 明代江南土地制度研究　[日]森正夫 著　伍跃 张学锋 等译　范金民 夏维中 审校
156. 儒学与女性　[美]罗莎莉 著　丁佳伟 曹秀娟 译

157. 行善的艺术:晚明中国的慈善事业(新译本)　[美]韩德玲 著　曹晔 译
158. 近代中国的渔业战争和环境变化　[美]穆盛博 著　胡文亮 译
159. 权力关系:宋代中国的家族、地位与国家　[美]柏文莉 著　刘云军 译
160. 权力源自地位:北京大学、知识分子与中国政治文化,1898—1929　[美]魏定熙 著　张蒙 译
161. 工开万物:17世纪中国的知识与技术　[德]薛凤 著　吴秀杰 白岚玲 译
162. 忠贞不贰:辽代的越境之举　[英]史怀梅 著　曹流 译
163. 内藤湖南:政治与汉学(1866—1934)　[美]傅佛果 著　陶德民 何英莺 译
164. 他者中的华人:中国近现代移民史　[美]孔飞力 著　李明欢 译　黄鸣奋 校
165. 古代中国的动物与灵异　[英]胡司德 著　蓝旭 译
166. 两访中国茶乡　[英]罗伯特·福琼 著　敖雪岗 译
167. 缔造选本:《花间集》的文化语境与诗学实践　[美]田安 著　马强才 译
168. 扬州评话探讨　[丹麦]易德波 著　米锋 易德波 译　李今芸 校译
169. 《左传》的书写与解读　李惠仪 著　文韬 许明德 译
170. 以竹为生:一个四川手工造纸村的20世纪社会史　[德]艾约博 著　韩巍 译　吴秀杰 校
171. 东方之旅:1579—1724 耶稣会传教团在中国　[美]柏理安 著　毛瑞方 译
172. "地域社会"视野下的明清史研究:以江南和福建为中心　[日]森正夫 著　于志嘉 马一虹 黄东兰 阿风 等译
173. 技术、性别、历史:重新审视帝制中国的大转型　[英]白馥兰 著　吴秀杰 白岚玲 译
174. 中国小说戏曲史　[日]狩野直喜 张真 译
175. 历史上的黑暗一页:英国外交文件与英美海军档案中的南京大屠杀　[美]陆束屏 编著/翻译
176. 罗马与中国:比较视野下的古代世界帝国　[奥]沃尔特·施德尔 主编　李平 译
177. 矛与盾的共存:明清时期江西社会研究　[韩]吴金成 著　崔荣根 译　薛戈 校译
178. 唯一的希望:在中国独生子女政策下成年　[美]冯文 著　常姝 译
179. 国之枭雄:曹操传　[澳]张磊夫 著　方笑天 译
180. 汉帝国的日常生活　[英]鲁惟一 著　刘洁 余霄 译
181. 大分流之外:中国和欧洲经济变迁的政治　[美]王国斌 罗森塔尔 著　周琳 译　王国斌 张萌 审校
182. 中正之笔:颜真卿书法与宋代文人政治　[美]倪雅梅 著　杨简茹 译　祝帅 校译
183. 江南三角洲市镇研究　[日]森正夫 著　丁韵 胡婧 等译　范金民 审校
184. 忍辱负重的使命:美国外交官记载的南京大屠杀及劫后的社会状况　[美]陆束屏 编著/翻译
185. 修仙:古代中国的修行与社会记忆　[美]康儒博 著　顾漩 译
186. 烧钱:中国人生活世界中的物质精神　[美]柏桦 著　袁剑 刘玺鸿 译
187. 话语的长城:文化中国历险记　[美]苏源熙 著　盛珂 译
188. 诸葛武侯　[日]内藤湖南 著　张真 译
189. 盟友背信:一战中的中国　[英]吴芳思 克里斯托弗·阿南德尔 著　张宇扬 译
190. 亚里士多德在中国:语言、范畴和翻译　[英]罗伯特·沃迪 著　韩小强 译
191. 马背上的朝廷:巡幸与清朝统治的建构,1680—1785　[美]张勉治 著　董建中 译
192. 申不害:公元前四世纪中国的政治哲学家　[美]顾立雅 著　马腾 译
193. 晋武帝司马炎　[日]福原启郎 著　陆帅 译
194. 唐人如何吟诗:带你走进汉语音韵学　[日]大岛正二 著　柳悦 译

195. 古代中国的宇宙论　［日］浅野裕一 著　吴昊阳 译
196. 中国思想的道家之论:一种哲学解释　［美］陈汉生 著　周景松 谢尔逊 等译　张丰乾 校译
197. 诗歌之力:袁枚女弟子屈秉筠(1767—1810)　［加］孟留喜 著　吴夏平 译
198. 中国逻辑的发现　［德］顾有信 著　陈志伟 译
199. 高丽时代宋商往来研究　［韩］李镇汉 著　李廷青 戴琳剑译　楼正豪 校
200. 中国近世财政史研究　［日］岩井茂树 著　付勇 译　范金民 审校
201. 魏晋政治社会史研究　［日］福原启郎 著　陆帅 刘萃峰 张紫毫译
202. 宋帝国的危机与维系:信息、领土与人际网络　［比利时］魏希德 著　刘云军 译
203. 中国精英与政治变迁:20世纪初的浙江　［美］萧邦奇 著　徐立望 杨涛羽 译　李齐 校
204. 北京的人力车夫:1920年代的市民与政治　［美］史谦德 著　周书垚 袁剑 译　周育民 校